Agacements

Jean-Claude KAUFMANN

Agacements

LES PETITES GUERRES DU COUPLE

ARMAND COLIN

ISBN : 978-2-253-08436-5 – 1re publication LGF

Introduction

« Ça, ça m'agace ! ça m'énerve ! ça me met en effervescence ! Que chacun ait son petit bazar, O.K., mais dans ses coins à lui. Vous pouvez demander à mes voisins le nombre de fois où ils m'entendent hurler parce que mon mari laisse traîner ses affaires ; ils ont l'habitude. Faut pas dire d'ailleurs que ce soit très efficace, mais ça me fait du bien. » Généreusement, Agnès concède cependant les circonstances atténuantes au présumé coupable, en reconnaissant qu'elle est « un peu maniaque » pour le ménage. « C'est pas mon idéal, hein, dans la vie, le ménage. Mais dès que ça traîne, ça m'énerve ! » Et puis, autre circonstance atténuante, il y a la question du repassage, où les rôles d'agaceur et d'agacé sont inversés. Autant son corps se met instantanément en action pour ranger, autant il se fait lourd et rétif face au repassage. Submergée par la pénibilité dès qu'elle installe sa table de torture, elle ne parvient pas à trouver la motivation. Et surtout il y a l'agacement, lancinant, explosif dès que son regard est accroché par l'abominable tas de linge. Qui irrémédiablement grossit et grossit encore. Elle a donc imaginé une astuce. « Quand mon panier à linge m'a énervée un grand coup, je le soustrais à ma vue, je le planque dans un coin discret. Je le mets en attente, on n'est pas à une journée près. » Hélas, quand elle le redécouvre soudainement, l'agacement la saisit encore plus fort.

Le problème des chemises est né de là, problème qui pendant des années a envenimé leur vie conjugale, alors qu'ils s'aimaient, comme ils s'aiment aujourd'hui. Les couples heureux aussi ont une histoire. Il suffit de suivre la piste des petits (ou gros) agacements pour la découvrir.

Jean n'a jamais manqué d'une chemise repassée pour aller à son travail. Mais combien de fois cet exploit ménager n'a-t-il été réalisé qu'à la dernière seconde, après qu'il eut tenté de contenir en lui une infinité confuse de sensations extrêmes ; angoisse, colère, haine ! Le pire étant sans doute d'entendre le rire d'Agnès. Un rire franc et sonore, contrastant avec son drame intérieur. Jean décida d'acheter une machine professionnelle, une presse à repasser. Sans vrai résultat. Le problème ne fut enfin réglé que par l'embauche d'une personne à domicile, qui vient désormais deux fois par semaine, uniquement pour le repassage. Plus de chemises menaçant de manquer, finis les méchants éclats de rire qui lui faisaient si mal. Jusqu'au jour où le sociologue (après qu'ils ont répondu séparément aux questions) leur demanda de confronter leurs deux points de vue dans un entretien conjugal. Les chemises revinrent sur le devant de la scène ; Agnès entra dans des fous rires à perdre haleine ; Jean eut beaucoup de mal à garder son calme. Ils racontaient deux histoires, totalement différentes à la fois dans leur contenu et par la tonalité du récit.

– Agnès : « Ah ça, c'est un truc qui me fait rigoler, mais qui me fait rigoler ! »
– Jean : « Moi je ris pas du tout, c'est très sérieux ! »

La divergence se fit encore plus vive au sujet de l'épineuse question des boutons. « Je ne sais pas comment il se débrouille, il a toujours ses boutons de chemise décousus. Alors ça, c'est une source de !... Il s'énerve là-dessus, c'est incroyable ! C'est vrai, je vais repasser une chemise, et je vois, effectivement, que les boutons sont plus ou moins défaits. Mais bon, j'y fais pas attention plus que ça. Et au moment de mettre la chemise, il y a un bouton qui lâche ! » Agnès éclate de rire, si fort qu'elle a bien du mal à poursuivre. « Alors là il explose : "Mais tu peux pas faire attention enfin quand tu ranges la chemise !" Je crois que c'est le seul sujet d'énervement dans notre couple, c'est les boutons. » Nouvelle interruption due au fou rire. Elle parvient quand même à conclure : « Lui, ça doit l'énerver beaucoup ! Bon, mais il n'y a pas de quoi en faire une histoire. » Jean justement en fait toute une histoire. Il ne comprend pas cette attitude qu'il considère comme très agressive à son égard, alors qu'il a déjà essayé mille fois d'expliquer diplomatiquement son tourment à Agnès. Surtout il ne comprend pas ce rire intolérable, qui lui fait si mal. Elle l'accuse d'un soi-disant « mystère » dans son comportement, expliquant qu'il fasse ainsi sauter les boutons de chemise. « Je ne sais pas comment il fait son compte, moi, ça tient. » Lui est persuadé que tout vient de la couture industrielle, trop superficielle, qui doit être reprise à la main. Ne participant à aucune tâche ménagère, il n'ose pas trop faire porter l'accusation davantage sur Agnès. Jean a été élevé par sa grand-mère, et il se souvient très bien que c'était la première chose qu'elle faisait après l'achat d'une chemise : recoudre les boutons. C'est d'ailleurs pourquoi, au plus fort de la crise (bien qu'il soit marié et père de trois enfants), il décida de ramener ses chemises à sa grand-mère pour qu'elle recouse les boutons. Ce qui fit encore plus rire Agnès. Puis (entre le premier entretien et la confrontation conjugale) la repasseuse-ravaudeuse à domicile solutionna définitivement le problème.

Une des enquêtrices travaillant sous ma direction reçut un jour un coup de fil d'Agnès. Cette dernière avait conscience de n'avoir pas tout dit, et souhaitait se confier à elle hors micro. Son rire cachait en fait une souffrance, qui venait de loin, du jour de sa rencontre avec Jean, qu'elle aime tant. La vie est étrange, elle bascule parfois sans même qu'on s'en rende compte. Tout à son amour pour son beau séducteur, elle n'avait même pas senti le tournant. Elle avait pourtant abandonné ses projets professionnels, par amour, pour s'engager dans une existence entièrement dédiée au ménage et à sa famille. L'autre destinée qu'elle aurait pu avoir et qu'elle n'avait pas eue lui venait souvent en rêve désormais, rêves se présentant d'abord sous une forme agréable mais devenant très vite douloureux. Il ne faut pas accuser Agnès d'avoir monté délibérément le stratagème des boutons pour piéger son mari, le mécanisme s'était installé de lui-même. Mais très vite elle comprit intuitivement qu'elle tenait là sa petite vengeance secrète lui permettant de compenser l'insatisfaction refoulée et de rétablir son équilibre psychologique. Son rire notamment, confronté à l'agacement du pauvre Jean, était incroyablement libérateur. Elle lui faisait payer, sans trop de mal pensait-elle. L'agaceur imagine rarement quel peut être parfois le vrai calvaire de l'agacé.

La morale de cette histoire prise parmi beaucoup d'autres nous introduit au cœur du sujet : l'agacement n'a jamais rien d'anodin. Sous son excitation de surface se tapissent des univers d'explication sans fin. Drôle de sensation en vérité que l'agacement. Désagréable, voire très désagréable à vivre, elle n'en joue pas moins un rôle essentiel dans la structuration du couple, et produit même parfois des effets positifs. L'agacement est alors un mal nécessaire. Le plus surprenant étant sans doute que ses mécanismes sont extraordinairement précis, et nullement aléatoires. Son étude engage de façon originale et éclairante sur le fonctionnement conjugal dans son ensemble. Comme elle pourrait révéler bien des choses sur la dynamique de la multiplicité identitaire des individus. Autant dire que, contre toute attente, ce livre sur les petits agacements aurait pu prendre la forme d'un traité de nature théorique tant le sujet est riche et profond. J'ai préféré (pour le moment) privilégier la chair de la vie, l'irrésistible drôlerie et l'électricité à fleur de peau qui transparaissent des témoignages, en évitant de trop tremper ma plume dans l'encre conceptuelle, inévitablement plus lourde.

Ce voyage en terres d'irritations conjugales promet donc, du moins je l'espère, d'éviter par trop l'ennui ; bien qu'il faille commencer par quelques prolégomènes et définitions diverses. Il y a agacement et agacement. Il suffit d'écouter la façon dont est prononcé l'avertissement à l'entourage (du « ça m'agace... » informatif et monocorde au violent « ÇA M'AGACE !!!!! » en forme de hurlement) pour prendre la mesure de l'étendue qui sépare la simple contrariété de type intellectuel du véritable choc émotionnel susceptible d'entraîner vers les attitudes les plus incongrues. Pourtant, d'un extrême à l'autre, l'agacement s'inscrit dans un unique mécanisme, invariablement déclenché par une même cause (la dissonance). Situation assez rare dans le domaine des sciences humaines, de plus en plus fragmentées, voire noyées dans la complexité et la multiplicité des facteurs. Il eût été impensable de nous priver de la force et du confort intellectuel que procure cette simplicité explicative. Mais il faut pour cela strictement délimiter l'agacement, qui est proche en effet de toute une kyrielle de sentiments négatifs (les uns assez bien définis, les autres beaucoup plus flous) ne relevant pas du même mécanisme, et susceptibles donc d'interdire son analyse précise en brouillant ses frontières : amertume, exaspération, rancœur, contrariété, impatience, mal-être, frustration, désamour, insatisfaction, déception, dégoût, colère, etc. Plusieurs de ces sensations et émotions établissent des liens structurels avec l'agacement. La colère par exemple, qui est parfois son débouché expressif. Ou l'insatisfaction et le dégoût, qui seront traités plus loin. Il convient aussi de signaler que certaines particularités biopsychologiques ou des contextes sociaux spécifiques installent des prédispositions à l'irritabilité. Quelques mots seront dits sur ces agacés chroniques pouvant devenir violents. Mais le cœur du sujet est ailleurs. De même que ce qui génère les conflits est très différent de ce qui génère la violence à l'intérieur des couples [Brown, Jaspard, 2004], l'agacement ne peut être ramené à l'insatisfaction, aux conflits, et encore moins à la violence, sous peine de ne plus rien y comprendre. Pour saisir sa dynamique subtile mais limpide, il faut pointer la focale d'observation sur l'ordinaire de l'ordinaire de la vie conjugale, voire sur les couples les plus heureux et paisibles, ceux dont on dit à tort qu'ils n'ont pas d'histoire.

PREMIÈRE PARTIE

$1 + 1 = 4$

1

L'aventure conjugale

Tout commence en fait par l'individu. Le conjoint n'est pas le seul à agacer. Nous nous irritons aussi tout seuls, confrontés à un objet récalcitrant par exemple ; un meuble en pin à monter soi-même quand la vis n° 7 refuse obstinément d'obéir au croquis ; le tas de linge en attente de repassage pour Agnès. Ce face-à-face problématique avec les choses constitue une situation d'analyse exceptionnelle pour comprendre à quel point nous ne sommes pas ce que nous croyons être. La représentation dominante de l'homme est celle d'un individu rationnel, dirigeant sa vie par sa seule pensée. Nous la partageons d'autant mieux que c'est justement à partir de ce point de vue réflexif que nous observons le monde, et que nous nous observons nous-mêmes. Or il n'y a là qu'une part de la vérité, une toute petite part, un niveau de vérité. Des sciences anciennes comme la biologie ont suffisamment accumulé d'expérience pour distinguer dans leur domaine de tels niveaux de vérité, qui renvoient chacun à des méthodes, des catégories et des concepts spécifiques, à une vision et un langage radicalement différents selon le niveau où l'on se situe. Sous les apparences corporelles visuellement observables, nous découvrons ainsi la circulation sanguine et le système nerveux, qui ont leurs propres lois, plus profondément encore des formules adaptées nous introduisent dans les secrets de la génétique moléculaire, etc. Il pourrait en être ainsi un jour pour les sciences humaines, avec cette difficulté particulière à résoudre que c'est la pensée qui doit ici s'étudier elle-même, ce qui comporte bien des risques d'égocentrisme et de céphalocentrisme. L'agacement nous offre une occasion inespérée de nous décentrer et de plonger de façon inédite dans les profondeurs culturelles de la personne.

Sous la surface de la conscience, l'homme se révèle être un processus en mouvement permanent, intimement lié aux objets qu'il familiarise. Prenons le moment du réveil : nous ne nous posons pas la question de savoir où est rangé le bol du petit déjeuner, ni si nous allons boire du chocolat, du thé ou du café. La majeure partie de nos gestes les plus simples sont déclenchés automatiquement. Mais pas n'importe comment. Il n'y a pas deux personnes qui se ressemblent exactement, à propos du moindre aspect du quotidien. Chacun a stocké en lui une infinité de microréférences, qui résultent de son histoire, et lui dictent en retour des mouvements réflexes. Heureusement. Sinon la vie serait un enfer de fatigue mentale. Les sciences cognitives localisent désormais où est logée cette mémoire de l'ordinaire de notre vie, désignant ce qui est parfois appelé l'« infraconscient », ou l'« inconscient cognitif », ou la « mémoire implicite »

[Buser, 2005]. Dans un livre plus théorique [Kaufmann, 2001], j'ai montré comment cette mémoire est organisée selon une double modalité complémentaire. D'un côté, le cerveau non conscient étudié par les sciences cognitives, où sont enregistrés les guides d'action déclenchant les mouvements réflexes. Guides que nombre de spécialistes appellent des « schèmes », dont l'entrelacement constitue une sorte de plan secret de l'individu mettant en mouvement l'ordinaire de son existence. De l'autre, les objets qui ont été familiarisés, et se sont ainsi transformés en autant de repères visuels ou tactiles des gestes du quotidien. J'ouvre le placard pour prendre mon bol du petit déjeuner sans même y penser ou d'une façon très intuitive et rapide. Il n'y a surprise, et réflexion, que dans la mesure où le bol n'est pas là. Cette situation légèrement désagréable se caractérise alors par un conflit entre les deux modalités d'enregistrement de la mémoire. La modalité extérieure à l'individu (l'objet) ne correspond pas au plan secret de l'enchaînement des gestes. Dans le cas présenté ici, la dissonance n'est pas trop brutale, et la seule conséquence peut être une mise en action de la pensée consciente : mais où est donc mon bol ? L'agacement ne monte que si le bol se fait introuvable, ou s'il a été retiré de sa place pour une mauvaise raison. Dans nombre de contextes plus tendus, la dissonance se traduit d'emblée par un agacement. Plus celui-ci est soudain et intense, plus l'urgence s'impose à l'individu de rétablir une cohérence entre les deux parties opposées de lui-même. Pour Agnès, en faisant disparaître l'abominable tas d'une manière ou d'une autre. En le cachant tant qu'il n'est pas trop gros ; en trouvant l'énergie de repasser quand il a dépassé les limites du tolérable. « Au bout de deux ou trois fois que j'ai changé mon panier de place, je sais que je ne peux pas continuer comme ça longtemps. Je sais bien que ça va pas tarder, qu'il faudra que j'attaque. » Il n'est pas dit que ce soit toujours l'objet qui doive être remis à « sa » place pour résorber l'agacement. Le schème infra-conscient aussi peut être réformé. « Bon, les chemises, on connaît le problème. Mais les torchons, c'est idiot. Jean il s'en fout des torchons, moi aussi dans le fond. Alors pourquoi, alors que je déteste le repassage, je conti-nue à repasser les torchons ? » Agnès aurait pu arrêter de repasser les torchons, par une lutte consciente contre la partie d'elle-même (le plan secret) la conduisant à faire quelque chose qu'elle juge par ailleurs « idiot ». Elle a trouvé une solution encore plus radicale pour résoudre l'agacement : ne plus faire aucun repassage, en le confiant à une professionnelle. L'agacement ressenti individuellement est soit un signal indiquant qu'une contradiction récurrente entre les deux mémoires de soi n'a toujours pas été résolue : cela fait trente ans que Léon est agacé par le désordre de ses vêtements sur sa chaise, près du lit, le soir quand il se déshabille. Soit un simple régulateur de l'action, comme pour le repassage, qui, n'étant pas fait régulièrement, à jour fixe, implique donc de décider du moment. Or les arguments rationnels ne sont pas d'un grand secours pour cette décision : telle raison indique qu'il devrait être fait aujourd'hui, mais telle autre assure que cela peut attendre demain. Il faut donc l'aide d'un élan émotionnel pour fermer la décision [Damasio, 1995]. Concernant l'amour, l'élan émotionnel qui entraîne est caressant et doux à vivre. Pour le repas-sage l'émotion nécessaire est désagréable au contraire. S'ils ne sont pas trop lancinants ni trop violents, beau-coup d'agacements sont donc des instruments utiles,

voire indispensables, qui déclenchent l'action et diminuent la fatigue mentale.

Émotions ménagères

Le rapport que nous entretenons avec les objets du
quotidien résulte des particularités de notre histoire ;
l'univers ménager est très différent d'une famille à
l'autre. Agnès déclenche ses gestes de remise en ordre à
la moindre poussière, alors que son corps refuse d'obéir
pour le repassage. Chez Lola, c'est exactement l'inverse.
Non seulement repasser n'est jamais pour elle une corvée,
mais elle y éprouve un vrai plaisir. Elle écoute sa musique
préférée, et parvient même à danser le fer à la main,
pauvre substitut à un rêve devenu aujourd'hui impossible (devenir danseuse professionnelle). Le ménage,
hélas, n'est pas aussi simple. Elle a 22 ans, et comme
pour beaucoup de jeunes de son âge, les soins de la maison ne sont pas ce qui la préoccupe le plus au monde ;
la vraie vie est ailleurs. Mais elle passe beaucoup de
temps chez elle, et les reliefs du désordre et des saletés
les plus visibles commencent à lui accrocher vilainement
les pensées. Elle se forge peu à peu l'idée d'un autre plan
d'action, débouchant sur la vision d'un appartement
« plus clean ». Le sol notamment s'est transformé en véritable obsession. Alors qu'elle l'imagine désormais impec-
cable, son corps ne réagit, hélas, qu'à un modèle d'action
plus tolérant pour les poussières. « Ah ! le sol ! le sol ! Ah !
c'est pas sans y penser ! C'est : ah merde ! faut que je le
fasse, faut que je le fasse ! Ah ! ça me prend la tête ! » Elle
ne sait plus très bien ce qui l'agace le plus : la vue des
recoins pas très nets ou le ressassement permanent de

son nouvel idéal ménager si difficile à atteindre. La relation pénible et agitée que Lola entretient avec son sol illustre parfaitement une variante de l'agacement individuel. Quand un automatisme est bien huilé, la seule vue d'un désordre, en déclenchant l'agacement, met instantanément le corps en mouvement. « Ça m'agace, ça m'agace, mais même si je devais passer ma vie à quatre pattes pour ranger les vêtements qui traînent je le ferais, je suis comme ça » (Agnès). Mais un dialogue peut s'établir entre le plan secret de l'enchaînement des gestes et le niveau plus conscient des pensées. L'individu peut se raisonner, ou rêver à d'autres modèles d'action. Lola ne se satisfait plus du coup de balai rapide. L'agacement se déplace alors et prend une autre tournure. Il n'est plus simplement produit par le décalage entre le plan secret et l'objet dérangé ; il résulte davantage de l'écart entre l'automatisme acquis et l'idéal d'un nouveau modèle d'action, entre mémoire implicite et pensée consciente. Il ne prend plus la forme d'une décharge, parfois violente mais brève, nécessaire à l'action ; il complique au contraire cette dernière, en troublant les repères, et s'inscrit dans la durée en alourdissant de façon répétitive une charge mentale très pénible. « Ça me prend la tête », dit Lola. La dissonance, division entre deux parties de soi inharmoniques, s'est déplacée, et la fonction sociale de l'agacement a changé. Il n'est plus l'instrument émotionnel déclenchant une action ponctuelle dans le cadre d'un automatisme installé (se décider à repasser quand le tas est trop gros), mais devient le préalable à une réforme de cet automatisme. Certes, une telle réforme peut ne jamais advenir. L'agacement s'installe alors de façon durable, désagréable, et inutile. Il y a fort à parier que Léon continuera encore longtemps à être chaque soir agacé par le désordre sur sa chaise. Il suffirait pourtant qu'il prenne une nouvelle habitude de rangement pour que cette désagréable sensation qui lui empoisonne l'existence depuis trente ans disparaisse. Mais les vieilles routines sont désormais trop lourdement acquises pour penser les changer. Lola à l'inverse est au tout début de son histoire ménagère. Chaque jour est le théâtre de petits changements. Bientôt sans doute l'agacement procuré par le sol ne sera plus qu'un mauvais souvenir. Car son idéal « plus clean » aura fini par s'inscrire comme guide de l'action ordinaire. Les premières années de la vie d'un couple sont rythmées par les agacements qui définissent la mise en place progressive du système ménager. Lola est au cœur de ce processus, balancée entre des émotions contraires. La vaisselle notamment la transporte quotidiennement d'un agacement insupportable à une excitation des plus joyeuses. Elle la fait chaque matin, après le petit déjeuner. Dès midi, après le repas, l'amorce du tas immonde dans l'évier commence à accrocher son regard, dans les cas graves son odorat, et à provoquer par à-coups une montée de l'irritation. Le soir un véritable mal-être s'empare d'elle tant l'agacement est devenu lancinant. Le matin est une vraie délivrance, l'agacement emmagasiné se transmuant en énergie de l'action. « Je me dis : ça y est ! ça y est ! oh putain c'est propre ! » Tout au long de la matinée ensuite, elle continue à lancer des regards vers l'évier, mais cette fois pour recueillir des bribes de bonheur. « Je regarde comme ça, l'évier est magnifique, magnifique ! » Puis revient le midi, et tout recommence.

Un jour, comme pour le sol, Lola aura sans doute mis en place un nouveau système. La vaisselle, régulièrement après chaque repas par exemple. Ç'en sera donc fini, ou presque, des agacements. Ç'en sera fini bien sûr aussi du plaisir intense procuré par l'agacement vaincu. Les automatismes bien huilés font disparaître le plus fort des émotions ménagères, les pires comme les meilleures. L'aventure de l'installation domestique pousse irrésistiblement en ce sens. Car les automatismes acquis sont aussi le gage d'une vie facile à vivre. Et rien n'est plus précieux dans notre monde social devenu fatiguant et compliqué.

1 + 1 = 1 ?

Mais il n'y a pas que le ménage dans la vie. Qu'importe d'avoir moins d'émotions en ce domaine. On ne se met pas en couple pour jouir du plaisir d'avoir fini sa vaisselle. Les débuts de la vie à deux ouvrent un chapitre complètement différent de l'histoire de l'agacement.

Jusque-là, sans le savoir, l'individu est deux. Car son environnement familier (qui porte une part de sa mémoire) est sans cesse en décalage avec le guide secret de ses automatismes. Division qui provoque régulièrement de petits agacements, préludes à des réunifications par l'action. Que va alors donner la rencontre avec l'autre ? Notamment la confrontation des deux univers de la vie quotidienne, porteurs d'une mémoire inscrite dans la manipulation des objets les plus simples ? J'avais décidé de mener une enquête sur cette question, dans un contexte particulièrement révélateur, le matin après une première nuit d'amour, en visant tout spécialement les gestes que je savais faussement anodins de la salle de bain et du petit déjeuner. Je m'attendais à des confrontations problématiques. Elles furent bien au rendez-vous,

mais pas telles que je les avais pensées. Les agacements
en particulier étaient presque inexistants. Beaucoup
d'angoisses, de gênes et de sentiments de mal-être.
D'envies de fuite aussi, de liquider l'expérience au plus
vite. Mais peu d'agacements.

L'exemple de Vincent est frappant. Sa matinée est
un véritable petit film catastrophe, il enchaîne les révé-
lations dérangeantes ou détestables sur sa dulcinée.
Même le lait a un drôle de goût. Or il continue à avancer
dans son histoire, comme si toutes ces mauvaises nouvelles glissaient sur lui sans l'atteindre. Il attend avant
de faire le bilan. Il se sent dans une parenthèse de la vie,
et il est bien dans une telle parenthèse. Ses repères habituels d'action et de jugement sont toujours là, dans un
coin de la tête, mais lointains, susceptibles d'être modi-
fiés si l'événement l'entraîne. Il y a peu d'agacements
justement parce que l'individu est dans une parenthèse,
une transition entre deux mondes, l'un qui est peut-être
en train de disparaître, l'autre qui reste éventuellement
à découvrir. Dans les histoires de premiers matins où le
vieux monde reprend le dessus, les émotions négatives
sont fortes et nombreuses, mais pas sous la forme d'agacements. Car l'infortuné candidat à la vie conjugale ne
cherche pas à résoudre les contradictions qui l'opposent
à l'univers qu'il découvre. Il se regroupe sur lui-même et
pense à sa fuite, ou à la façon d'expulser l'intrus quand
la nuit s'est déroulée à son domicile. La dissonance présuppose une unité (contradictoire), déjà formée ou en
cours de formation. Ici au contraire l'objectif est la séparation. Ce qui aurait pu irriter par une intégration forcée
disparaît. Dans les histoires qui évoluent dans un sens
plus favorable, il n'y a pas non plus agacement, car le
vieux monde est (momentanément) oublié. Par la magie

de l'amour, les éléments qui surprennent sont ignorés et refoulés dans une mémoire dormante, quand ils ne sont pas considérés comme attendrissants. « Ses petites manies, je trouvais ça charmant au début » (Gally). Ils peuvent aussi être utilisés comme un repère pour évoluer vers l'autre. Colombine est stupéfaite de découvrir dans la salle de bains toutes les crèmes et lotions utilisées par Franck, ce sportif musclé qu'elle imaginait rugueux. Elle ignore ce monde des petits pots, elle qui se contentait jusque-là d'un savon. Prise de panique, Colombine décide instantanément de changer son rapport aux soins du corps. C'est dans ce type de situations, quand les individus sont prêts à s'abandonner, ou dans les histoires les plus passionnées, que l'illusion peut germer : et si 1 + 1 pouvaient ne faire qu'un ? Illusion qui a d'ailleurs son grain de vérité : 1 + 1 peuvent vraiment faire 1 au début. Le couple découvre par la suite non seulement les divisions internes, mais aussi que ces dernières sont nécessaires à son fonctionnement. D'abord par la réémergence de l'individu, qui certes rêve d'amour et de vie conjugale, mais pas au point de disparaître corps et âme. 1 + 1 = 2. Ensuite par la délimitation de moments conjugaux, contrastant avec les moments plus individuels [Singly, 2000]. 1 + 1 = 3. Enfin, et c'est ce que nous allons voir, en prenant conscience que les dissonances ordinaires ne s'estompaient que parce que le quotidien était en pleine révolution. Non seulement elles réapparaissent progressivement, mais il devient évident que le partenaire conjugal a apporté dans ses bagages ses propres dissonances, contradictoires sur bien des points avec ce qui nous-même nous agite. 1 + 1 = 4.

Premiers coups de nerfs

Les premiers agacements du couple sont l'indice que le processus d'unification s'est mis en branle. Les divergences ne produisent de l'électricité que dans la mesure où les deux partenaires avancent dans la construction d'une culture commune. Parfois très tôt dans leur histoire, mais toujours en rapport avec une habitude conjugale qui commence à se constituer. Si Artemiss est tant énervée par le petit chien, c'est un peu parce que les chiens ne sont pas son « truc », mais surtout parce qu'il perturbe la bulle d'amour dans laquelle elle rêve de s'oublier. « Les chiens, c'est pas mon truc ! J'étais chez mon copain, on s'était pas vus depuis quelque temps, autant dire qu'on était particulièrement enthousiastes à l'idée de passer la soirée ensemble... Problème n° 1 : il avait la charge d'un adorable petit chien, genre saucisse sur patte à dreadlocks frétillantes, pour le week-end. Problème n° 2 : le clébard en question était à peu près aussi accro à mon chéri que moi-même... Autant dire beaucoup, beaucoup ! Je vous fais le tableau : mon "namoureux" et moi tranquillement installés sur son pieu à faire plein de choses toutes plus intéressantes les unes que les autres, tout à coup, la bête se met à gratouiller à la porte... N'écoutant que son grand cœur, mon chéri lui ouvre. Sauf qu'il avait pas prévu un truc : le chien se met à aboyer dès qu'il entend le début d'un bruit suspect type gémissement... Enfin bref, j'ai dû me retenir pendant toute la nuit. Bah oui, si on foutait le truc dehors, il glapissait de plus belle ! Et le pire, c'est que la bête a trouvé le moyen de se taper l'incruste sur le pieu dès qu'on a commencé à s'endormir... Si vous voulez garder un animal, assurez-vous que c'est un poisson. »

L'agacement n'est pas propre à la vie conjugale. Nous pouvons aussi être très agacés par un ami, un collègue de travail, parfois même un inconnu. À chaque fois cependant la cause est à rechercher dans un segment d'unification, troublé par une dissonance. Plus le partage du social est proche, intime, répété, confinant au fusionnel, plus les risques d'irritation se manifestent. À l'inverse, un excellent contexte d'étude est donné par les colocations. D'une durée souvent assez brève et non inscrites dans un projet d'intégration formelle, elles parviennent d'autant mieux à éviter une grande part des agacements générés par la vie commune qu'elles sont habituellement dominées par une idéologie de la tolérance et de l'ouverture à l'autre caractéristique de la jeunesse, que Céline Bouchat appelle « l'éloge du cool » [2005, p. 26]. Même les couples installés à l'intérieur d'une colocation utilisent cette dernière pour prolonger la jeunesse et résister aux forces de structuration domestique et de durcissement trop précoce du conjugal. Pourtant, certains espaces et activités cristallisent un rapprochement plus serré et problématique des intimités, engendrant des agacements qui peuvent s'exprimer soudain avec violence. La confrontation des manières de faire le ménage et la promiscuité des produits personnels dans le réfrigérateur notamment. Thomas explose : « La saleté du frigo, ça m'énerve. Quand tu trouves une courgette complètement moisie, t'as la haine ! » [*idem*, p. 72].

Le couple aussi commence aujourd'hui par la vénération du « petit dieu Cool » [*idem*, p. 27]. Mais à la différence des colocataires, les deux protagonistes s'engagent dans un travail complexe de mise en place progressive d'une socialisation unifiante. Chaque domaine est intuitivement testé pour éviter les désagréments de l'un ou

de l'autre et trouver de petits dénominateurs communs.
À table par exemple, les goûts et (surtout) les dégoûts
croisés débouchent sur l'invention d'une culture alimentaire commune qui rompt avec une part de l'histoire de
chacun des deux [Kaufmann, 2005]. Eline et Jack ont
lancé le chantier de l'unification conjugale dans moult
directions à la fois. Jeune couple adepte de la discussion,
ils tirent régulièrement le bilan de leurs expériences là
où d'autres se contentent d'ajustements plus intuitifs.
Prenons l'exemple des sorties. Très vite ils constatent
que leurs rythmes ne sont pas synchrones. Laissons Eline
nous expliquer. « Lorsque nous nous sommes rencontrés,
nos façons de vivre étaient réellement opposées : célibataires tous les deux, nous gérions nos emplois du
temps et notre vie sociale complètement différemment.
J'avais horreur de rester seule, je sortais donc tout le
temps (tous les soirs de la semaine, je pouvais avoir
trois sorties de prévues le même soir, et j'avais souvent
quatre événements planifiés pour le week-end). Jack
quant à lui était très solitaire, ne prévoyait jamais de
sortir, ne faisant appel à ses amis qu'au dernier moment
(on va manger sur Paris, là tout de suite ?), ne sortait
que rarement en semaine et surtout pas à outrance le
week-end. Bref, lorsque nous avons commencé à vivre
ensemble, il s'est d'abord basé sur mon planning. Ce qui
a été très perturbant pour lui pendant trois mois. Il a
crié au secours, et nous nous sommes fait un planning
suivant sa logique. Là, c'est moi qui ai appelé à l'aide
au bout de trois mois. Puis nous avons alterné pendant
six mois, pour arriver à nous stabiliser. Le compromis
s'est installé progressivement : je sors souvent plus que
lui (soirées filles, activités), souvent en semaine, et nous
sortons ensemble le week-end, mais sans prévoir quatre

événements à suivre... Il arrive encore que je m'emballe à certaines périodes : j'ai tendance à prévoir trop de sorties/rencontres, etc., sur certains mois. Ce qui agace considérablement Jack, bien sûr. Donc on revient à une méthode radicale (on ne sort plus pendant deux week-ends à suivre), pour retrouver un rythme "normal". » Le processus est encore actuellement en cours, rythmé par les agacements de l'un ou de l'autre, qui provoquent de brusques changements de cap. Dans la solution qui peu à peu se dessine apparaît une donnée majeure, que nous verrons plus loin en détail : la définition d'un moment personnel (les soirées filles) pour résorber un agacement conjugal. « Je sors davantage que Jack, principalement la semaine, pour voir mes collègues, mes amies, parfois le samedi après-midi. Mais le vendredi soir, samedi soir et dimanche sont réservés aux sorties à deux (avec ou sans amis). »

Les rythmes faisant alterner dedans/dehors, dehors seule/à deux, se coordonnent et s'installent graduellement. Au-dedans, d'autres questions épineuses restent à régler. La cuisine par exemple. « Savoir ce qu'on va manger tous les jours est pour nous une source d'agacements. » Les désaccords minuscules sont incessants sur le style (grignotage sur le pouce ou petits plats dans les grands ?), les choix alimentaires, et surtout la question de savoir qui va faire quoi. « J'ai horreur de cuisiner, se lamente Eline, Jack adore, mais pour recevoir, pas pour le quotidien. » Pourquoi ne se met-il donc pas davantage aux fourneaux puisque lui, il aime ça ? Cette incohérence est la plus irritante. L'agacement provient toujours d'un conflit ou d'une dissonance entre modèles de pensée ou d'action, que ceux-ci soient internes à la personne ou divisent le couple en deux clans séparés. Ici l'agacement provient d'abord, de façon simple et très classique, de la guéguerre quotidienne opposant Eline à Jack pour savoir qui fera la cuisine. Mais plus sournoisement pour Eline se surajoute l'agacement provenant de l'incohérence qu'elle perçoit à l'intérieur du clan adverse. Puisque Jack est incohérent (il refuse de faire davantage alors qu'il aime), il devrait logiquement être le premier agacé. Or, nouvelle subtilité de l'agacement, la vie conjugale offre la possibilité (quand l'acteur est habile) de sournoisement transférer l'irritation vers le partenaire.

Mais la cuisine n'est rien comparée à l'éreintant problème du désordre ménager. « Nous avons deux façons d'appréhender le ménage, ce qui est un agacement récurrent non résolu à ce jour. Personnellement, j'opte pour une solution hebdomadaire fixe, comme un ménage ensemble le samedi matin, par exemple, en deux heures tout est fait, et c'est parti pour une semaine. Jack est plutôt pour une solution aléatoire : je fais le ménage tout seul quand j'en ai envie ou lorsque je trouve le moment de le faire (en rentrant plus tôt en semaine par exemple). Résultat : il m'agace parce que j'ai l'impression qu'il ne veut pas s'investir, je l'agace parce qu'il croit que je râle tout le temps à ce sujet. Aujourd'hui nous oscillons entre un ménage le week-end (contraint et forcé pour lui), et un ménage aléatoire (à mon grand désespoir). » La méthode aléatoire prônée par Jack est assez répandue dans le camp masculin. Elle comporte généralement l'avantage suivant : la disponibilité et l'envie (de faire le ménage) s'avérant (comme par magie) plus rares du côté des hommes, la théorie du partage équitable reste à l'état théorique. Ayant recueilli la version d'Eline, je ne dispose pas d'assez d'éléments pour dire que Jack aussi utilise ce subterfuge. Eline est agacée par la multiplicité des dissonances emmêlées : par la vue des objets en désordre (heurtant son plan secret), qui continuellement l'agresse ; par la confrontation verbale entre les deux théories ménagères ; par la guerre ordinaire plus concrète pour savoir qui va passer le balai ou sortir la poubelle. Et surtout par ce terrible soupçon : Jack n'ajoute-t-il pas volontairement une dose d'insincérité perfide ?

Ils ont cependant tous les deux la capacité de mettre au jour les enjeux. Ils discutent et négocient beaucoup, s'ajustent et se réforment sans cesse, à coup d'agacements et d'arguments. Ce qui leur permet d'avoir une vision assez réaliste de la combinaison mêlant rapports de force et mise en place du système domestique par les agacements croisés. Un tel processus de structuration du couple est historiquement nouveau. Il a socialement émergé à mesure que disparaissait la forme hiérarchique, conférée par la tradition, dans laquelle chacun entrait dans un rôle bien précis (l'homme détenant l'autorité et ne faisant concrètement que peu de chose dans le domaine familial et ménager). Cette forme hiérarchique et donnée d'avance est aujourd'hui remplacée, au moins en théorie, par une ouverture du jeu domestique entre deux individus égaux, voire une interchangeabilité pour nombre d'activités. Il en résulte donc nécessairement un long processus de réglage, où les agacements jouent un rôle essentiel. Les positions de pouvoir n'ont pourtant pas disparu. Elles sont simplement devenues plus secrètes et subtiles. Il n'est pas rare ainsi que tel mari habile exagère les manifestations de son agacement pour revendiquer d'être exempté d'une corvée. Sournoiseries rarissimes entre Eline et Jack. J'avais posé la question à Eline : Jack n'en profitait-il pas un peu parfois ? Voici ce qu'elle me répondit : « Non, ça ne fonctionne pas comme cela entre nous, et là, c'est une réponse franche, puisque nous avons discuté de cela ensemble à la suite de vos questions. Je crois que nous sommes sur une relation d'équilibre, précaire, puisqu'il est souvent remis en question par le quotidien et les péripéties de la vie. Exemple : j'ai été au chômage un moment, et la relation de pouvoir s'est alors imposée : pour moi, perte de repères, de confiance, et sentiment d'inutilité, y compris au sein du couple. Jack s'est alors imposé comme l'élément fort du couple : représentant la stabilité, l'argent, la confiance... Tout s'est trouvé déséquilibré pendant un moment : mon indépendance, ma stabilité financière, les tâches ménagères que j'accomplissais seule dans la journée... Il a fallu un long moment après que j'eus retrouvé mon emploi, et maintes crises et discussions, pour que l'on revienne à un équilibre satisfaisant pour les deux, moi surtout. Mais nous finissons toujours par revenir à une certaine forme d'équilibre après discussion et prise de conscience. D'ailleurs, c'est pour cela que nous conservons bon nombre d'agacements : aucun ne veut lâcher prise par rapport à l'autre, mais jamais avec exagération. »

Eline et Jack ne sont pas vraiment représentatifs sur ce point. Dans une majorité de couples en effet, les deux protagonistes n'hésitent pas à simuler des agacements imaginaires, ou au moins à forcer le trait, pour imposer une décision allant dans leur sens. Souvent sans même s'en rendre compte. Louis était réellement très agacé par la petite table que la mère d'Anne avait récupérée pour les aider à équiper leur logement de jeune couple. Elle faisait trop « famille » ou « couple rangé dans ses meubles », elle leur donnait un coup de vieux. Anne se souvient de ses énervements. « Il m'a proposé que l'on vire cette table, parce que l'on n'aime pas manger sur une table.

S'installer là pour dîner... on a l'air un peu bête. » Elle mime la scène en riant. « Je préfère manger sur les tables basses, on y est beaucoup plus à l'aise. On a fait l'autre jour les magasins japonais, on a envie de s'acheter une grande table carrée, sobre[1]. » Comme il arrive assez souvent dans la période de mise en place du système conjugal, l'agacement (d'un seul des conjoints) a fait basculer le couple vers une décision engageant l'avenir, porteuse d'une éthique, de résolutions, de repères pour l'action. Porteuse également ici de toute une esthétique, qui soudainement s'exprimait, merveilleusement commune. Comme par enchantement, un univers de valeurs et de formes s'affirmait unitairement et les faisait même rêver ; l'éloge du sobre et du bas, exotique sans fioritures, affichant discrètement une distinction raffinée. Anne était transportée, elle avait fait sien l'agacement de Louis. Il lui donnait la force nécessaire pour s'envoler dans le rêve et le réaliser. « J'avais fait le magasin japonais à Noël, repéré une belle table en teck, brute, carrée, avec de très beaux pieds. Elle était très belle et j'attendais les soldes de janvier. J'y suis retournée quand elle a été bradée, on devait venir la chercher avec Louis, je l'avais même réservée au téléphone, on devait y aller un samedi... je me souviens, j'étais supercontente. Et puis ce jour-là il me parle de la table de sa grand-tante... Elle valait quand même un certain prix, cette table en teck. Un week-end de janvier on est allés chez sa mère, qui nous a fait la surprise de la table en acajou. Elle est bien, elle est très pratique... elle se soulève et se déplie... on a fait des économies[2]. »

---

1. Témoignage recueilli et cité par Marie-Pascale Alhinc-Lorenzi [1997, p. 44].

2. *Idem*, p. 45.

Fini le rêve, oubliée l'esthétique japonaise, Anne était vaincue et l'acceptait sans lutter. L'argument financier brouillait les pistes. Habilement distillé, il masquait que ce qui avait provoqué l'agacement (la récupération familiale) avait paradoxalement débouché sur le même résultat : une autre table elle aussi familialement récupérée. Seule la famille avait changé ; c'était désormais celle de Louis.

L'analyse quantitative comparée des petites disputes conjugales selon l'âge montre que plus l'on est jeune, plus elles sont nombreuses [Brown, Jaspard, 2004]. Elles diminuent ensuite, avec les années et la durée du couple. Constat qui pourra surprendre, mais qui est pourtant tout à fait logique, car le processus d'ajustement et de définition d'un monde commun est extraordinairement complexe dans la première phase de la vie conjugale, et nécessite des ajustements serrés. Notre vision est en fait troublée parce que ces petites disputes n'ont pas le caractère aigre et crispé qu'elles prendront par la suite. Elles s'inscrivent dans l'évolution de la vie. L'agacement est peu ressenti, aisément assimilé et pas trop mal vécu pour la simple raison qu'il n'est pas gratuit : il déclenche le mouvement, la découverte de nouvelles méthodes, l'organisation d'un système plus adapté. « Ce sont des agacements de début de parcours, qui sont survenus lors de notre emménagement ensemble : nous avions tous deux une façon d'organiser notre espace de vie, et nos rangements, mais nous sommes vite parvenus à des compromis. Et cela s'est encore amélioré avec le temps » (Eline). Contrairement à ce qui se passera plus tard dans le couple, chaque jour est l'occasion d'une modification dans un domaine ou un autre, et les deux partenaires se caractérisent par leur ouverture et leur malléabilité culturelle. L'agacement n'a guère le temps de se fixer sur un comportement durablement répétitif.

Le confort conjugal

Le début du couple est une aventure. Une aventure sentimentale, bien sûr, qui arrache à l'ancienne existence. Mais une aventure au quotidien aussi, par l'invention d'un monde intime qui redéfinit, profondément, les deux identités. Des styles et des manières, susceptibles d'avoir un long avenir, se jouent à partir d'événements minuscules. Anne et Louis auraient pu s'engager dans un univers esthétique très marquant s'ils n'avaient pas récupéré la vieille table. Tout s'est au contraire évanoui, l'exotique sobriété élégante n'étant plus aujourd'hui qu'un rêve oublié.

L'aventure de l'ordinaire est nécessairement remplie d'émotions, qui fonctionnent, qu'elles soient agréables ou pénibles, comme une énergie du mouvement. Les petits agacements n'ont guère le temps de vraiment agacer, bien qu'ils soient fréquents. Puis des repères finissent par se stabiliser, et les émotions négatives n'éclatent plus qu'à l'occasion de dysfonctionnements soudains ou persistants. Hélas, parce que le mouvement de la réforme conjugale s'est ralenti ou franchement arrêté, ils font plus de ravages et marquent davantage les esprits en butant sur les résistances de l'immobilité. Agnès a mené la guerre pour que Jean apprenne à ranger ses vêtements, qu'il abandonnait en tas informes au gré de ses déambulations résidentielles. Les éclats étaient parfois violents mais ne laissaient pas de traces. Car l'irritation s'évaporait à mesure qu'Agnès constatait les progrès : Jean faisait des efforts et changeait. Aujourd'hui il a presque atteint le modèle de référence. Excepté quelques traces, certes épisodiques, mais qui tendent à s'incruster en forme d'indices d'une liberté que Jean ne se résout pas à abandonner totalement.

– Agnès : « Ça m'agaçait beaucoup au début, mais maintenant ça traîne moins... »
– Jean : « Ça traîne moins, mais ça t'agace plus ! »

Agnès a imperceptiblement senti que la donne a changé. La page du mouvement perpétuel commence à se tourner et ils entrent dans un nouveau chapitre de l'histoire conjugale, dominé par la stabilisation des repères du quotidien et la quête de confort. La quête de confort dans la vie conjugale n'est pas condamnable ; elle est même inévitable. Elle est d'abord matérielle et physique, à mesure que le chez-soi est équipé et décoré, transformé en nid douillet. Elle est surtout psychologique et identitaire [Kaufmann, 2004]. Dans notre société agressive et déstabilisante en effet, le couple est de plus en plus utilisé aujourd'hui comme un instrument de réconfort et de réassurance. Ainsi, autour de la table du dîner, chacun commence souvent par raconter les petits malheurs de sa journée, sûr de l'écoute compatissante et du soutien thérapeutique du conjoint [Kaufmann, 2005]. Mais la quête est souvent encore plus basique, voire régressive. La maison devient le lieu où chacun peut enfin s'abandonner, loin des compétitions incessantes et des regards évaluateurs, jouir sans entraves des plaisirs les plus simples, trouver l'aisance et le bien-être élémentaires que confère le laisser-aller. Le premier degré du confort identitaire est donné par la stabilisation

des repères, les routines qui simplifient l'existence, auxquelles s'ajoutent les obscurs délices des comportements
« nature » et régressifs. La tentation du régressif est souvent beaucoup plus forte chez l'un des deux conjoints. À
mesure qu'il s'enfonce davantage dans ses petites joies
du relâchement casanier, l'autre le découvre sous un jour
qu'il n'avait guère imaginé, surpris par l'opposition des
manières d'être et des rêves qui les séparent désormais.
« J'adore sortir, faire les magasins, voir des amis. Alors
que lui est assez pantouflard. Il aime être chez lui, sans
que personne l'embête, en ayant tout le temps devant
lui. Alors que moi, ça me stresse de rester tout le temps
chez moi, de ne pas voir d'autres personnes » (Eliza).

L'instrumentalisation exagérée du couple à des fins
thérapeutiques égoïstes provoque un bouleversement
de l'image que se forme le partenaire. Non seulement
l'arrêt du mouvement de réforme conjugale crispe les
agacements sur des thèmes d'autant plus agaçants qu'ils
résistent et reviennent sans cesse, mais celui ou celle qui
autrefois avait fait tant d'effort pour séduire semble ne
plus guère s'en préoccuper aujourd'hui. Il (ou elle) fait
plus attention à sa façon de s'habiller quand il (ou elle)
sort, ne serait-ce que pour aller acheter du pain, que
dans le cadre du face-à-face intime. Le conjoint serait-il
étrangement devenu la dernière personne digne d'être
séduite ? La question vient alors à l'esprit : le couple
doit-il vraiment mener à cela ? La montée des agacements signale qu'une réponse négative a été donnée à
la question : non ! Décidément trop c'est trop, la ligne
rouge a été franchie. « À notre rencontre, il y a dix ans,
il devait y avoir de la pudeur entre nous, et aucun de
nous deux ne se lâchait devant l'autre. J'y ai réfléchi et
je pense qu'il a fallu à peu près cinq ans pour que ces

habitudes s'installent, en même temps que la routine ! Et oui, je pense que la routine est la fautive, on fait moins attention à l'autre, on se connaît bien, alors pourquoi se gêner ? » Aphrodite est surprise et déçue, mais surtout soudainement agacée quand son mari se laisse aller à « se décrotter le nez ou bien ronger ses ongles des pieds ou des mains ! Sans être pour autant gêné si je suis collée contre lui en regardant la télé. » Elle se libère aussitôt en l'apostrophant : « Ça y est ! tu veux mes ongles ? » Francis (pour la millième fois) s'excuse, mais Aphrodite, emportée par l'agacement, persévère dans ses lamentations. « Ses petites manies m'agacent énormément et je ne peux pas m'empêcher de lui dire. » Alors, c'est au tour du mari d'être énervé par ces cris intempestifs. « C'est peut-être ça qui l'énerve le plus chez moi ! » Remis en scelle sur un mode plus légitime, il défend la théorie de la liberté et du bien-être : pourquoi aurait-on à se cacher entre époux, à quoi sert le couple si chacun doit dissimuler et se contrôler sans cesse ? Les tactiques de lutte contre l'agacement sont donc délicates à mettre en œuvre. En poussant trop loin son offensive, Aphrodite, qui jusque-là était en position dominante et imposait son modèle de comportement (dans le sens d'une réduction de la dissonance par la mise au pas du conjoint fautif), a provoqué à son tour un agacement chez l'adversaire. Il n'y a plus un dominant et un dominé, mais conflit entre deux théories concurrentes. La dissonance, qui se situait entre un modèle théorique et son exécution, sépare désormais les deux clans : bonnes manières contre naturel et liberté. Même incompréhension croisée chez Zoé : « Excusez-moi pour les détails, mais quand il se racle la gorge avant de cracher dans le lavabo... Alors que pour lui, ce genre d'intimité privilégiée n'est pas choquant. »

Un autre mari stigmatisé, « IL » comme l'appelle Melody, lui aussi cloué au pilori pour cause d'atteinte au devoir de séduction, pense sans doute la même chose. Le petit drame ordinaire ne se joue pas ici dans le canapé, face à la télévision, ni face au lavabo, mais à propos des manières de table qui, nous le verrons, reviennent souvent comme motif d'agacement. « À table, IL "sauce" son assiette systématiquement après avoir fini son plat, trempe son pain, éponge méthodiquement chaque recoin, et re-essuie consciencieusement la moindre trace puis avale goulûment le morceau mouillé. IL me donne l'impression de passer la serpillière ! Je ressens alors du dégoût, et surtout cela me renvoie à mon éduca-tion bourgeoise, laquelle apprend à ne pas manger de la sorte (tout juste a-t-on le droit au petit morceau de pain du bout de la fourchette). J'apprécie la grâce, l'élégance. Mon mari est beau, il peut avoir de la prestance, mais s'en moque personnellement. Par ce simple geste, en trente secondes, IL me ramène au prolétariat et à la négli-gence physique (style la bière, le saucisson, la bedaine et le rot après la bière). Séduction – 40 ! » Melody s'est long-temps contentée de remarques discrètes. Désormais elle est « passée à la vitesse supérieure » et s'exclame « haut et fort au moment où il commence son petit manège », non sans avoir quelques doutes sur cette vivacité de sa réaction. « Dans ces moments-là, je m'apparais guindée, acariâtre, majordome autoritaire, mais je sais qu'il en va de notre couple, de la partie fascination-admiration que l'autre peut et se doit de susciter pour entretenir la "flamme" sexuelle. Et tant pis si ce n'est pas spon-tané. »

Les objets doublement agaçants

Les objets du petit monde qui nous entoure tiennent une place centrale dans l'agacement. Parce que ce petit monde justement ne se contente pas de nous entourer. Les objets familiers ne sont pas un simple décor. Ils portent et structurent la personne au plus profond d'elle-même à travers ses gestes quotidiens. Je l'ai dit plus haut : l'agacement provient souvent d'une dissonance constatée entre les schèmes infraconscients qui organisent les routines ordinaires et la place « anormale » occupée par les substances et les objets. Mary Douglas [1992] explique que la saleté n'a pas de définition objective : elle est une convention sociale résultant d'un long processus de construction. La saleté découle simplement du fait qu'une matière particulière est considérée comme n'étant pas à sa place. La terre n'est pas sale en soi ; elle le devient en traînant sur le sol de la maison ou en s'accrochant à nos chaussures. Tout le problème est dans la définition de cette juste place, différente d'un individu à l'autre, y compris dans le couple. Plus l'expérience conjugale se prolonge, plus chacun des deux partenaires découvre que ce qui l'agace personnellement n'agace pas l'autre et inversement. À propos de détails minuscules (le style du coup de balai, la manière de faire des piles, un choix décoratif) s'ouvrent soudainement de subtils et diffus chocs des cultures. Le point de départ est un objet agaçant pour l'un des deux partenaires. À partir de là, les événements qui vont suivre peuvent cependant évoluer dans des directions très différentes. Après que Louis eut été agacé par la table de sa belle-mère, le couple aurait pu s'engager dans un univers commun, nouveau et renforcé (l'esthétique japonaise). Un agacement peut déclencher un mouvement et intensifier l'unité. À l'inverse, l'objet agaçant peut non seulement rester interminablement en place, mais délivrer des messages très désagréables, qui disent combien le partenaire que l'on croyait si proche vit en partie dans un autre univers (esthétique ou émotionnel) que le sien. L'objet est doublement agaçant. Parce qu'il dérange, comme le ferait une saleté ou un désordre. Mais aussi à cause de ce qu'il raconte à chaque fois que le regard est par lui accroché, un récit justement que l'on ne voudrait pas entendre. Telle est par exemple la triste histoire de la tête de brochet empaillé.

L'enquête a été menée par Sofian Beldjerd[1], qui a longuement interrogé Marie-Anne. L'entretien est si parlant que j'ai choisi d'en citer de larges extraits. Tout commence par un événement, inattendu et fondateur des problèmes qui vont suivre. « On devait partir en vacances et le... la veille, il me dit : "Tiens, je vais à la pêche." Donc, il est parti à la pêche et il est revenu, et il me dit tout affolé, tout heureux, tout... comme un petit gamin à qui on aurait donné... je sais pas moi... le monde entier :

– "Viens voir, viens voir, viens voir, j'ai pêché un brochet !

– Bon, d'accord. Bon, ben, c'est bien...

– Tu t'imagines, c'est mon premier brochet..." »

Le mari veut découper la tête et la porter à un taxidermiste. Marie-Anne est incrédule, elle découvre cette passion étrange, qui ne la fait nullement vibrer elle-même, et qui emporte son homme dans un univers émotionnel incompréhensible. Elle se positionne immédiatement

---

1. Enquête encore non publiée menée dans le cadre d'une thèse de sociologie en cours, université Paris-5.

sur la défensive, mais ne voit pas comment s'opposer, d'autant que le départ en vacances estompe le problème. « Je voyais pas l'intérêt. Vraiment, pour moi, bon, c'est un poisson, tant mieux... Mais avoir une tête comme ça... Déjà, quand je vois des têtes de sangliers, je trouve pas ça très heureux... Donc, ça, ça me... vraiment... Ça me gênait un petit peu. Il me dit "Ah, non, hein, je..." » Alors elle cède, intérieurement convaincue qu'après tout c'est son affaire à lui et non celle du couple. « Vas-y, c'est ton brochet... » Mais l'histoire n'allait pas en rester là. « Donc, nous voilà partis en vacances. On est revenus, il est allé chercher sa fameuse tête, qui avait été mise sur un joli morceau de bois !

– "Où on le met ?

– Ah !!!..." »

Marie-Anne accepte le pluriel (« on » et non pas « je ») qui l'engage dans cette désagréable péripétie conjugale, en tentant de résister de façon diplomatique mais acharnée.

– « "Alors où on le met ?

– Je sais pas, mais j'ai pas envie de le voir beaucoup moi... c'est pas un truc qui me plaît. Alors tu te débrouilles pour le mettre dans un coin." Alors, il a dû rester quelque temps dans sa pièce à bricolage... et puis, au bout de quelque temps, il m'a dit : "Oh, tu sais, je la ramènerais bien là [dans le salon]." Et il a vu mon enthousiasme ! Et puis... » Et puis commence l'interminable histoire des voyages de la tête de brochet, de pièce en pièce, tiraillée entre désirs de l'un et désirs de l'autre, au nom d'une supposée esthétique commune bien improbable. « Il me dit "Oh, j'aimerais bien la mettre par là"... Il a essayé de me la mettre, je crois bien un petit peu sur tous les murs de la maison... au moins dans le salon et la salle à man-

ger. Et puis, je lui ai dit "Oh, ben, non, ça, j'en veux pas
là !... Attends, là, ça me plaît pas..." » Mais le mari ne
s'avouait pas vaincu.

« – "Marie-Anne, viens voir !

– Ah ! Ah, non, c'est pas beau..." Alors, il reprenait
son brochet, il remettait le tableau ! » Jusqu'au jour où,
trop pris par l'envie, et ignorant les négociations conjugales, il impose le brochet dans le salon. Marie-Anne
doit se résoudre aux agacements secrets, ponctués par
de petites phrases de dépit. « Je lui ai dit "Oh, qu'est-ce
que c'est laid, ce machin !" Souvent je lui disais, "Oh là là,
qu'est-ce qu'il m'en... qu'est-ce qu'il me plaît pas ton...
ta tête de..." Et il le savait, et des fois il me le disait, "Je
sais, elle te plaît pas ma tête !" Mais bon, on s'est pas
disputés pour ça. Mais il sentait que moi, ça me plaisait
pas. Lui, ça lui plaisait, donc, on était... on n'en discutait
pas. » Heureusement, après des années et des années de
combats domestiques feutrés, la triste histoire du brochet va plutôt bien finir, d'abord par une solution de
compromis acceptable pour les deux parties. « Un beau
jour, il l'a enlevée et puis il me dit "Où je la mets ?" Je lui
dis : "N'importe où, pourvu que je la vois pas." Il me dit
"Ah ben, je vais aller la mettre dans la cuisine." Je lui ai
dit "Ah, ben, ça serait quand même le plus logique, parce
que c'est plus de la nourriture que... !" Donc, la cuisine,
à la limite, je veux bien. "Mais tu me la mets dans un
endroit où je ne la vois pas." » Le mari l'installe donc en
face de la place qu'il occupe à table. Pendant des années
Marie-Anne va manger en tournant le dos au brochet,
évitant de porter son regard sur l'abominable trophée.
Jusqu'au véritable *happy end*, un miracle auquel elle
n'osait même plus rêver. « Je pense qu'à force de manger
devant cette tête pendant tout ce temps, il a dû en avoir

assez ! Parce qu'un jour, il a commencé à me dire : "Mon brochet je vais le prendre pour l'atelier." Et moi, vous pensez ! "Bien sûr, bien sûr... en voilà une bonne idée !" Et pfuit, dans sa pièce !... un beau jour il me l'a enlevée. »

Les épisodes de l'histoire

Les polémiques plus ou moins feutrées autour des objets marquent souvent un affrontement entre individuel et conjugal. Chacun des deux partenaires garde en effet des sphères d'identification qui le transportent hors du couple, au moins en pensées. Cette tendance fissionnelle s'inscrit plus particulièrement dans la matérialité de certains espaces. Le conjoint constate alors que des microterritoires entiers s'insurgent contre la conjugalisation de l'existence. Claudie sentait bien que Pierre avait les idées ailleurs, dans la politique[1]. Les livres et autres papiers militants, abondamment répandus, l'attestaient chaque jour. « J'ai toujours le sentiment que Pierre pourrait faire passer tout ça avant sa vie de famille et sa vie de couple et c'est vrai que quelque part ça me gêne énormément. » Claudie tentait simplement de limiter les excès. Mais pour la chambre, elle n'hésita pas à déclencher les hostilités. En ce lieu hautement symbolique de l'intimité conjugale, les piles de livres et surtout les affiches placardées aux murs l'agressaient comme autant de déclarations de guerre adressées au couple, et même à la famille. « Moi je suis plus dans le quotidien, moi, j'ai mis les photos des gamins [...]. Je préférerais qu'il considère plus la chambre comme notre lieu. »

---

1. Témoignage recueilli et cité par Karim Gacem [1996, p. 125].

À travers le balancement entre conjugal, individualité de l'un et individualité de l'autre, la guerre des objets a cependant quelque chose d'assez linéaire dans son déroulement à long terme. Car leur logique est de s'accumuler et s'accumuler encore, par couches successives qui n'effacent guère les précédentes, de s'installer en fixant les repères dans la durée. C'est pourquoi par exemple le déménagement est une telle épreuve de fatigue mentale [Desjeux, Monjaret, Taponier, 1998] : le tri et le réaménagement, bien au-delà de l'aspect technique, représentent une véritable réorganisation identitaire. D'autres événements et ruptures biographiques, plus importants encore, cassent la linéarité. Certains dramatiques, qui arrivent par surprise (divorce, accident, perte d'emploi) ; certains agréables ; certains plus attendus, scandant les épisodes de la vie : la naissance de l'enfant, son départ du foyer, la retraite. L'arrivée de l'enfant bouleverse l'existence au-delà de ce qui avait été prévu. Mille choses sont à faire, dans l'urgence. Les nouveaux parents serrent les coudes face au chaos ménager qui menace ; le couple semble plus uni que jamais. Le gros de la tourmente une fois passé cependant, ces efforts qui sur le coup avaient occulté la perte de l'ancienne vie plus légère peuvent se payer au prix de crises exacerbées par la fatigue, et allant parfois jusqu'à la rupture [Geberowicz, Barroux, 2005]. Sans en arriver là, et d'une façon plus générale, l'élargissement de la famille produit une mutation paradoxale. La présence des enfants et la nouvelle nécessité éducative imposent une exigence beaucoup plus forte d'unification du groupe domestique, les parents se devant d'afficher un modèle et de donner l'exemple. Mais (nous commençons désormais à connaître cette loi des contraires) plus les exigences d'unification se renforcent, plus les agacements éclatent avec vivacité. Zoé a hérité de son éducation un « petit censeur » tapi dans un coin de ses pensées. Au début de son histoire avec Charles-Henri, le petit censeur semblait s'être endormi. Son conjoint avait certes de drôles d'habitudes, qui la surprenaient en secret : cracher dans le lavabo, lécher son couteau, laisser traîner ses vêtements. Elles commencèrent à éveiller le « petit censeur » à mesure qu'elles s'installaient dans la durée. Mais son offensive n'éclata vraiment que sous les regards de tiers, qui révélaient le caractère inacceptable de ces manières. Et surtout avec l'arrivée des enfants. « Si quelqu'un est à la maison quand il lèche son couteau, je suis morte de honte et à la limite, je deviens agressive. Je ne supporterais pas que mes enfants se comportent comme cela. D'ailleurs, nos tensions viennent essentiellement du fait qu'il a un comportement contradictoire avec ce que j'inculque à mes enfants (bonnes manières à table, rangement, langage...). » Et quand il crache dans le lavabo, « le petit censeur me secoue et je n'ai pas envie que ce comportement soit naturel pour mes enfants. Donc, je réagis en l'expliquant à mon conjoint qui est blessé par ma remarque. Mais il recommence quelques jours plus tard. Et la tension monte ! À propos des chaussettes au milieu du salon : je suis révoltée à l'idée que l'on gronde les enfants pour qu'ils rangent leurs chaussures ou leurs pantoufles et que lui, systématiquement, les laisse traîner. Donc, je lui ai dit gentiment que s'il exigeait quelque chose des enfants, il devait commencer par montrer l'exemple. Je suis capable de lui mettre dans son bol du petit déjeuner si je les trouve le matin. » Au nom de la famille et des enfants, la guerre conjugale a été déclarée. Jusqu'à atteindre cette violence des chaussettes dans le bol du petit déjeuner.

L'arrivée des enfants fait monter la pression, en densifiant les rythmes tout en exigeant davantage d'unité. Les discussions à leur propos sont d'ailleurs parmi les motifs de disputes les plus fréquents [Brown, Jaspard, 2004]. Hélas, leur départ du foyer n'arrange pas toujours les choses. Car un problème (la fatigue due aux charges de famille associée aux conflits pédagogiques) est soudainement remplacé par un autre, tout aussi délicat : l'inattendu renforcement du face-à-face conjugal. Alors que les échanges perdent pourtant de leur intensité (la petite tablée des repas est même menacée par le silence), le simple alourdissement de la coprésence, sans échappatoires ou presque, provoque des éclats. Situation qui s'aggrave encore avec le passage à la retraite. L'autre apparaît, encore plus que par le passé, intolérablement différent. « Vivre n'est plus vivre quand les goûts sont tout à fait à l'opposé comme ça », constate dépité monsieur Berg[1]. Et cet autre ne se contente pas d'être différent. Suspicieux ou attentionné, il se fait de surcroît si omniprésent qu'il se révèle étouffant. « Il me dit : "Où tu sors ? Pour combien de temps tu en as ?" Alors ça m'agace un peu ce genre de... », se lamente madame Louis, qui aimait bien autrefois aller faire ses petites tournées dans les magasins sans avoir à rendre des comptes. Madame Vannier semble lui répondre en écho : « Je ne peux plus parler, je ne peux plus téléphoner, je ne peux plus rien faire, hein... Avant, bon, je pouvais jardiner, bon faire ce que je voulais dans mon coin de jardin... mais alors : "Que fais-tu ?", "Où es-tu ?", "Où étais-tu ?", c'est... » Et madame Blanc en conclut : « Moi, c'est ça que je trouve épouvan-

---

1. Témoignage recueilli et cité par Vincent Caradec [1996, p. 93].

table dans la retraite[1]. » La loi des contraires (l'unité provoquant l'agacement) se vérifie encore ici, non plus à cause d'une volonté d'harmonisation éthique comme dans le cas de l'éducation des enfants, mais par le seul fait que le partage d'activités et d'espace communs se trouve être matériellement et physiquement renforcé. Et se réserver des moments d'autonomie ne résout pas toujours le problème. Francky par exemple n'est pas un retraité classique. Après avoir réussi dans les affaires, il a choisi, à 40 ans, d'arrêter son activité professionnelle, pour profiter des loisirs et de la vie de famille. Par contraste, un tel bonheur annoncé n'a rendu que plus surprenants et pénibles les agacements conjugaux. « Ah ! Enfin du temps pour moi ! Faire toutes les activités sportives et de loisirs dont je rêvais ! Les premiers temps ont été idylliques. Nous avons même acheté la résidence secondaire de nos rêves dans le Midi ! Quel changement pour moi ! Plus de réveil le matin, plus de stress, plein de vacances, plein de temps libre pour plein d'activités diverses : bricolage, jardinage, VTT, moto d'enduro, tir sportif, musculation, etc. Le gros problème dans cette histoire est venu du fait de ma présence beaucoup plus importante dans le foyer [...]. Ah ! je vous entends : "encore un macho". Non, juste quelqu'un qui essaie d'organiser au mieux la vie quotidienne d'une famille. Mais rien n'y fait ! Contestation quasi systématique, voire même rébellion [...]. Pas facile la vie à deux ! Et c'est dingue comme les agaceries agacent de plus en plus avec l'âge ! »

La façon dont je dépeins l'évolution conjugale a jusqu'ici quelque chose d'un peu désespérant : après l'aven-

---

1. Témoignages recueillis et cités par Vincent Caradec [1996, p. 82-83].

ture de la découverte, l'installation des routines fixerait des agacements, ou des ruptures biographiques qui apporteraient, comme peste ou choléra, soit le trop-plein de fatigues et de discussions autour des enfants, soit le trop-vide confiné du face-à-face contraint. Heureusement, il ne s'agit que d'une version de l'histoire, et une tout autre est possible. Francesco Alberoni [1993], malgré la qualité de ses analyses, rend à mon avis assez mal compte de la réalité en soulignant que l'institutionnalisation du couple équivaut à une perte sentimentale. Car de nouvelles modalités affectives remplacent les anciennes ; l'amour est une relation vivante, qui change jour après jour, et pas obligatoirement dans le sens du déclin. La tendre générosité du vieil âge n'a rien à envier aux coups de cœur de la jeunesse. L'amour est aussi une relation concrète, qui s'enracine dans les gestes, les pensées et les mots minuscules de la vie ordinaire ; il n'est pas réservé à des moments spécifiques, séparés du quotidien. Au contraire, c'est souvent la capacité des deux partenaires à sublimer celui-ci, ou du moins à en adoucir les aspérités, qui entraîne vers une version rose de l'histoire. Les routines, je l'ai dit, sont inévitables. Elles répondent à une exigence sociale, de plus en plus pressante dans notre modernité centrée sur l'individu. Elles doivent pourtant ne pas envahir exagérément, mais laisser place à des espaces d'attention à l'autre, de surprise et d'invention [Brenot, 2001] ; sous peine sinon d'ouvrir la voie à une montée en puissance d'agacements alimentant l'insatisfaction. Quant à ces derniers, nous verrons plus précisément dans la troisième partie comment certaines tactiques de lutte visant à les atténuer peuvent être vues comme des méthodes pour fabriquer l'amour au quotidien. Les agacements sont un instrument du fonctionnement conjugal, inévitable. C'est l'art de savoir les traiter qui engage la relation vers la complicité amoureuse. Et chaque épreuve vaincue unit encore davantage le petit groupe au lieu de le diviser.

Sur cette voie du bonheur ordinaire, les obstacles sont cependant nombreux. Il y a la routine insidieuse, quand elle élargit son emprise au-delà du supportable. Il y a aussi son contraire, le changement soudain du partenaire, se découvrant par exemple une passion. Un détail, ridicule, suffit parfois pour produire bien des perturbations ; souvenons-nous de la tête de brochet. Or il existe des passions très envahissantes [Bromberger, 1998 ; Le Bart, 2000]. Cindy m'a envoyé son témoignage par la poste. Sa lettre commence ainsi : « Je n'aurais jamais cru qu'une moto pourrait faire tant de mal. » Elle ne parle pas d'accident de la route, mais de la destruction de leur relation conjugale. Fred bien sûr avait eu des rêves de moto, elle le savait. Dans sa jeunesse, il avait voulu passer le permis. Mais l'occasion avait été ratée, et elle croyait depuis que ce n'était plus qu'un rêve oublié. Il était seulement en sommeil. La passion éclata de nouveau, quand leur voisin s'acheta lui-même une moto et mit la pression sur Fred : « Il faut se faire plaisir, sinon tu travailles pour quoi ? » Une raison plus profonde est toutefois à rechercher dans le couple : Fred, aussi apathique face à Cindy (il se dit fatigué par son travail) qu'il est pris de vibrations dès qu'il évoque sa machine, cherchait en fait un prétexte pour éviter le face-à-face. « Depuis qu'il a acheté sa moto hors de prix et volumineuse au possible, il ne jure plus que par elle. » Cindy a l'impression de ne plus exister. Ses agacements ne parviennent pas à déboucher sur des colères, car elles ne font qu'accélérer les fuites du motard. Alors elle se venge sur la nourriture ; elle a pris 21 kilos.

Le changement du partenaire peut aussi être plus pro-gressif. Yannis s'est peu à peu sensibilisé à l'écologie. Mais cette lente évolution débouche aujourd'hui sur une vision d'ensemble. « En conséquence, certains de mes comportements se radicalisent. » Y compris dans l'univers privé : il mène désormais la guerre à sa femme pour qu'elle évite de prendre la voiture à l'occasion des petites courses, ou épie ses gestes dans la maison. « Voilà, pour le moment, depuis deux-trois ans, je deviens assez accro des économies d'énergie, et ce qui m'agace le plus chez ma compagne, c'est le fait qu'elle "oublie" d'éteindre la lumière – ou le chauffage – dans les pièces qu'elle quitte. Et donc, je la gratifie d'un : "Eh ! c'est pas Versailles !" » Surprise, elle a des bouffées d'agacement parfois viru-lentes. « Soit elle m'envoie "bouler" gentiment, soit elle se met en colère et je vois dans ses yeux qu'il ne faut pas la chercher... » La subtile architecture des échanges conjugaux peut se trouver fortement déstabilisée par la mutation de l'un des deux partenaires ; un peu comme s'il y avait eu rupture du contrat. Certains changements peuvent certes s'avérer agréables. Mais d'autres beau-coup moins, et ils sont d'autant plus difficiles à accepter que l'ancienne identité du conjoint reste en mémoire et a inscrit ses marques dans les automatismes collective-ment mis en place par le passé. Autre dissonance (entre l'image ancienne du conjoint et la nouvelle), qui accen-tue encore les agacements.

2

Divergences ou complémentarités?
Hommes et femmes

Le couple débute aujourd'hui telle une page blanche ; tout semble possible. Les premiers gestes ménagers prennent même la forme d'un jeu, enrobé du charme désuet des scénettes casanières que l'on n'imagine guère s'alourdir par la suite. Les repas sont des dînettes, les coups de balai sont subvertis par des plaisanteries et cris joyeux. Quelques jours suffisent néanmoins pour prendre conscience de la nécessité d'un minimum d'organisation commune. Comment faire ? Il n'existe plus de rôles imposés par la tradition, ni de méthode obligatoire. La seule référence, largement adoptée mais de façon vague, est celle de la légitimité du partage des tâches entre hommes et femmes. Comme en bien d'autres domaines désormais [Dubet, 1994], seule l'expérience va donc permettre de trancher, par tâtonnements de l'un et tâtonnements de l'autre. Bien que chacun s'essaie, il s'avère très vite que la culture de l'ordinaire n'est pas la même dans les deux camps. La crasse ou le fouillis qui « dérangent » l'un ne sont pas ceux qui dérangent l'autre. Certains se présentent même comme étant très rarement « dérangés », du moins tant que le logement n'a pas pris la forme d'un authentique capharnaüm. Nous savons ce qui « dérange » et produit structurellement un agacement : quand les objets ne sont pas conformes au plan secret qui gère les automatismes depuis l'infraconsient. À travers la différence d'agacement face à ce qui dérange ou ne dérange pas, les deux protagonistes découvrent donc en réalité l'abîme qui sépare leurs deux cultures incorporées : Eliza « voit » des choses (la poussant à agir) que son ami ne voit pas. « Ce qui m'agace la plus c'est les tâches ménagères. On a vraiment une vision différente de la chose. J'ai parfois la flemme de faire le ménage mais je pense à la satisfaction que je vais avoir quand ça sera fini et le courage me vient. Au contraire, pour mon ami, ça ne lui fait rien de savoir que l'appartement est rangé et propre. Il peut très bien vivre avec un tas de vaisselle sale : c'est pas grave, il la fera quand il aura envie. C'est encore plus flagrant quand on ne peut pas les faire (j'ai l'expérience, ça fait deux fois que je me fais opérer de la jambe et où je suis platrée). Je vois des choses (sortir les poubelles, passer le balai, ranger tel vêtement qui traîne...) sans que lui les voie. "Ça ne me dérange pas" : c'est sa réponse la plus fréquente. » Il n'est pas impossible bien sûr (il faudrait davantage mener l'enquête pour le savoir) qu'il en rajoute volontairement un peu dans le fait de ne pas voir et de ne pas être dérangé. Certains hommes développent intuitivement cette tactique habile incitant leur femme à prendre les choses en main. Car, inéluctablement, le plus agacé des deux va se mettre à l'ouvrage, reconstruire la correspondance entre les objets dérangés qui le dérangent et leur plan secret. Mais en agissant ainsi, une fois, deux fois, trois fois, un jeu de rôles complémentaires va progressivement se dessiner. Le plus agacé devient l'ouvrier spécialiste de la tâche en même temps que son maître d'œuvre. Le moins agacé, un simple spectateur.

Le plan secret assemble des segments dont certains, transmis de génération en génération, ont une très longue histoire ; une histoire ignorée par celui qui la porte. Des schèmes dormants sont réactivés par le nouveau contexte conjugal. Chacun se « découvre » alors (en même temps qu'il découvre la différence, voire l'étrangeté de l'autre). Après quinze jours de vie commune, Géraldine est stupéfaite de voir la sophistication tatillonne de Bernard concernant tout ce qui touche au linge, elle qui jusque-là ne l'avait même jamais repassé. Elle est soulagée de constater qu'elle peut compenser dans un autre domaine. « Je me découvre un peu maniaque pour tout ce qui touche à la cuisine. » Chacun se découvre des aspects inconnus de lui-même, et apprend qu'il a, qui des exigences pour le ménage (ainsi que l'attirance et la compétence qui y sont liées), qui pour la cuisine, qui simplement pour le barbecue. Car un enchevêtrement complexe de territoires spécialisés se dessine progressivement dans la maison. La dominante féminine, qui (à cause d'une mémoire historique beaucoup plus lourde) s'impose à de larges secteurs, n'empêche pas que se fixent des microspécialisations masculines. Ainsi la question est-elle posée de savoir si Jack ne va pas bientôt régenter le rangement des papiers. Nous avons vu que pour l'ordre domestique plus global, il était bien parti, en tant que tenant de la méthode aléatoire, sur la voie classiquement très masculine de la marginalisation ménagère. Mais en ce qui concerne plus spécifiquement le rangement des papiers, le schéma est à première vue inverse. « Nous avons tous les deux une méthode de rangement différente : j'entasse jusqu'à ce que ça m'énerve (quinze jours-trois semaines) et je trie et range, tandis que Jack trie tout de suite » (Éline). L'analyse comparée des deux techniques montre cependant qu'il n'est pas du tout certain que la balance finisse par pencher dans le sens de Jack. Il n'a en effet qu'un petit agacement, qui le pousse à n'effectuer en réalité qu'un prérangement. « Il met les papiers dans une boîte en attendant de les ranger définitivement dans les boîtes archives appropriées. Ce qui m'agace, parce que j'ai l'impression que rien n'est jamais rangé (ce qui est faux) et traîne indéfiniment (pas tout à fait vrai). De fait nous n'avons toujours pas trouvé une méthode efficace pour ranger nos papiers communs. » Le jeu reste donc ouvert. Et il y a fort à parier que le plus agacé des deux gagnera le droit, sans doute définitif, de ranger les papiers.

La différence fonctionnelle

L'agacement ne naît pas avec le couple ; l'individu isolé aussi est emporté par des irritations, qui proviennent de dissonances internes. Les débuts de la vie conjugale démultiplient néanmoins ces dernières. 1 + 1 = 4. Eline et Jack sont tous deux agacés par le désordre des papiers, mais chacun à sa manière, et ces manières ne sont pas concordantes. L'augmentation des agacements alimente alors le mouvement ; les deux partenaires cherchent de nouveaux équilibres, mouvement qui incite à la spéciali- sation. Celle-ci vient de l'agacement et tout à la fois est une manière de le résorber. En s'engageant dans la prise en charge de telle ou telle activité, le plus agacé des deux vise à effacer la dissonance et à reconstituer une unité personnelle. Il faut bien sûr qu'il accepte ce qui représente pour lui un surcroît de travail. Mais il y est fortement incité, car il risque à défaut d'être doublement agacé : par les gestes discordants du partenaire et par l'inéluctable injonction à occuper un rôle qu'il refuse.

Le paradoxe est le suivant : pour celui (ou celle) qui prend en charge une activité, la spécialisation le conjugalise davantage tout en l'individualisant, chacun exprimant des particularités qui reconstituent son unité personnelle, mais comme élément d'un ensemble supé- rieur dans lequel il est désormais intégré. On constate ici combien la fabrication du conjugal est d'une étonnante complexité. Car au travail d'unification du groupe, de production d'une culture commune, par l'intermédiaire notamment de la conversation [Berger, Kellner, 1988], se surajoute donc l'exact contraire : la création d'opposi- tions internes, certes fonctionnelles et structurellement réglées, mais bel et bien mises en œuvre par l'accentua- tion des différences. « Plus il fait la cigale, plus je fais la fourmi », constate Marie-Lyse[1].

Les nouveaux conjoints se laissent entraîner, et il est facile de comprendre pourquoi : la complémentarité crée en effet un confort psychologique en réduisant les dis- sonances personnelles. De plus, la prise de conscience que ce confort personnel ne porte nullement atteinte au

---

1. Témoignage recueilli et cité par Pascal Duret [2007].

couple mais le renforce au contraire lève les dernières résistances. C'est ainsi que très souvent la vie à deux se transforme en une véritable machinerie à produire du contraste identitaire. Alors que l'éthique générale mise en avant évoque plutôt les thèses de l'égalité et de l'interchangeabilité, l'expérience incite à réaliser le contraire. Carla, très agacée par des différences insupportables avec « J-P. » (que nous verrons plus loin), fut ainsi étonnée quand elle constata que d'autres différences, pourtant très proches des premières, pouvaient aussi s'agencer positivement et produire une complémentarité agréable et efficace. « Il y a des moments où nos différences "s'entendent" à merveille et où nous nous complétons de manière très harmonieuse. Par exemple, nous avons acheté il y a peu un appartement et nous avons dû y faire de nombreux travaux. En ce qui concerne la tapisserie, nous avons travaillé en équipe, tous les deux. L'organisation de J-P. (toi tu coupes, mesures, moi j'encolle, tu m'amènes le papier, je le pose, tu nettoies la colle...) a été très payante et ne m'a pas gênée le moins du monde. J'ai pris ça comme un jeu, je suivais ses ordres, j'étais sa petite apprentie ! Si j'avais dû organiser ça seule, ça aurait été une catastrophe ! Nous aurions gaspillé plein de papier, perdu un temps fou... alors que pour cette tâche, J-P. était parfait ! De mon côté, j'ai apporté à ces instants une touche de décontraction, qui était la bienvenue, car J-P. s'énerve facilement lorsque cela ne va pas comme il le désire, et il est vrai que le papier est capricieux parfois et ne se place pas toujours comme on le souhaite. Je l'encourageais donc et lui disais : "Ça va aller, tu verras, en séchant ça va se tirer" et je le détendais en racontant des bêtises, en riant de nos maladresses et en lui offrant divers bisous et câlins pour le détendre.

Nos attitudes, combinées l'une à l'autre, ont rendu ces instants de travaux détendus et efficaces. Je n'étais en rien agacée par sa volonté de vouloir être parfait et le plus organisé possible, au contraire, c'était payant et j'en voyais la nécessité. »

Au-delà de la complémentarité technique pour des travaux ponctuels, le jeu de rôles qui s'installe met beaucoup plus largement en relation deux univers (éthiques, culturels, psychologiques) contradictoires. Face à celui qui est organisé, ponctuel ou angoissé, généralement responsable des activités dans lesquelles ces caractères sont susceptibles de s'inscrire, l'autre peut apparaître soit comme un apathique très agaçant, soit sous la figure nécessaire de l'idéologue de la décontraction (que Carla sait jouer avec douceur pour contenir les excès de J-P.). À la différence de ce qui se passe dans le couple de Carla et J-P., les hommes se font très souvent les spécialistes de ce positionnement, pas trop désagréable à assumer. Alice exprime bien l'apport de la complémentarité. « Sa décontraction a quelquefois des côtés positifs dans la mesure où il parvient à dédramatiser certaines situations, à en voir le bon côté, et il m'aide alors à me détendre, à ne pas céder à la panique inutilement, et c'est bien agréable d'avoir quelqu'un de tout à fait relâché à ses côtés quand on commence à stresser, il m'apaise et dans ces moments-là j'aime et j'apprécie sa capacité à rester détendu. » La personne vivant seule doit constamment arbitrer elle-même entre les deux rôles opposés. Le couple offre la possibilité de dépasser ce double jeu, et d'atténuer la dissonance qui en résulte. Ceci n'est cependant réalisable qu'à la condition d'un profond remaniement identitaire. Il faut parfois savoir changer fortement de personnalité pour jouer le rôle attendu. Jeune fille,

Dorothée était envahie par des peurs inconsidérées. Ses nuits, remplies de cauchemars (agressions, accidents), la laissaient pantelante au matin, et aggravaient le peu de confiance qu'elle avait en elle. Puis elle tomba follement amoureuse de Roberto. Sa beauté, qui l'avait éblouie, cachait mal ce qu'elle allait découvrir par la suite : une instabilité maladive, une agitation nerveuse devenant parfois incontrôlable, et le rendant inapte à gérer des situations simples de la vie quotidienne. Dorothée puisa alors en elle des ressources ignorées, et se transforma au point de devenir le pôle de sécurité du couple. Cette responsabilisation sécuritaire, qui porta d'abord sur des détails de gestion domestique, s'élargit peu à peu à un positionnement éthique plus systématique, et finit par rejaillir sur ses angoisses intimes, jusqu'à les faire disparaître. Aujourd'hui elle n'a presque plus peur de rien, et ne ferme même pas sa porte à clé. Elle est toute fière de raconter qu'elle s'est baladée dernièrement seule la nuit à New York. Son sommeil est peuplé de nouveaux rêves. Elle s'incarne dans des héros farouches et très musclés, toujours vainqueurs des forces du mal. Au réveil, elle se sent pleine d'énergie.

Les grains de sable

Sur le papier, la méthode des rôles complémentaires semble donc parfaite. Les réglages s'avèrent en fait extrêmement délicats, et le moindre grain de sable peut enrayer la belle mécanique. Nous avons vu combien Alice appréciait parfois la présence déstressante d'Aziz à ses côtés. « Il m'aide alors à me détendre, à ne pas céder à la panique inutilement. » Mais cette complémentarité fonctionnelle est, hélas, assez rare. La plupart du temps, la guéguerre fait rage entre le camp de la discipline et celui de la décontraction, chacun tentant d'imposer son éthique à la vie commune. Aziz ne se cantonne pas à ce qui devrait (du point de vue d'Alice) être son rôle. En cherchant à imposer sa vision comme référence unique pour les deux partenaires, il accentue les dissonances là où elles pourraient se résorber. Pour aggraver son cas, il faut dire qu'il ne se prive pas d'utiliser parfois la capacité vengeresse que donne la position d'idéologue de la décontraction. En se moquant (gentiment) d'Alice qui, piégée dans son rôle, en est encore plus agacée. « Il est certain qu'Aziz profite de certaines situations qu'il sait stressantes à mes yeux pour en rajouter une couche et que ça l'amuse énormément de me faire marcher comme ça. » Double, voire triple agacement pour Alice : Aziz qui déjà résiste à son plan secret fondé sur une discipline stricte, notamment dans le rapport au temps (il est toujours en retard), se permet d'en « rajouter une couche », délibérément, pour simplement s'amuser ou plus sournoisement se venger. Mais le pire est sans doute la dissonance interne que cela provoque : elle ne parvient pas à maintenir l'attitude qu'elle juge idéale. « Il est évident que je suis en colère contre moi d'être tombée dans le panneau, de ne pas avoir su rester détendue et calme face aux événements. C'est bien sûr ce qui m'agace le plus dans toute cette histoire. » Les faits s'enchaînent si vite qu'elle ne parvient pas à démêler l'écheveau des dissonances embrouillées. Le manque de clarté sur les causes fait monter d'un cran supplémentaire l'agacement et l'empêche de se contrôler rationnellement. Un minuscule événement, qui n'était peut-être à l'origine qu'une plaisanterie de la part d'Aziz, a dégénéré en conflit.

Nous avons vu un peu plus haut comment l'agacement pouvait provenir de l'interchangeabilité, fréquente dans les débuts du couple. Situation qui incite au durcissement et à l'institutionnalisation de différences, complémentaires et intégrées dans le système d'échanges. Nous découvrons maintenant que le non-respect de ce modèle de fonctionnement constitue une autre source d'agacement. Dans le modèle idéal en effet, le second rôle devrait pouvoir totalement se démettre, ne pas avoir d'avis personnel, et se faire transparent, ne s'exprimer que sous la forme de soutien inconditionnel du responsable de l'activité ou de la discipline de vie. Une telle invisibilité sociale du second rôle était fréquente dans la société traditionnelle, et jusqu'à l'après-Seconde Guerre mondiale, période marquant la fin de la première modernité [Beck, Beck-Gernsheim, 1995 ; Dubet, 2002 ; Singly, 2005]. Elle est devenue problématique et très relative aujourd'hui, où chacun cherche par tous les moyens à s'affirmer et à être lui-même. Il faut que le second rôle parvienne à s'empêcher de penser et de dire ce qu'il pense pour que la complémentarité ne génère pas d'électricité. Du temps où Agnès repassait, Jean était continuellement sur ses gardes, se contrôlant pour ne pas exprimer ce qu'il ressentait (excepté les éclats du matin, plus particulièrement à propos des chemises). « Évidemment, s'il y a une pile de linge d'un mètre cinquante, je vais faire la réflexion, mais de façon ironique, et ça n'ira pas plus loin. Je ne m'énerverai pas car ce n'est pas mon domaine. » Qu'il est dur pourtant de ne rien dire quand on n'en pense pas moins ! Depuis qu'il est en retraite, le mari de Madeleine ne peut s'empêcher de venir soulever les couvercles dans la cuisine. Bien qu'il ne fasse jamais rien, il a des idées très arrêtées, notamment sur la cuisson. Madeleine est horripilée. « Ah ! ça, j'aime pas qu'il mette son nez. Des questions du genre : oh ! ça, c'est trop cuit. » L'importun se fait congédier, et est prié d'attendre qu'elle le serve, en glissant confortablement ses pieds sous la table comme dans les modèles anciens de vie conjugale.

Le conjoint qui donne son avis devrait lui-même mettre en pratique ce qu'il prône pour que le responsable ne soit pas agacé (sauf s'il s'agit de compliments bien sûr). Mais ceci n'est possible que dans la mesure où le second rôle parvient, sinon à oublier totalement son ancienne identité, du moins à la refouler efficacement. Anaïs et Pat nous aident à le comprendre par la négative, en nous fournissant un exemple exactement contraire. La divergence porte sur la température de lavage du linge. « Les histoires de température, ça fait depuis qu'on est ensemble, ça fait neuf ans qu'on se bat. Notre vie en fait est réglée par ces histoires de température » (Anaïs). Anaïs lave tout à 30 °C ; Pat considère qu'il faudrait laver nettement plus chaud, au minimum à 60. La guerre 30/60 dure depuis neuf ans car ils n'ont pas réussi à se décider sur un système commun d'organisation. Bien que cela soit techniquement difficile, ils auraient pu trier certains linges, et faire des lessives séparées. Autre possibilité, incorrecte du point de vue de l'égalité entre hommes et femmes, mais plus fonctionnelle : étant donné qu'Anaïs ressent davantage une injonction à agir en ce domaine, Pat aurait pu se faire violence, et accepter que ce soit fait comme elle considère que ce doit l'être. Depuis neuf ans, il ne peut s'y résoudre. Il commence donc à entasser son propre linge à part, dans l'idée peut-être de le laver lui-même ensuite, ou plus vraisemblablement dans l'espoir qu'Anaïs fera deux lessives différentes. Hélas, dès qu'elle arrive, excédée par ce petit tas séparé, elle s'en empare, et avec une rage libératrice, le mélange au sien et met tout à 30 °C. Constatant le drame (minuscule mais insupportablement récurrent), Pat ne désarme pas, et répond par une tactique encore plus agressive pour se délester de son propre agacement : après que les pantalons ont été lavés, séchés et repassés, il les prend dans l'armoire et les remet dans la machine. Lors du dernier entretien, organisé sous forme de confrontation conjugale, l'orage éclata violemment. À l'accusation de fourberie et de maniaquerie, Pat rétorqua que son attitude avait une portée pédagogique, au nom du couple. Il suspecte en effet Anaïs d'agir ainsi par souci d'économie, alors qu'il considère que la radinerie est un manque de savoir-vivre, un très vilain défaut. Piquée au vif, Anaïs contre-attaqua, développant des considérations plus techniques. « Oh ! lui, il lave le linge beaucoup trop chaud, il le froisse, il le rétrécit. Il le bout, ça me rend malade ! Des trucs qu'il m'a bousillés ! Il croit que c'est mieux lavé, c'est complètement idiot. Moi je mets tout en même temps, à 30, c'est tout ! C'est la bonne technique ! » Davantage que du conflit technique 30/60 lui-même, la violence de l'agacement provient de l'indécision entre deux méthodes d'organisation. Pat n'étant ni vraiment en dedans ni vraiment en dehors de l'activité, tout s'embrouille. Anaïs se sent sur une trajectoire évolutive de prise en charge grandissante de la lessive. Elle cherche donc à le marginaliser et impose brutalement ses gestes et ses principes, qui s'affirment comme étant non négociables : « C'est la bonne technique ! » Elle a besoin de cet autisme offensif pour dépasser ses dissonances internes et se réunifier dans l'action. Mais Pat, en restant très présent (par la proclamation de ses opinions dissidentes mais aussi en intervenant dans l'aspect pratique), a fait glisser la dissonance, qui s'est désormais installée durablement sous forme d'hostilité systématique entre deux camps : Pat contre Anaïs. Aucun ne peut gagner.

Le second rôle doit accepter la méthode dominante, et se refuser à donner son avis s'il ne veut pas provoquer des agacements en chaîne. Outre qu'il est tenaillé par l'envie de s'affirmer individuellement cependant, cette mise en retrait est rendue difficile par les fréquentes inversions ponctuelles. Jack n'est jamais pressé de ranger, sauf pour les papiers. Dans ce domaine particulier, il est le plus rapide et impose son système à Éline. Selon qu'il s'agisse de papiers ou d'un autre type d'objet à ranger, leurs positions s'intervertissent. Même retournement sporadique pour Aziz. L'adepte du « cool » n'est en réalité pas toujours cool sur tout. Il se crispe soudainement au contraire, pour des broutilles pense Alice, qui se sent provisoirement transformée en chantre de la décontraction. « On est cool concernant des choses différentes. On n'a pas du tout la même notion de ce qui est grave, important ou pas. » Difficile pour le second rôle de se mettre totalement en retrait après de tels revirements qui le placent un temps en position dominante ; de ne plus rien dire après avoir été celui qui impose son point de vue. Chaque zone de flou, chaque retournement des règles sont potentiellement producteurs d'agacements.

Nous verrons par la suite que le second rôle est généralement beaucoup moins agacé que le maître d'œuvre. C'est d'ailleurs très souvent le différentiel d'agacement qui l'avait incité à se marginaliser dans les débuts de la mise en place du système domestique. Mais cette différence continue à s'accentuer par la suite, car le responsable cumule tous les risques d'agacement, provenant de sources diverses. D'abord il est en première ligne sur le front de l'action : ses dissonances sont quotidiennement opératoires pour remettre en ordre selon le plan secret. Ce dernier, ensuite, doit s'appliquer à l'ensemble de la famille, dont les divers membres ont souvent leur petite idée, différente. Les enfants, passe encore : il s'agit d'imposer un modèle éducatif, et il est compréhensible que cela ne soit pas toujours facile. Mais quand le second rôle ose sournoisement résister, voire ouvertement s'insurger, tous les agacements supplémentaires résultant des dissonances par ce fait démultipliées rejaillissent sur le maître d'œuvre. Luc, second rôle typique, est un conservateur dans l'âme, qui ne se résout pas à se séparer des objets qui l'entourent, même lorsque, comme pour ses vêtements, ils commencent à devenir sérieusement fatigués[1]. Anita s'en charge pour deux, de façon énergique, bousculant Luc pour ne pas être encore plus agacée. « Aaah, ça… ça m'énerve, ça ! Parce que lui : "Non ! il ne faut pas les jeter, je les mettrai pour aller dans le jardin !" » Pour résoudre le problème, Anita jette abondamment en secret. « Mais alors je ne dis rien, hein. » Elle peut poursuivre dans cette voie car elle a senti que, au-delà des proclamations officielles, les résistances étaient faibles. « Je ne sais même pas s'il l'a vu. » Luc essaie de ne pas trop voir et de laisser faire en effet. Il perçoit vaguement que, face à ses objets surnuméraires, il aurait bien du mal, seul, à résoudre la difficulté. Anita lui évite cette épreuve, bien qu'il trouve sa brusquerie à son égard inacceptable. « Si elle prend des trucs à moi, j'aime bien qu'elle me demande. » Il est partagé. Cette division interne pourrait produire de l'agacement. Ce

---

1. Témoignage recueilli et cité par Françoise Bartiaux [2002, p. 145-146].

n'est pas le cas car il le transfère sur Anita, qui doit arbitrer entre dire ou ne pas dire en plus de décider de jeter ou ne pas jeter. Le maître d'œuvre ne se contente pas de gérer un rapport individuel avec ce qui l'entoure. Il est responsable aussi d'un modèle collectif, qui engage des individus dissonants sur certains aspects. Et il hérite souvent de leurs dissonances en sus des siennes.

Sans compter qu'il doit être également pleinement d'accord avec ce rôle, si lourd, qu'il assume. La moindre hésitation ouvre une nouvelle source de dissonances internes. Au nom de la libération de la femme, Sabine est contre l'aliénation ménagère. Elle a pourtant hérité d'un passé familial complexe. Sa mère était « la dernière à voir la poussière » et cette attitude provoquait des conflits violents dans le couple parental. Sous le regard admiratif de son père, Sabine avait pris l'habitude de supplanter quelque peu la ménagère défaillante, et acquis par ce fait un certain nombre d'automatismes. Quand elle rencontra Romain, elle se dit que leur histoire d'amour allait la délivrer de ce piège. Romain pour sa part avait toujours vécu dans une maison très ordonnée, mais sans avoir lui-même ni connaissances techniques ni motivation particulière pour le ménage. Qu'allait-il se passer ? Il y avait division interne des deux côtés. Lors de leur installation dans leur premier logement, Sabine ne put s'empêcher de se lancer dans l'action pour emménager leur petit nid amoureux. Romain laissa s'établir le jeu de rôles, qui lui permettait de se dégager à peu de frais et de résorber sa dissonance interne. Après un mois, Sabine commença pourtant à lancer un regard critique sur elle-même : cette vie ne « ressemblait pas trop » à ses idées. De façon de plus en plus insistante, « une petite voix » lui criait par instants : « Mais je deviens une bobonne ! »

Il y eut bientôt de l'électricité dans l'air. Maya non plus ne veut pas devenir une bobonne. Elle a progressivement pris en main le rangement de la maison. Igor s'est laissé couler avec bonheur dans cette douce évolution : être un second rôle est psychologiquement très confortable. Il a peut-être toutefois poussé le confort un peu loin, et Maya est désormais emportée par des agacements, qui lui permettent de régler la limite de son engagement ménager. « Un des points que je retiens particulièrement par rapport à Igor c'est qu'il ne sait jamais où sont les choses. Que ce soient des papiers, des habits, de la nourriture, des disques, les clés, etc., la phrase que j'entends à longueur d'année c'est : "Tu sais pas où se trouve ceci ou cela ?". Au début je n'y faisais pas spécialement attention, et avant que notre "cohabitation" devienne une vie commune, je me disais qu'il n'osait peut-être pas fouiller et n'avait peut-être pas encore ses repères. Mais au fur et à mesure, cette habitude est devenue de plus en plus agaçante (pour ma part), au point que maintenant je ne réponds plus ! Après réflexion, je me suis rendu compte que ce qui a amplifié cet agacement, c'est que cette question est posée avant même le début des recherches. Du coup maintenant quelle que soit la situation (pré-recherche effectuée ou non) la moindre question de ce genre me fait sortir de mes gonds. »

Les femmes se trouvent souvent prises au piège. Agacées par les manières de faire masculines, elles préfèrent pendre en charge les activités, constatant ensuite que leur partenaire, protégé par sa réputation d'incompétence, se prélasse confortablement l'esprit libre cependant qu'elles triment : nouvelle source d'agacement. Akira est (volontairement ou involontairement ?) si « inapte au quotidien » (Gally) que son incompétence s'est transformée en véritable légende faisant beaucoup rire parmi la famille et les amis. Gally ne rit plus. « L'autre jour la machine à laver le linge s'est remplie sans s'arrêter, et bien il n'a absolument pas prêté attention au bruit d'eau continuel, ni à l'eau qui commençait à se répandre sur le plancher. C'est lorsque l'eau s'est mise à ruisseler du plafond que j'ai constaté (hélas trop tard) les dégâts. Cela m'a mise hors de moi : comment peut-on avoir presque les pieds dans l'eau sans s'en apercevoir ? La distraction à ce point c'est quasi pathologique ! Évidemment ce n'est pas comme ça qu'on rêve le mari idéal. » Spécialement en ce qui concerne la question ménagère (ou plus largement la place des objets), le clivage opposant maître d'œuvre et second rôle est profondément marqué du point de vue du genre ; les femmes sont souvent dans le même camp, celui de la responsabilité (et des agacements qui y sont liés), et les hommes dans l'autre, évidemment plus confortable. Il faut donc faire un point sur cette question.

Des hommes moins agacés ?

Mille petits agacements donnent du piquant à la vie, des agacements de toutes sortes, pour les raisons les plus diverses, parfois ridicules ou incongrues. Ils mettent aux prises des individus, marqués par leur trajectoire et des détails infimes de leurs particularités culturelles, ou plus largement porteurs de règles morales. Pour une large part de ces détails et de ces règles, susceptibles de devenirs générateurs d'agacements, le fait que ces individus soient hommes ou femmes ne détermine pas une position *a priori*. Nous verrons plus loin par exemple que les divergences concernant le rapport au temps consti-

tuent un motif majeur d'irritation : ponctuels et orga-
nisés contre retardataires impénitents champions de la
cool attitude. Or il ne semble pas qu'hommes ou femmes
soient en prévalence notable dans l'un ou l'autre camp.
Enfermer l'étude des agacements à l'intérieur de la seule
problématique du rapport hommes-femmes conduirait
à se priver de ce qu'elle a de plus intéressant à nous
apprendre, sur le fonctionnement conjugal en lui-même,
voire sur l'individu. Il faut d'ailleurs se méfier des généralisations et des simplifications hâtives, très en vogue
aujourd'hui. S'imaginer qu'hommes et femmes sont à
tel point et irrémédiablement différents qu'ils proviendraient de deux planètes (disons Mars et Vénus) est très
rassurant face à la complexité des divergences dans
le couple. Tout est ainsi ramené à une cause si fatale
qu'elle interdit d'escompter des changements futurs.
Écoutez ce que m'écrit Alphonsine, dans une lettre
poético-pamphlétaire illustrant bien cette dérive : « Si
je devais revenir un jour sur terre, je ne voudrais pas
être un homme. De plus en plus les hommes m'agacent.
Je pense que nous ne sommes pas faits pour vivre
ensemble. Pourquoi les hommes urinent-ils en laissant la
porte des WC ouverte ? Les sanglots longs de l'urine qui
s'écoule n'ont rien des violons de l'automne. Les femmes
ne laissent jamais la porte ouverte. » Désolé Alphonsine,
mais il arrive également que les femmes laissent la porte
ouverte [Kaufmann, 2002]. Le monde (par bonheur !)
n'est pas aussi radicalement divisé, notamment pour
tout ce qui touche aux agacements.

Une large part de ce qui nous irrite n'est pas déter-
minée sexuellement. Il n'en reste pas moins qu'un noyau
est au contraire bien structuré du point de vue du genre.
Ce qui est somme toute logique si l'on considère que

le jeu de rôles domestiques est un facteur important, comme nous venons de le voir. Car celui-ci est héritier d'une histoire qui a séparé hommes et femmes, et il reste encore fortement marqué par elle : combien de femmes ne se reconnaîtront-elles pas dans l'agacement de Maya quand Igor lui demande : « Tu sais pas où se trouve ?... » Bien qu'il ne faille donc pas réduire l'étude des agacements aux rapports hommes-femmes, il convient cependant de dire un mot des agacements spécifiquement et structurellement féminins.

Mais une question s'impose auparavant : ces agacements spécifiquement féminins signifient-ils que les hommes soient globalement moins agacés ? Question qui mérite d'être posée, mais à laquelle il est difficile de répondre. Il faudrait pour cela une vérification statistique, très délicate à mener en ce domaine de manifestations émotionnelles souvent infimes et malcommodes à exprimer, où les mots sont fortement marqués par des catégories de représentation. La façon dont s'est déroulée mon enquête m'inciterait malgré tout à penser qu'il se pourrait que les hommes soient moins sensibles à l'agacement. Ou, pour le moins, qu'ils le ressentent et l'expriment d'une manière différente. Après avoir lancé de premiers appels à témoignage, je reçus une masse de plaintes féminines, parfois virulentes, souvent détaillées. Rien en provenance des hommes. Il est vrai que plusieurs de ces appels avaient transité par des médias féminins, ce qui évidemment déséquilibrait la balance. Je rédigeai donc de nouveaux appels, spécialement réservés aux hommes. La récolte fut très maigre, et les témoignages brefs, techniques, sans guère d'émotions. Dans son travail sur les scènes de ménage, François Flahault avait déjà fait le même constat. « Chez les hommes, au contraire, difficile de trouver des volontaires. Et, chez tous ceux qui ont accepté, une propension à éviter le *je* et le récit » (1987, p. 84).

Bien des raisons peuvent expliquer cette faible réactivité masculine. Traditionnellement (il s'agit là encore d'un héritage historique), les hommes ne sont pas autant attirés que les femmes par la communication intime ; ils témoignent moins volontiers publiquement, de même qu'ils s'expriment moins sur ces sujets dans le couple. Danilo Martuccelli (2006, p. 188) le confirme dans une enquête récente, soulignant la « dissymétrie d'attentes » entre hommes et femmes autour du couple : sexualité contre communication. Le jeu de rôle classique qui perdure encore largement aujourd'hui renforce ce différentiel historique. Les femmes étant ordinairement en première ligne dans l'univers familial, elles s'impliquent davantage, cherchent des solutions, mettent les problèmes sur la table. Les seconds rôles masculins ayant plutôt tendance à attendre que les orages passent. Ils n'ont guère intérêt à ouvrir ces questions puisqu'ils cherchent le plus souvent à les refermer et les évacuer. « Ah je suis fatigué, laisse-moi tranquille, mais laisse tomber ça, qu'est-ce que tu as besoin de t'occuper de ça... » s'agace le compagnon d'Ève quand elle cherche à le faire parler[1]. Isabelle l'a bien compris : « Nous avons toutes bien des choses à dire. Je pense que les hommes aussi, mais en général ils répondent par : humpf ! bof ! ch'ais pas ! euh... » Jack est beaucoup plus engagé et prolixe dans la vie conjugale. Cet homme bien au-delà de la moyenne masculine fit cependant part de ses réserves quand Éline lui demanda de témoigner à ses côtés. « Il ne se sent

---

1. Témoignage recueilli et cité par Danilo Martuccelli [2006, p. 187].

pas prêt à répondre à cela. C'est quelqu'un qui se confie peu et *a fortiori* encore moins à un inconnu pour une raison qui le dépasse (il ne comprend rien aux enquêtes sociologiques, pardonnez-lui, c'est un ingénieur). Pourtant, comme nous abordons toutes choses au sein de notre couple (on essaye !), il se peut que je vous transmette parfois son point de vue. D'ailleurs, je sais d'ores et déjà ce qui l'agace profondément chez moi. » Par la suite l'interprétation de son opinion par Éline (à son avis pas toujours de façon exacte) ne tarda pas à l'agacer quelque peu, et il tenta un retour, avant d'abandonner à nouveau, hésitant, s'impliquant dans les discussions, mais sans aller jusqu'à témoigner directement. Après des semaines de silence, Éline m'envoya un message qui commençait ainsi : « Voici enfin ma réponse à vos questions. Cela a pris un peu de temps, parce que nous avons pris le temps d'en discuter aussi entre nous. Comme je vous le disais vos questions sont pertinentes et certaines d'entre elles méritaient qu'on s'y attarde. Notamment pour la question du pouvoir dans le couple. Cependant, vous n'aurez que mes réponses à vos questions. Autant Jack était heureux de répondre à cette première partie d'enquête, autant il n'est pas très fiable sur les suivis. Il est heureux des discussions que cela amène, mais ne fera pas l'effort de s'investir plus avant. Désolée. Ça fait partie de son charme... » Kasiu m'avait transmis une longue liste de doléances, sources d'agacements sérieux. Elle terminait ainsi : « OUF !!!! À part ça, tout va bien, il a plein de qualités, et je l'adore. Nous nous sommes rencontrés à 19 ans, nous en avons maintenant 33. J'ai aussi mes défauts et il faut savoir mettre de l'eau dans son vin pour construire une vie de couple. Je le mets en copie du mail en espérant qu'il vous écrira ce qui l'agace, lui, dans notre couple. » Je n'ai jamais rien reçu. Je n'ai jamais rien reçu non plus de la part d'Éléonore au-delà de son premier message, écrit sous contrôle : « Après concertation et accord de mon mari, je suis partante pour suivre cette nouvelle aventure, avec une contrainte de transparence totale. En effet, mon mari souhaite lire tous nos échanges. » La censure maritale avait dû s'exercer à plein.

La réserve dans l'expression ne constitue pas une preuve absolue que les hommes soient moins agacés. Ils peuvent l'être secrètement sans avoir envie d'en parler. Tel est d'ailleurs leur mode de gestion favori des petites crises et frottements ordinaires dans le couple, fondé sur l'art de l'esquive, très logique pour un second rôle. Cet élément tactique peut être, lui, affirmé avec beaucoup plus de certitude : les hommes ont tendance à gérer leurs agacements de façon spécifique, moins démonstrative, et à les ressentir à leur manière, différente de celle des femmes. Nous avons entendu Melody nous dire qu'elle « s'exprime haut et fort » quand « IL » l'agace en mangeant goulûment sa soupe. « Le plus souvent, il feint d'ignorer ma remarque, fuit la question, change de pièce ou de sujet, attend que ça passe. » Insuffisant pour désarmer Melody. « Si je suis en forme, je ne lâche pas le morceau si facilement, je réitère mes remarques. Si le mur du silence se prolonge, j'entre dans la guerre froide. » Acculé, « IL » est alors obligé de se manifester de façon plus ouverte. Généralement en utilisant un style peu éloigné des « humpf ! bof ! ch'ais pas ! euh... » évoqués par Isabelle. « Là, soit il argumente de sa plus mauvaise foi : Pardon ! J'ai oublié ! Ah bon tu trouves ? Comment est-ce possible ? Je l'ai fait, je l'ai pas fait, je le ferai, etc. » Ou bien, quand il se sent en forme, « IL » tente une habile diversion qui désarme Melody. « Soit, le plus souvent, il tente la diversion (un compliment, une boutade) qui désamorce mon agacement, sans le résoudre certes, mais réussissant à contrebalancer son effet négatif. » Mais parfois, surprise, « IL contre-attaque : "Et toi ?" ». Avant de faire rapidement machine arrière, Melody lui faisant comprendre que persévérer dans une telle attitude serait « à ses risques et périls, car le conflit ouvert peut devenir plus âpre ». Ce bref instant de révolte permet cependant de comprendre que cela bouillonne également à l'intérieur des hommes. L'agacement, sans doute habituellement davantage contrôlé, peut éclater, y compris de façon violente quand il a été trop longtemps contenu. Jade ne comprend pas que son ami, peu réactif à ses critiques, et si peu présent dans leur conversation qu'elle a l'impression de vivre seule, puisse ainsi, soudainement, exploser. « D'un tempérament lymphatique, lent pour ne pas dire mou, il est en même temps et bizarrement très nerveux et colérique. »

Plus réservés dans l'expression, davantage enclins au refoulement et à la diversion, les hommes sont-ils aussi sur le fond moins agacés que les femmes ? Bien que l'enquête ne me permette pas de trancher définitivement, je conclurai sur ce point en citant le témoignage de Markus, illustrant (un peu dans l'excès, mais cela permet de mieux comprendre) une position masculine sans doute assez répandue. Il est très possible en effet que les hommes soient moins irrités, ou d'une façon moins nette que les femmes, la position de second rôle inscrivant les agacements dans toute une série d'autres sensations négatives (qui ne sont pas le sujet de ce livre), entourant et diluant l'agacement *stricto sensu*, sans pour autant l'évacuer. On sent d'ailleurs beaucoup de colère rentrée dans ce qu'écrit Markus. « Elle ne m'agace pas, elle me tue, elle me tue ! C'est madame la tornade permanente. Une tornade très très agacée d'ailleurs, tout le temps à cran, un vrai paquet de nerfs. C'est toujours : "Mais secoue-toi donc ! Donne ton avis ! Étonne-moi !" Les enfants, il va toujours leur arriver tous les malheurs du monde si je remue pas ciel et terre. Fatigue, fatigue, grosse fatigue ! Ras-le-bol ! Évidemment que ce tourbillon m'agace, je suis agacé du matin au soir, mais il me fatigue encore plus. On n'a qu'une vie bon sang ! Faut en profiter pour être heureux. Cool, cool, ma douce ! À quoi ça rime de se prendre la tête comme ça, souvent pour des conneries. Moi, j'essaie de faire ce que je peux pour réparer les dégâts, pour mettre du soleil et de la douceur. Et quand je suis agacé (ça m'arrive quand même souvent), je rumine en silence et je dégage en touche, ou je vais faire un jogging, pour me laver le mauvais sang et ne pas encore aggraver le climat. Que voulez-vous, j'aime mieux le beau temps que les orages. Elle, on dirait que ça lui plaît d'être agacée, ça lui donne de l'énergie, et c'est vrai qu'elle est capable de déplacer des montagnes. C'est comme une drogue, elle est accro aux agacements. Même si je fais rien de mal, je suis sûr qu'elle va quand même péter les plombs pour une raison ou une autre. »

Agacée par un fantôme

Du côté des femmes, c'est justement cette tactique de la fuite et de l'esquive qui peut agacer. Qu'importent les arguments sur la paix et la douceur relationnelles ; elles veulent avant tout de l'échange et de la présence, de la vie conjugale. Or à la moindre difficulté l'homme s'échappe, physiquement ou plus secrètement en pensées. Caroline se calme en se disant que cela ne provient pas de Marc en particulier mais des hommes en général, bien qu'elle ne comprenne pas les raisons de cette attitude masculine. « Ce qui m'agace aussi c'est ce côté autiste, le moment où l'homme rentre dans sa caverne pour s'isoler même si physiquement il est là. En fait, cela m'agace une fois sur quatre, le reste du temps je comprends. Et ce qui m'agace c'est de connaître la musique mais de ne pas lire la partition parce que le livre est fermé. En fait, la cause de l'agacement n'est ni lui ni moi mais un état typiquement masculin qui m'échappe. Alors je le laisse tranquille et fais comme s'il n'était pas là. »

La tactique a cependant ses limites, et ne fonctionne vraiment que si elle est passagère. Hélas pour Clémentine, le caractère fantomatique de la présence de Félix est bel et bien chronique, surtout du point de vue auditif ; elle a un mari sans oreilles. « Mon mari est gentil, charmant... Il a un défaut : il n'écoute jamais ce qu'on lui dit !! Oh, il n'est pas sourd, son acuité auditive est excellente, il entend ce qu'on lui dit mais n'écoute pas !! C'est agaçant !!! » Vivre avec un fantôme n'est déjà pas très agréable, mais quand celui-ci se permet de sortir soudainement de ses limbes pour proférer des reproches, l'agacement longuement refoulé jaillit en colère. Le schéma est classique concernant la préparation des repas, la scène se reproduisant chaque jour dans de nombreuses familles [Kaufmann, 2005]. « Félix m'agace aussi par le fait qu'il ne sait jamais rien !! Je ne parle pas d'avoir des connaissances de culture générale... Je vais faire des courses et lui demande ce qu'il veut pour le dîner. Réponse : "Je sais pas..." Et après, quand je rentre, j'ai droit à :" Tu aurais dû prendre des moules, du taboulé" !! Et ça, ça m'agace, ça m'agace, autant que le fait qu'il n'écoute pas !! » Mais chez Clémentine et Félix, l'insupportable résurrection du fantôme (un fantôme râleur qui plus est) est systématique, bien au-delà de la simple question des repas. « Il n'écoute jamais : "Félix, tu dois appeler le comptable pour diverses petites choses." Je vais lui répéter trois ou quatre fois, il n'écoutera pas et là le comptable va l'appeler !! Résultat : "Clémentine, tu aurais pu me dire que je devais appeler le comptable" !! Là, je me dis que j'ai deux enfants à la maison, un de deux ans et un autre avec lequel je suis mariée !! J'en ai marre de ça, j'ai vraiment l'impression d'être sa mère !! J'aimerais pouvoir lui dire une fois les choses et être sûre qu'il a bien tout écouté. La sensation d'être entendue, cela doit être excellent !! Samedi dernier on est partis chez des amis qui viennent de déménager, à 80 km. Je lui ai dit de regarder la route, moi ayant les affaires du bébé à préparer. Il savait pertinemment qu'il devait s'occuper de la route et qu'il devait prendre l'atlas routier, je lui avais dit deux fois la veille. Eh bien, pas d'atlas !! "Clémentine, tu aurais pu me dire de remettre l'atlas dans la voiture" !! Je l'aurais "pilé" !!! »

Les femmes sont en général doublement plus impliquées dans le couple et la famille. Elles attendent davantage de la relation à titre personnel, et elles sont en première ligne de l'organisation concrète, subissant la charge mentale qui en résulte. Par leur manque de présence, les hommes les agacent donc doublement. Ce cumul émotionnel est logiquement propice aux approximations et amalgames. Or, en ce domaine particulier des agacements, les réglages doivent être très précis, au risque sinon de déclencher d'autres irritations en chaîne. Lorenzo (proche en cela de Markus) se présente comme un homme fatigué, harcelé par une « maniaque du ménage ». Il se sent incapable de suivre ses trop hautes exigences, et s'est délibérément placé en position de second rôle extrême, se laissant couler dans le confort psychologique de celui qui ne sait jamais où sont les choses. Il agace donc sa femme, et en a pleinement conscience. « Mon perpétuel "besoin d'assistance" l'énerve également. Exemple. "Où est ceci ?" : "Là où tu l'as laissé, je n'y ai pas touché" (je n'ai pas sous-entendu qu'elle y avait touché, je pose juste la question). » Il pourrait sans doute faire un effort ; mais cela n'est pas toujours aussi simple qu'on le pense. Car, nous l'avons vu, le second rôle doit aussi savoir rester à sa place et s'interdire de trop s'impliquer pour ne pas accentuer les dissonances conjugales. Pour Lorenzo, qui est visiblement partisan d'un tout autre système de rangement, son retrait est donc aussi une manière pour lui de ne pas avoir à défendre ses idées, qui pourraient aggraver la discorde. Hélas, agacée par son « besoin d'assistance », la « maniaque du ménage » agit de telle sorte qu'elle accentue en fait ce qui les sépare. Peut-être parce qu'elle oublie l'existence du fantôme quand elle est dans le feu de l'action ménagère, peut-être inconsciemment pour se venger un peu, elle change le système de rangement sans rien lui dire. Lorenzo, déjà habituellement dépassé, est encore plus perdu et infantilisé. « Elle a une habitude qui m'agace vraiment : ça lui prend, une fois tous les je ne sais combien, de changer quelque chose de place. Le chercher m'énerve. Pour elle, le nouveau rangement coule de source et elle se plaint de mon manque de patience et du peu de persévérance et d'effort que je fais pour trouver cette chose. » Des éléments minuscules sont parfois amenés à s'imposer au premier plan de nos existences, de façon récurrente et agaçante. Ils révèlent toujours des enjeux relationnels. Dans leur petite guerre autour de la place des choses, Lorenzo et sa femme cherchent en réalité à définir leur propre place dans le couple.

Des Peter Pan par millions ?

Clémentine en a « marre de ça », marre d'avoir l'impression d'être la mère de son mari, d'être obligée de s'occuper de lui comme elle le fait du bébé. Non seulement l'homme peut être aussi transparent qu'un fantôme mais il peut en plus devenir une charge. Gally a très peur d'avoir un enfant, et elle en repousse sans cesse la venue. « Je redoute de devoir assumer cet enfant plus ou moins seule. Non pas qu'Akira mettrait fin à notre couple mais je crains qu'il ne continue à se comporter de la même manière. J'imagine les dégâts ! Du coup je suis moins tentée d'assumer un enfant en plus de celui qui partage déjà ma vie. » Cette assimilation du mari à un enfant a fait l'objet de très nombreuses plaintes dans les témoignages féminins que j'ai reçus. Viràg est représentative de ces récriminations. « Nous avons trois enfants, et j'ai vraiment l'impression d'en avoir un quatrième pour moi toute seule. » Comme beaucoup de mes informateurs, elle a commencé par établir une liste de ses principaux agacements. Le début se rapporte de façon très classique à l'insuffisante présence de l'homme fantôme, qu'elle appelle « immaturité ». « La chose qui m'agace le plus chez lui, c'est son immaturité et je crois qu'il s'agit vraiment de la source du problème. En quelques exemples en vrac, cela donne :

« L'inattention permanente : je lui parle, il ne m'entend pas ou répond deux minutes après par un "hum ?".

– Les fameuses chaussettes sales dans tous les coins de la maison.

– Je lui demande de faire les courses (il les fait, c'est déjà bien), je lui fais une liste détaillée (quel rayon, quelle marque, pour limiter les dégâts) : en moyenne, un quart des courses est à ramener ou à échanger à chaque fois.

– Quand je lui fais des reproches, il ne se défend pas, il me dit, textuellement : "C'est vrai, tu as raison." AAHHRRRRR ! Je n'en peux plus de cette phrase ! J'aimerais bien avoir tort de temps en temps.

– Il ne sait jamais quoi m'offrir. Comme il ne m'écoute pas, il ne connaît ni mes besoins ni mes envies. »

Les exemples sont effectivement un peu « en vrac ». Tout se mélange : l'inattention conjugale, le désengagement, le refus de faire face, le manque de compétence. Mais ce qui agace le plus Viràg est bien ce qu'elle appelle « immaturité », l'impression d'avoir affaire à un enfant. La façon dont elle parle de ses listes de courses est caractéristique : on pourrait croire qu'elle s'adresse à un enfant. Elle se fait plus précise par la suite, notamment à l'occasion de cette anecdote, où, sous le regard de la maîtresse, l'agacement se transforma en honte.

« On se fait convoquer par la maîtresse de notre fils aîné qui le trouve trop distrait et rêveur, manque de concentration, etc. (ça vous dit quelque chose ?). Mon mari affiche un sourire béat pendant tout le long de l'entretien. La maîtresse le remarque et dit : "Les chiens ne font pas des chats" : ça le fait rire encore plus ! Merci pour la crédibilité auprès de notre fils. » La confusion des rôles est ce qui la révolte le plus, la mauvaise image éducative donnée par ce père-enfant.

Comme Viràg, Zoé est agacée par les chaussettes qui traînent. Lorsqu'elle est vraiment excédée, il arrive qu'elle les mette dans le bol du coupable pour le punir. Consciente de la violence de son geste, elle agit parfois de manière plus diplomatique, en lui expliquant avec pédagogie pour qu'il se corrige. « Je refuse de les ranger moi-même dans le panier à linge. Je ne suis pas sa mère ! Sa réaction ? Il se transforme en petit garçon pris sur le fait et il s'excuse en partant tout penaud vers la salle de bains. Ce qui m'énerve autant que de trouver ses chaussettes parce qu'il se trompe de rôle. Je n'ai jamais voulu de troisième enfant. » Les hommes seraient-ils infantilisés par la vie conjugale ? Bien qu'il faille se garder de toute conclusion abusive, la question mérite au moins d'être posée et il n'est pas impossible que la réponse révèle quelques surprises. Dans un livre précédent, *La Trame conjugale*, j'avais montré comment le jeu de rôle domestique contemporain produisait une figure masculine typique, celle de l'« élève coupable ». Dans la société traditionnelle, l'homme occupait une position de pouvoir tout en ne faisant rien dans la maison. Aujourd'hui il n'en fait guère plus (les progrès sont réels mais lents), en partie par manque de volonté, en partie parce qu'il existe une véritable difficulté technique à sortir de la position de second rôle (nous l'avons vu), et que cette difficulté se nourrit d'une mémoire historique sexuellement différenciée. Dans leur large majorité convaincus par la nécessité d'avancer vers l'égalité, les hommes sont pris dans une injonction contradictoire : essayer (plus ou moins sincèrement) de faire davantage, tout en ne pouvant pas (ou en ne voulant pas) mettre vraiment en pratique le programme annoncé. Ce qui les place en position de culpabilité latente, et les incite à des bribes d'apprentissage, toujours imparfaits, subordonnés à la responsable des opérations. Des élèves coupables. Suzette parle ainsi de son mari, qui cherche à s'initier à la cuisine : « Il m'aide parfois. Il va faire un dessert par exemple, ou de petites préparations, pas très élaborées. » Elle le laisse s'amuser avec la pâte, comme elle ferait avec un enfant.

Mais il y a plus, et il faut oser aller plus loin. Au-delà du noyau dur des questions ménagères, qui tend structurellement à définir une position subordonnée et infantilisante pour les hommes (ainsi qu'une charge de travail fatigante et agaçante pour les femmes), c'est sans doute le fonctionnement conjugal lui-même, fondé sur la production de complémentarités contrastées, qui alimente la propension masculine à adopter des attitudes pouvant être considérées comme enfantines. L'enfance se caractérise par l'immaturité, mais aussi par les traits culturels positifs attachés à cet état : l'insouciance, la joie, le jeu. Au cœur des agacements et de la dynamique des rôles complémentaires dans le couple, l'enquête montre que l'opposition responsabilité/décontraction, esprit de sérieux/quête des plaisirs, etc., est omniprésente et centrale. À un pôle A, garant de la bonne marche des affaires domestiques et de la vigilance face à tous les risques, s'oppose un pôle B de l'insouciance et du bonheur de vivre dans l'instant. Opposition nécessaire et fonctionnelle, qui a cependant l'inconvénient de durcir les clivages et les traits de personnalité. Or les femmes se retrouvent massivement d'un côté et les hommes de l'autre. Nullement, encore une fois, parce qu'ils proviendraient de deux planètes. Mais à cause du poids persistant de la mémoire historique, différente selon le sexe, ainsi que de la machinerie à fabriquer des contraires qui est au cœur du couple. Ces différences complémentaires ne se constituent pas de façon arbitraire. Chacun des deux partenaires cherche à réduire ses propres dissonances internes, à s'unifier. Sur les aspects les plus variés de l'existence, il est donc enclin à prendre une position consonante avec ses traits culturels habituels. Il n'y arrive certes jamais complètement, nous l'avons vu : il y a de nombreuses inversions ponctuelles, même à l'intérieur d'un domaine précis comme celui du rangement. La tendance d'ensemble est néanmoins manifeste, et la recherche de cohérence personnelle produit une opposition globale entre deux univers culturels assez tranchés. On peut donc penser que le noyau dur (ménager) du système de répartition des rôles diffuse plus largement un penchant pour des types de comportement harmoniques, renforçant la propension des hommes à adopter des attitudes marquées par les caractères propres à l'enfance et à la jeunesse.

De nombreux éléments recueillis dans l'enquête semblent aller en ce sens. Bien que disparates et souvent anodins en apparence, ils tendent une fois rassemblés à confirmer l'hypothèse. La propension des hommes à jouer beaucoup plus que les femmes par exemple, avec des ballons, des écrans, comme les enfants et les adolescents. Certes les études statistiques montrent qu'ils ont plus de loisirs personnels le leur permettant. Mais à temps constant, ils jouent quand même davantage. « Mon ami joue énormément (jeu de rôles sur Internet, jeu de guerre...), il en a besoin pour son propre équilibre (il était fils unique, a besoin de liberté, de temps pour lui seul...). Je ne peux pas, au nom du couple, lui interdire de jouer pour que l'on soit "ensemble". Des ami(e)s à moi trouvent ça impensable qu'il puisse jouer des heures, qu'il vienne se coucher deux ou trois heures après moi. » Depuis dix années qu'ils vivent ensemble, Eliza essaye de composer malgré tout avec ce mari qui l'ignore au profit de ses jouets. Plus significatif encore : l'usage des plaisanteries et de l'ironie (il s'agit d'ailleurs d'une des tactiques masculines privilégiées pour tenter de désarmer les agacements adverses). Prenons le cas des discussions familiales autour de la table : des thèmes et des types différents de conversation s'entrecroisent sans cesse, cherchant à s'imposer aux autres [Kaufmann, 2005]. Souvent les parents introduisent avec sérieux un motif (notamment scolaire) de récrimination ou de négociation ; les enfants tentent des diversions humoristiques. Or la relation est identique entre mari et femme. Il arrive même que la mère de famille, seule dans le camp du sérieux et de la responsabilité, se trouve confrontée à une alliance des drôles père-enfants. Dernière illustration enfin, sans doute la plus importante : les hommes jouent massivement le rôle d'idéologues de la décontraction, propageant l'esprit *cool* face aux angoisses et aux disciplines excessives. Or le « petit dieu Cool » est une icône caractéristique de l'adolescence et de la jeunesse [Bouchat, 2005, p. 27]. Il n'y a d'ailleurs rien de surprenant dans cette attirance masculine pour l'esprit jeune de l'éloge du *cool*, qui s'explique par un autre élément structurel : non pas le système des rôles mais le mode d'entrée dans la vie adulte. Alors que les jeunes hommes reportent de plus en plus leurs engagements familiaux pour vivre au maximum le temps particulier de la jeunesse, les femmes, qui agissent de même au début, sont limitées dans ce mouvement par la prise en compte anticipée de la limite d'âge pour avoir un enfant [Kaufmann, 1999]. Elles sont contraintes bien plus tôt de quitter le monde de la jeunesse pour s'engager. Alors que les hommes ne sont pas soumis à cette urgence biologique et peuvent prolonger leur manière d'être insouciante plus longtemps. Comme dit Caroline, qui généralise cependant un peu abusivement : « En fait, un homme, même de 36 ans, est un ado. »

Le fait que le livre de Dan Kiley, *Le Syndrome de Peter Pan*, ait eu autant d'écho est un indice supplémentaire que quelque chose se trame actuellement en ce sens dans les profondeurs du social. L'ouvrage souffre pourtant de nombreuses limites. Il se focalise sur un profil psychologique pathologique dominé par l'angoisse, le refus de la réalité et la difficulté à établir des relations sociales. Ce type de personnalité existe sans doute, mais le comportement masculin dont il est question ici n'a rien de pathologique et est infiniment plus large. Les hommes-enfants n'ont d'ailleurs souvent aucune difficulté à établir des liens, au contraire, notamment à travers le jeu ou le sport. Pas de difficultés non plus pour établir des liens avec leurs enfants. Ils sont même capables de nouer des complicités étonnantes, affectives et ludiques. On a beaucoup parlé, à juste titre, des nouveaux pères. Le bouleversement est effectivement considérable, en l'espace de quelques dizaines d'années, inscrit dans une mutation profonde du masculin [Castelain-Meunier, 2005 ; Welzer-Lang, 2004]. Changement d'autant plus frappant que l'évolution n'a pas été la même concernant l'aspect matériel des tâches domestique. Les hommes, presque autant seconds rôles qu'autrefois, sont pourtant désormais très proches de leurs enfants, intimement complices. D'où d'ailleurs leur désarroi et leur incompréhension quand ils en sont séparés par décision de justice après un divorce.

Au regard de l'histoire, cet apparent bouleversement en forme de renversement d'alliance est pour le
moins étonnant. Face à l'univers masculin dominant, les
femmes ont en effet toujours été rangées du côté des
enfants. Par leur proximité physique, effet d'une fonction d'élevage centrée sur les mères [Knibielher, Fouquet,
1982]. Et parce qu'elles ont été longtemps considérées
comme des mineures par les hommes au pouvoir, assimi-
lées à des enfants. Alors, serions-nous actuellement les
témoins d'une véritable inversion historique ? Non. Malgré les progrès accomplis, les hommes occupent encore
les positions dominantes dans nombre de secteurs clés
(économiques, politiques) de la société. Ils conservent
également une part de leur pouvoir ancien à l'intérieur
de la famille [Glaude, Singly, 1986], en pesant sur les
grandes décisions ou en se réservant un statut plus
confortable. Quant aux femmes, elles continuent à établir
des liens privilégiés avec les enfants. Leur engagement
en première ligne sur les questions familiales les constitue en pivots structurants, notamment quand le couple
se fragilise. Face à la précarité conjugale grandissante, il
est même probable que cette fonction soit actuellement
en train de se renforcer [Kaufmann, 1999]. La montée
des attitudes masculines enfantines dans la famille est
donc à voir comme un phénomène important (et surprenant), mais circonscrit. Les hommes ne redeviennent
enfants que dans des contextes et à des moments particuliers, se laissant glisser un temps dans ce laisser-aller
régressif, vécu souvent comme compensatoire à un investissement lourd dans l'univers du travail. Les femmes
commencent à s'énerver quand leur Peter Pan dépasse
les limites et tarde à sortir de ses bulles enfantines. Elles
s'énervent aussi lorsque, bien que tenantes de l'égalité,

elles continuent à rêver en secret à un homme supérieur, qui les guide et les protège en tout. Elles s'énervent enfin à cause des dissonances venant des zones de flou du jeu de rôles, qui sont provoquées par les inversions ponctuelles. Notamment quand l'homme, à peine sorti de ses bulles régressives, se permet de prendre des attitudes machistes dignes du bon vieux temps.

Des réflexes machistes très tenaces

Entre le patriarcat d'hier et les régressions enfantines d'aujourd'hui, le renversement des rapports hommes-femmes à l'intérieur du couple, bien que limité à certains contextes, est spectaculaire. Il n'est pourtant pas toujours perçu sous l'angle de la rupture. L'installation confortable dans des sphères d'autonomie personnelle permet en effet à beaucoup d'hommes de le vivre dans la continuité. L'héritage d'un statut dominant leur offre la possibilité d'imposer un pouvoir (le pouvoir de jouir de moments à soi) en même temps qu'ils s'amusent comme des enfants. Machos et gamins à la fois. Les femmes seraient disposées à les laisser un peu se détendre ainsi si ces activités ne se posaient pas la plupart du temps en rivales ; rivales personnelles et alternatives à la vie conjugale. Les écrans qui envahissent la maison (télévision, ordinateur) sont des fenêtres ouvrant sur des échappatoires dans l'imaginaire et d'autres vies possibles. « On a souvent l'impression que pour ces messieurs c'est une formidable machine à perdre son temps et ne surtout pas s'intéresser à la vie de famille. On en voit ainsi discuter des heures avec de parfaits inconnus et ne pas adresser deux mots de la soirée à leur femme, voire de lui demander si elle sort vu qu'elle a son manteau sur son dos. Non elle ne sort pas, elle rentre, elle a passé son samedi après-midi entier dehors parce qu'elle en avait marre de parler aux murs. Il ne s'en est même pas rendu compte. C'est du vécu ! » (Isabelle). Malvina est très agacée par Richard, qui à peine rentré du travail « se plonge dans un forum de discussion avec ses amis pêcheurs ». Caroline est à bout : Marc ne décroche pas de la télé. Elle s'installe à ses côtés pour que ce moment, au moins, soit quelque peu conjugal. Hélas, Marc ne lâche pas la télécommande, et son zapping effréné délivre des messages subliminaux, tous plus désagréables les uns que les autres : je suis le seul maître à bord et je n'en fais qu'à ma tête ; ce zapping devrait te fatiguer et te donner envie de partir, etc. Caroline résiste malgré tout. Quand elle sent l'agacement monter dangereusement en elle, « alors je me lève et je me désintéresse totalement de la télé, parce que je n'ai pas envie de me disputer avec lui ». Mais parfois elle n'a pas le temps d'organiser sa fuite diplomatique, l'agacement la saisissant brutalement : quand il part aux WC la télécommande dans la poche de son pantalon, de peur que Caroline s'en empare. « Comme si en fait il n'avait pas confiance en moi (et que j'allais changer de chaîne à la première occasion... ce que je fais d'ailleurs, je le reconnais) ou comme si, tout simplement, je n'étais pas là. » D'autant qu'il n'est pas rare que la télécommande tombe sur le sol des WC. Ils ont dû en changer deux fois ces derniers temps. Agacement garanti.

Marc est indéniablement coupable d'une exaction machiste caractérisée : imposer le choix d'un programme, même en son absence ! Les coups de force les plus répandus sont généralement moins démonstratifs, et se noient ainsi dans le flot des échanges conjugaux. L'agaceur est à peine conscient de son acte. Et l'agacée se soumet sans résistance. Dans ce qui témoignait d'une volonté de sincérité et de correction, Lorenzo m'avait fait parvenir (sans que je lui demande) une liste de ce qu'il supposait être les principaux agacements de sa femme à son égard. Parmi ceux-ci, le fait qu'il est un adepte d'une musique à baffles hurlants dans la voiture alors qu'elle préfère un simple fond sonore. Je lui avais alors envoyé une question, et sa réponse fut très significative :

« La musique dans la voiture : cela ressemble à une petite lutte de pouvoir. Qui de vous deux finit par l'emporter ?
– Moi. Elle s'en plaint souvent d'ailleurs. »

Réponse très significative, par la brièveté masculine habituelle, et surtout par le ton d'évidence sur lequel elle fut édictée. Les petites prises de pouvoir masculines sont inscrites dans la normalité de l'existence. Il faut cependant parler aussi des moins petites : du maintien dans certains couples de structures de pouvoir véritablement archaïques. Quand les règles du jeu sont claires et que les femmes les acceptent, comme c'est parfois le cas dans les milieux populaires [Schwartz, 1990], cette soumission acceptée ne provoque pas d'agacements massifs. Mais quand il y a dissonance (entre le rêve et la réalité, entre les proclamations de principe et la mise en pratique, entre un avant glorieux et un après piteux, etc.), les résurgences de l'archaïsme sont d'autant plus agaçantes qu'elles se présentent ici masquées. L'histoire de Malvina est sur ce point exemplaire. « Je suis restée célibataire trente ans. Longtemps, lorsque j'étais célibattante, il y a des choses que je ne supportais pas chez les couples autour de moi, à commencer par mes parents. Par exemple la division sexuelle des rôles (façon l'homme chasse et la femme fait le reste), autrement dit le non-partage des tâches. Bref, j'étais dans un discours façon chienne de garde, puis avec la trentaine les hormones ont repris le dessus et j'ai voulu me caser. Ça tombait bien pour lui aussi. À ses yeux j'incarnais la femme idéale pour élever des enfants : je suis enseignante. Il m'a plu parce qu'il ne s'est pas enfui lorsque j'ai parlé d'engagement – je voulais un enfant rapidement – et il tenait un discours en adéquation avec mes principes du genre "Je ne veux pas que tu repasses mes chemises, tu n'es pas ma bonne". » Hélas, quatre ans et demi après ces belles déclarations du séducteur, le prince s'est transformé en vilain crapaud. « Ce qui m'énerve le plus c'est son attitude de beauf du genre : "Quoi ? ma chemise verte n'est pas repassée alors que je voulais la mettre ce matin (pendant ce temps les quinze autres sont propres et repassées, c'est la seule dans le panier à linge !!). Ou : "C'est quoi ce bordel ?!! tu pourrais ranger !! tu es restée toute la journée à la maison ! (alors que j'ai corrigé 35 copies, préparé le repas et fait deux lessives, mais j'ai laissé le sac-poubelle devant la porte d'entrée)." » Richard cumule les attitudes ultramachistes. Malvina a été réduite au rang d'esclave ménagère sans qu'il en éprouve le moindre remords. Comme s'il s'était trompé de siècle, en tant qu'homme il se croit tout permis. « Enfin la pire chose de toutes dans ce domaine c'est que lui sort régulièrement seul avec ses copains pendant que je garde notre fille. Alors que moi quand je veux aller au ciné ou à une soirée au lycée il me fait toute une mise en scène qui n'a pour autre but que de me gâcher l'envie d'y aller. » Et pour couronner cet édifice de machisme outrancier, il se permet en plus de prendre des airs supérieurs ou des attitudes de petit despote. « L'autre chose qui m'énerve c'est sa façon de se la jouer superman : à la maternité (avec le pédiatre on aurait dit qu'il parlait à un confère alors qu'après le retour à la maison l'ardeur est vite retombée) ; au restaurant (il conseille au restaurateur de changer l'approvisionnement de sa carte) ; à la maison (il veut montrer qu'il ne lui faut que deux heures pour faire le ménage mais il ne passe pas l'aspirateur sous le lit ni derrière les portes) ; avec sa fille (c'est lui qui s'en occupe !! d'ailleurs pour le prouver il dit qu'il l'amène tous les jours à l'école !! Malheureusement il n'a que ce seul argument ! Cependant, si pendant une semaine il doit aller la chercher tous les soirs, il "récupère" le week-end en sortant jusqu'au milieu de la nuit). En outre, lorsque nous nous chamaillons sa punition est de me dire : "Si c'est comme ça j'irai pas la chercher pendant deux jours !!" Comme si je pouvais en souffrir !! Ne parlons pas des discussions portant sur nos emplois respectifs : alors que je dois écouter religieusement tout ce qu'il me raconte, de préférence alors que j'écoute le journal télévisé, il m'interrompt et se lance dans de longues tirades sur le système qu'il faudrait réformer lorsque j'évoque la vie au lycée. Par exemple lorsqu'un prof est absent parce que ses enfants sont malades c'est intolérable : il n'avait qu'à s'organiser !! Mais quand notre fille a eu la varicelle, j'ai dû prendre le congé pour enfant malade. Il n'a même pas proposé de passer à la pharmacie. D'ailleurs, cela m'amène à parler des courses : il travaille en face du supermarché. Eh bien, quand il n'a plus de vin (alors que par ailleurs c'est la seule chose qui manque à la maison) il me demande d'aller lui en acheter !! » Entre ses péroraisons de coq ridicule et ses phrases creuses si loin de la réalité, Malvina ne sait plus trop ce qui l'agace le plus. Sans doute d'avoir été piégée, dans ce schéma de vie si contraire à ses rêves. C'est d'ailleurs ainsi qu'elle conclut son long message en forme de plainte. « Je crois surtout qu'il m'agace parce que notre relation me renvoie à des schémas tellement archaïques que ma grand-mère m'a dit : "Que crois-tu que j'aie vécu avec papi ? c'est normal, les hommes coupent le bois et les femmes s'occupent des hommes !!" Comme si nos études, notre travail ne faisaient rien pour briser ce déterminisme !! Au secours. »

Une situation de machisme aussi caricaturale nous fait sortir du cadre strict de l'agacement. Certes Malvina est agacée, très agacée même, de façon lancinante ou soudaine, du matin au soir. Mais ces irritations continuelles s'inscrivent dans un sentiment qui les dépasse et les redéfinit. Un sentiment d'insatisfaction profonde[1]. C'est aussi le cas du témoignage de plusieurs femmes, se plaignant d'être agacées parce que leur mari se révélait « radin », surveillant et commentant négativement la moindre de leurs dépenses. Elles étaient à la fois très agacées par ces petits calculs mesquins et très insatisfaites de leur situation conjugale. Passe encore que le mari soit un peu macho, par exemple pour le partage des tâches ménagères. Mais alors, tant qu'à vivre dans un modèle archaïque, autant avoir les quelques compensations qui pourraient en découler [Singly, 1987]. Comme

---

1. Quelques mois plus tard, sa situation s'est cependant un peu améliorée. Voir les « Dernières nouvelles » dans l'*Annexe méthodologique*.

de profiter de l'argent qu'il rapporte. Or, tout en n'étant pas des pourvoyeurs mirifiques, certains parviennent à cumuler tous les défauts : machos, gamins, radins. Les agacements se transforment alors en exaspération, le désespoir se creuse, la colère explose.

DEUXIÈME PARTIE

AU CŒUR DE LA TOURMENTE

3

Les motifs

Rien de plus normal que d'être agacé dans un couple, y compris quand les relations sont bonnes. Car l'agacement s'inscrit en son centre même, le fonctionnement conjugal reposant sur des associations de contraires qui produisent des dissonances. Tel est le mécanisme sous-jacent : l'agacement se forme toujours à partir d'une dissonance. En surface cependant, il éclate pour des motifs beaucoup plus précis, parfois dérisoires. Nous avons abondamment vu un des plus fréquents : la place des choses. Monsieur et madame n'ont pas la même idée de la juste position de tel objet (une tête de brochet empaillée) ou de telle substance (le niveau de poussière acceptable). L'un des deux, dominant, inflige son modèle culturel. L'autre se soumet, bon gré mal gré, saisi par une soudaine décharge émotionnelle quand l'objet dérangeant lui révèle que, décidément, il ne parvient pas à accepter le plan imposé. Si l'agacement est fort, il peut alors oser une révolte individuelle.

Ce choc des microcultures ordinaires se déploie spécialement à l'occasion du partage des tâches ménagères, chacun ayant une conception bien à lui (quand les rôles ne
sont pas trop tranchés) du comment il faut ou il faudrait
faire. La place des objets et le partage du travail domestique ne sont toutefois pas les seuls déclencheurs de l'agacement. Nous allons maintenant en voir bien d'autres,
parmi les plus fréquents étant apparus dans l'enquête. À
titre de simple illustration et sans valeur de représentati-
vité, car un travail statistique serait nécessaire pour dresser un tableau vraiment représentatif et complet.

Le dentifrice comme symbole

À tout seigneur tout honneur : je commencerai par
quelques objets qui portent avec éclat la symbolique des
agacements dans le couple. Pour dire encore un mot de la
place des choses, les clés par exemple sont un grand classique. Dans de très nombreuses familles, un endroit appro-
prié est prévu pour les mettre. Or il est rare que les deux
protagonistes du petit drame qui va suivre respectent
le mode opératoire à un même degré. L'agacement est
d'autant plus irritant ici que celui (ou celle) qui « oublie »
de mettre la clé à l'endroit où il est prévu de la mettre
reconnaît plus ou moins qu'il a tort et promet de ne plus
recommencer. Or il (ou elle) recommence. « Nous avons
deux voitures que nous partageons. Je laisse toujours la
clé sur le porte-clés qui est au mur. Elle la laisse toujours
dans son sac, qu'elle monte dans notre chambre... » Outre
l'agacement quand il doit chercher la clé dans l'urgence,
fouillant dans le sac ou criant pour se libérer, Lorenzo ne
parvient pas à comprendre cette irrationalité du compor-

tement de sa compagne. Il serait si simple que les clés soient là où elles devraient être. La dissonance irritante provoquée directement par l'objet manquant est redoublée par une division conjugale. Deux univers culturels s'opposent. Des détails comme la place des clés révèlent par le menu l'incompréhensible étrangeté du partenaire.

Les objets sont familiarisés par celui qui les regarde ou les touche, jusqu'à sédimenter une culture individuelle. Nous déposons une part de nous-mêmes dans nos entours matériels, qui définissent en retour ce que nous sommes, dans le quotidien de la vie [Thévenot, 1994 ; 2006]. Le couple s'efforce continuellement de construire une familiarisation commune. Par la discussion, il dresse des plans visant à l'unité des manières, bien au-delà de la simple place des choses (à propos notamment des façons de les manipuler). Dans la minutie des gestes cependant, l'individu bricole secrètement à son idée, plus fidèle à lui-même qu'à la règle officielle. S'installant même parfois sans remords dans une manière qui lui tient à cœur (ou trop profondément inscrite dans son corps), y compris quand il constate les agacements adverses. Il arrive alors qu'un objet, un seul, puisse cristalliser tous les emportements porteurs d'incompréhension. Chaque couple a ses petites pommes de discorde particulières, discrètes ou rageuses, mais régulières et tenaces. Certaines sont plus répandues, presque universelles. La place des clés par exemple. Mais aussi et surtout, ce véritable symbole du choc intime des manières : la manipulation du tube de dentifrice. Associé à la brosse à dents, ce n'est pas du tout un objet comme un autre. Il est en effet le premier à venir s'installer au domicile du nouveau partenaire, signant par sa présence les débuts domestiques de l'aventure conjugale. Dès cet instant fondateur, déjà objet hautement symbolique, il est porteur de la microculture différente qui cherche à s'inscrire dans la nouvelle entité conjugale. Il peut alors surprendre, choquer, avant de (beaucoup plus tard dans le couple) concentrer en lui des agacements incontrôlables. Le monde se divise en deux par rapport au tube de dentifrice. Il y a ceux qui sont plutôt précautionneux, avec quelques idées arrêtées sur la bonne façon de le replier, de le reboucher, d'appuyer dessus pour faire sortir la pâte. Et il y a les autres, beaucoup plus libres et décontractés, qui ne lui accordent aucune attention particulière. Le problème ne vient pas de la définition précise de telle ou telle manière mais du différentiel qui les sépare. Un détail minuscule peut parfois suffire pour cristalliser la différence inacceptable. Même la bonne volonté du partenaire, ou des astuces techniques semblant réduire la divergence observable, ne peuvent régler le problème quand le regard commence à se fixer obsessionnellement sur la différence qui agace. « Certes deux tubes peuvent sembler évacuer le problème. Mon père avait d'ailleurs envisagé la chose. Mais la seule vision du tube "pouitché" le met dans une rage noire. Et on pouitche tout aussi bien la mayonnaise, la peinture, la harissa. Pour ma part, j'ai d'abord tenté les diversions et opté pour le dentifrice en tube dur qui tient sur le bouchon, dont le dentifrice s'écoule toujours à la perfection. Du moins tant qu'on le remet dans la position prévue. Ce qui n'était JAMAIS le cas. » Le tube de dentifrice occupe une place notable dans la vie d'Isabelle. Voici la suite de son témoignage, dans un style savoureux et très drôle mais qui ne doit pas tromper : sous les rires gisent de vraies colères. « Le débat du pouitch sur tube est indépendant de toute considération de sexe. Pour preuve, ma mère est une adepte, à la grande fureur de mon père qui est anti-pouitch. Par contre moi, leur fille, je suis aussi anti-pouitch, mon cher est tendre est un pouitcheur, mon ex-mari l'était aussi, il doit toujours l'être. Quelle est cette secte étrange ? J'explique : prenez un tube, de dentifrice par exemple. C'est celui-là qui énerve parce qu'on le voit tous les jours. Bref, une fois ça va, à la millième on crise. Donc le tube peut être délicatement pressé par le fond, voire roulé peu à peu pour en extraire la substantifique moelle. Bonheur, luxe calme et volupté. Ahhhh ! On peut aussi sauvagement le presser par le milieu pour obtenir un sinistre pouitch et laisser le pauvret dans un état lamentable. Et le râle de douleur de l'anti-pouitcheur retentit dans le petit matin blême tandis qu'il essaie de redresser le bazar et d'extraire une noisette de dentifrice. Souvent il s'escrime cinq minutes pour obtenir une bonne grosse noix de dentifrice dont une moitié au fond du lavabo. Arggll ! » Quand la cristallisation s'intensifie démesurément sur un objet dérisoire, grosse d'agacements multiples et d'insatisfaction mêlée, le déclencheur minuscule peut engendrer des effets gigantesques. L'ex-mari « pouitcheur » d'Isabelle jouait de son agacement à propos du tube. C'en était trop. « Ce n'est certes pas pour un tube de dentifrice que j'ai divorcé, mais le petit sourire satisfait de celui qui sait parfaitement qu'il va énerver l'autre a été une révélation. » Bien que son partenaire actuel soit également un « pouitcheur », l'agacement semble beaucoup plus localisé. C'est d'ailleurs pourquoi elle peut en rire aujourd'hui.

Les rapprochements forcés

Le couple vit dans l'illusion d'avoir bâti une culture commune. Certes, elle existe bien, *grosso modo*, pour

l'architecture générale : la hiérarchie des valeurs, les principes éthiques, etc. Résultat qui est obtenu par un travail
incessant d'unification, où le bavardage ordinaire entre
conjoints joue un rôle crucial [Berger, Kellner, 1988],
notamment à travers la critique des amis et de la famille.
C'est en effet en décortiquant pourquoi leur façon de passer leurs vacances ou de gérer leur patrimoine n'est pas
la bonne que le couple forge, par contraste, ce qui l'uni-
fie. *Grosso modo* seulement, car certains principes continuent régulièrement à faire débat, en particulier pour
tout ce qui touche à l'éducation des enfants [Brown,
Jaspard, 2004], le jeu de rôles contradictoires dans le
couple alimentant la divergence.

Y compris quand l'accord semble acquis par la discussion, l'unité reste en réalité théorique, fixée sur les seules
grandes lignes. Très loin de l'ordinaire profond des gestes
réflexes exprimant une microculture personnalisée. Celui
ou celle qui « oublie » de mettre les clés à l'endroit adéquat est pourtant d'accord qu'il faille les mettre là. Des
gestes, des contextes précis, des objets révèlent le maintien irrésistible de la différence. Ils se manifestent quand
l'interchangeabilité est plus forte entre les deux partenaires et quand la socialisation est obligatoire et rappro-
chée. La divergence s'estompe dans la distance ou lorsque
l'unité n'est pas requise de façon urgemment opératoire.
Elle éclate au contraire dans le feu de l'action, lorsque
l'un et l'autre sont censés ne faire qu'un et obéir aux
mêmes règles. Les clés se situent assez haut dans le hit-
parade des petits motifs d'agacement parce qu'elles sont
utilisées tous les jours et qu'il s'agit d'un objet manipulé
individuellement dont la place est fixée conjugalement.
Or il est rare qu'il n'y ait aucune friction entre les divers
systèmes possibles (l'idée de chaque individu et la théo-

rie conjugale officielle). Cela est d'autant plus inévitable qu'une dissonance peut déjà apparaître chez un individu isolé (entre action et théorie qu'il est pourtant le seul à mettre en œuvre) ; les clés agacent aussi le célibataire qui ne les retrouve plus car il ne les a pas mises là où il est convaincu qu'il devrait régulièrement les mettre. Dans le couple, qui mélange deux cultures individuelles plus ou moins conjugalisées, la probabilité pour que surgissent des agacements est infiniment démultipliée. Nombre d'objets, d'appareils, d'espaces, à la fois individuels et collectifs comme les clés, sont susceptibles de se cristalliser en motifs récurrents d'irritations et autres coups de nerfs. Chacun avec ses spécificités, qui justifieraient une analyse particulière. Les clés par exemple ont ceci de notable qu'elles se réfèrent souvent à une place officielle clairement identifiée et en théorie partagée par tous. D'autres objets sont beaucoup plus hésitants entre assignation à un lieu adéquat et parcours quelque peu nomade. Les ciseaux, fréquemment cités eux aussi, fournissent une bonne illustration. Géraldine a un plan très simple : elle range systématiquement les ciseaux dans un tiroir de la cuisine. Elle a tenté d'ériger ce plan en modèle pour leur jeune couple. Bernard a mollement dit oui du bout des lèvres, tout en continuant à agir à sa guise (il habite dans le logement depuis plus longtemps qu'elle). Après les avoir utilisés, il préfère les ranger à proximité, là où il est, plutôt que d'avoir à revenir dans la cuisine. Il possède donc plusieurs endroits de rangement possibles, quelques-uns réguliers et repérables par Géraldine, d'autres plus flottants et incertains. « Elle s'énerve, faut voir ! Elle dit que je les laisse n'importe où, c'est pas vrai : je les range. Je vais quand même pas aller à la cuisine alors que je suis à mon bureau, faut pas déconner quand même ! Ça m'agace aussi quand elle s'agace là-dessus. C'est complètement idiot de piquer des crises comme ça pour une paire de ciseaux. » Interrogée séparément, Géraldine confie son exaspération à propos de cette histoire ridicule. « Ils ne sont jamais remis à leur place. À chaque fois que j'ai besoin des ciseaux, je pousse des hurlements !! C'est pas dur de remettre à sa place quand même ! » Les ciseaux soi-disant « rangés » sont parfois totalement introuvables. Bernard ne se souvient plus de l'endroit, mais parvient à se contrôler pour ne pas s'énerver lui-même. « Il se permet de rigoler et de se foutre de moi. Il y a des moments, hein, où j'aurais envie de le tuer ! » Quelques mois plus tard, l'entretien conjugal qui était prévu n'a pu avoir lieu ; Bernard était toujours vivant mais le couple était séparé.

L'agacement se fixe sur des objets (mal) partagés, ou dans des univers étroits de rapprochement forcé. Le rapprochement n'est certes pas toujours problématique dans le couple ! Le désir amoureux élimine comme par magie le potentiel d'irritation des différences. Des formes mineures de l'amour (complicité, tendresse, générosité mutuelle) peuvent même suffire pour que les contacts et les proximités ne soient que douceur et agrément. Quand l'élan sentimental se fait moins vivace cependant, ou que la confrontation des différences est spécialement coriace, la proximité devient aussitôt explosive. Au lit, à table, dans la salle de bains : en toutes sortes d'endroits où l'on est intimement proches sans toujours le désirer. À citer tout particulièrement la voiture, petit univers clos qui donne encore plus de résonance aux éclats. Depuis quelques semaines, irrésistiblement, la tension montait entre Mimie et Mickaël. Et c'est justement dans la voiture que la crise explosa. Mimie était au volant. Mickaël, très nerveux, alluma une cigarette, qu'elle lui demanda sur-le-champ d'éteindre. Il lui rétorqua qu'elle conduisait dangereusement, qu'elle devait changer, sinon il demandait à descendre. Ce qu'il fit, avant de frapper violemment le véhicule, et de s'engager, marmonnant sa colère, dans les dix kilomètres à effectuer à pied. Les rapprochements forcés peuvent conduire au meilleur comme au pire.

Souvent officiellement collective, la voiture est en fait accaparée davantage par l'un des deux protagonistes, qui est tenaillé par l'envie d'imposer son idée de la décoration ou de la propreté intérieure. Les conflits sont alors du même ordre que pour tout autre objet partagé. Mais à l'intérieur de l'auto, quand monsieur et madame sont assis côte à côte, il y a bien davantage. Dans ce petit monde resserré, les désirs ordinaires doivent s'accorder sur toute une série de paramètres : degré de la température, choix d'un programme radio et intensité du volume sonore, etc. Nouveau choc des cultures. Lorenzo agace sa femme en mettant la radio à fond. Pour Eline et Jack, la petite guerre automobilistique tourne plutôt autour du chaud et du froid. « En ce qui concerne la voiture, c'est une source d'agacement à chaque fois que nous la prenons ensemble : j'ai horreur de l'air conditionné, et lui a horreur du chauffage... À ce jour, nous nous bagarrons encore très souvent à ce sujet. » Tactique fréquente : prendre le volant pour occuper une position de force. Mais Eline déteste trop le froid pour se soumettre, y compris quand elle n'est pas aux commandes. « Souvent, le conducteur a la priorité quant au choix de la température ambiante, mais j'avoue que je refuse toujours l'air conditionné, ce qui a le don d'agacer Jack. »

Au volant ou en tant que simple passager : les positions ne sont pas neutres dans la voiture. Surtout en ce qui concerne la question très épineuse que nous allons maintenant aborder : le style de conduite. Pas de problème si, comme au bon vieux temps, c'est toujours monsieur qui conduit. Pour madame en effet, ce n'est alors pas son affaire, et ses idées voguent ailleurs. Mais depuis belle lurette, madame aussi a son permis, et refuse désormais d'occuper des strapontins, dans tous les domaines. Elle a d'ailleurs souvent sa propre voiture, qu'elle gère et conduit à sa manière. La difficulté apparaît surtout quand il faut voyager ensemble, car l'un ou l'autre est indistinctement susceptible de prendre le volant. Or ils se distinguent justement, car chacun a son style, et continue à conduire dans sa tête lorsqu'il est en position passager, visionnant des alternatives, et ne pouvant s'empêcher de faire des remarques. Deux univers culturels s'entrechoquent [Hoyau, Le Pape, 2006]. Le style de conduite est un des rares contre-exemples où il semble que les hommes soient plus agacés que les femmes. Ceci s'explique aisément. Il reste en effet des traces dans les mentalités du temps où l'homme seul dirigeait la conduite. Occuper la place du passager est quelque chose de nouveau pour lui, et il a beaucoup de mal à se désinvestir et à se reposer totalement sur sa partenaire. Il garde malgré lui un œil sur la route, prompt à la moindre critique. Nous avons vu que les bulles de régression enfantines masculines pouvaient porter les femmes à des généralisations hâtives : les hommes seraient tous et toujours ainsi. Inversement, la perte du rôle dominant au volant pousse certains hommes à des développements abusifs : les femmes dans leur ensemble ne seraient guère douées pour la conduite automobile. Pedro justement pense ainsi, et c'est d'ailleurs pourquoi il s'empare du volant dès qu'ils font voiture à deux. Sauf circonstances exceptionnelles, comme ce jour particulier, raconté par Fidelia. « Voilà un témoignage à chaud : depuis ce matin, je fais le chauffeur de mon mari – nous avons laissé sa voiture chez le garagiste – alors que j'ai un emploi du temps chargé. À sa décharge, Pedro devait subir un petit contrôle médical sans gravité mais douloureux. J'ai donc été attentionnée et présente. Mais il ne peut s'empêcher de faire des remarques sur ma conduite – automobile – et de me donner des ordres. Je ne supporte ni l'un ni l'autre, d'autant plus que ni lui ni moi ne conduisons mal : nous conduisons différemment. Quand il conduit, je m'efforce de ne rien dire même si cela me dérange. Or ce matin au bout de six ou sept réflexions, je l'ai "envoyé sur les roses", l'ai déposé à la porte de la clinique sans l'accompagner, mais l'ai tout de même appelé après pour prendre des news qui sont bonnes. J'ai vraiment l'impression que dans ce domaine, je subis un vieux stéréotype bien ancré – la femme au volant – doublé d'un manque de confiance et d'un besoin de domination. »

Les rapprochements mal vécus, forcés ou disharmoniques, favorisent l'éclosion des agacements, y compris là où on les attendrait le moins, au cœur de l'intime, dans le lit du sommeil (voire parfois à propos d'une autre de ses fonctions importantes), au sujet des gestes d'hygiène, ou autour de la table. Lorenzo évoque la sempiternelle « bataille des draps », qui ravage leurs nuits. « Surtout lorsqu'on s'agite et se retourne sans cesse. La couverture, la couette s'arrachent alors au cœur de la "bataille". » Agitation qui débouche sur un nouvel agacement au réveil. « Le lit pas fait dès le matin... les draps en désordre, la couverture en travers, la couette en boule quand l'autre aime l'ordre et se glisser le soir dans un lit fait au carré ! » Caroline comme bien d'autres généralise abusivement, de façon sexiste, à partir de l'exemple de Marc. « Le matin, au lever avant le travail, l'homme est agaçant (l'œil glauque, les cheveux en épi, le sourire absent, la politesse aussi). » La femme également peut arborer cette triste figure, les rythmes et les manières de l'éveil étant très différents d'un individu à l'autre, indépendamment du sexe [Kaufmann, 2002]. La table a été citée très souvent et s'avère être un haut lieu des agacements conjugaux. C'est autour d'elle par exemple que la différence de rythmes entre Gally et Akira produit le plus d'incompréhensions et d'éclats. « Je mange plus vite que lui (au début de notre vie de couple, j'ai essayé de manger à son rythme, mais j'ai renoncé car j'aime manger chaud !), et généralement j'expédie la vaisselle pendant qu'il termine son repas. Eh bien, je dois forcément lui rappeler d'apporter son assiette sale dans la cuisine en même temps qu'il vient chercher un dessert, sinon il ne le fait pas. Il estime qu'il doit pouvoir terminer son repas avant de ramener son couvert sale. Dans ce cas, je devrais soit aller le chercher moi-même (c'est un comble, je fais déjà la vaisselle !) ou bien attendre que monsieur daigne terminer pour finir à mon tour la vaisselle » (Gally). Les agacements autour de la table ont par ailleurs ceci de particulier qu'ils s'entremêlent à un autre sentiment négatif (le dégoût), provoqué justement par une proximité intime mal perçue. Nous verrons cela plus loin.

Une valse à deux temps

Le couple est une danse [Hefez, Laufer, 2002], une incessante danse des contraires, mariant le chaud et le froid, l'intensité et le calme, l'ordre et le désordre, la discipline et la spontanéité. Pour le meilleur et pour le pire, deux univers culturels opposés s'affrontent et s'enlacent à la fois. Notamment pour ce qui est du temps. Le temps n'est pas une matière neutre. Il peut se faire vide ou plein, léger ou dense, mou ou rythmé ; caractères qui varient pour un même individu. Mais caractères surtout qui, au-delà de ces variations individuelles, s'assemblent dans une relative cohérence en chacun d'entre nous, définissant une sorte de profil temporel de la personnalité : le ponctuel-stressé, ou le tranquille ignorant l'heure qu'il est ; le programmateur organisé vivant plus dans ses plans que dans le présent, ou l'improvisateur roi de l'instant, etc. Pour Jack, le temps apparaît comme une denrée abondante et généreuse, alors qu'Éline le voit s'échapper comme sable dans la main. Elle calcule et calcule encore pour évaluer le peu qui reste, inventant des tactiques pour tenter de convaincre Jack, qui ne comprend jamais.

« Nous avons tous deux un rapport au temps très différent : Jack pense qu'il a toujours le temps de faire et de prévoir, jusqu'au dernier moment, tandis que j'aime que les choses soient organisées et prévues à l'avance. Par exemple, lorsque nous nous préparons pour sortir, Jack est le premier sous la douche, mais il met des heures ensuite à s'habiller : il range un papier, met ses chaussettes, regarde un truc sur Internet, cherche le jean qu'il veut mettre plutôt que l'autre (il a une penderie digne d'une nana), zappe sur les programmes télé... J'ai le temps de prendre ma douche, de m'habiller et me maquiller avant même qu'il ne soit habillé. Or je suis du genre à "m'apprêter-pour-partir" : j'ai horreur d'attendre et que notre départ dure des heures... Astuce pour ne pas être agacée : je préviens Jack que je n'en ai plus que pour dix minutes (je ne suis pas maquillée et habillée, mais je préviens), puis je réitère l'info jusqu'à l'attendre pomponnée sur le canapé. Et là il traficote encore, donc je le préviens que je suis prête : "Maintenant !" (genre : je commence à être énervée !). Et là, il me dit : mais je t'attends, moi, en fait (?!?!?!)... Là, il m'agace vraiment ! Pour quitter une soirée, la famille, etc., c'est pareil. Quand je dis "On y va", c'est maintenant, on met notre manteau, on prend notre sac et on s'en va... Mais avec Jack, ça prend des heures, il remet un sujet de conversation sur la table, il va voir les derniers changements dans la maison, il prend rendez-vous pour dans dix ans... Gggrrrrrr ! »

Eline est cependant consciente que la partie adverse peut avoir ses propres incompréhensions et énervements, fondés sur une autre philosophie de la vie. « J'avoue que ce qui l'agace, lui, c'est justement que je n'aime pas prendre mon temps, attendre : il faut que les choses soient faites immédiatement, dès qu'on en parle. Ce qui, je l'admets, laisse peu de place à la nonchalance et au bon temps... » Prendre du bon temps est une très belle idée, qui la séduit en parole. Mais la belle idée vole rapidement en éclats dès que Jack lambine et traînaille, laissant place à l'agacement, qui lui révèle sa vérité profonde : à toutes les belles idées, elle préfère la stricte organisation.

Le plus ponctuel des deux est souvent corrélativement le tenant de la discipline et de la programmation, s'opposant au camp de la décontraction, organisationnelle et temporelle : deux éthiques globales se font face. Pour Éline, Jack est à la fois toujours en retard et mal organisé, se laissant distraire par des digressions sans fin alors qu'elle-même suit rigoureusement ses plans.

Robert est coupable de maux semblables aux yeux d'Éliza. « Ce qui m'agace aussi, c'est le fait qu'il ne prévoit rien, alors que de mon côté, je planifie beaucoup, j'anticipe (par exemple, il va falloir faire les courses maximum samedi car il n'y a plus rien dans le frigidaire). Au contraire, il n'anticipe rien, et quand il se rend compte, le samedi, qu'il faut faire les courses, il n'a pas été préparé "psychologiquement" à passer deux heures dans un magasin (donc on se retrouve à manger des conserves le week-end). Ce qui m'agace aussi, c'est qu'il n'est jamais à l'heure, il a toujours le temps. Étant habituée sur ce petit défaut, j'ai quelques petites astuces, comme d'avancer l'heure à laquelle on est attendus, pour essayer de ne pas être "trop" en retard. »

Le couple est une danse qui, pour le pire et le meilleur, marie continuellement les contraires. Pour le pire, quand la différence se cristallise dans des confrontations sources d'agacements. Notamment autour du partage des objets, des rapprochements forcés ou des zones d'interchangeabilité. Pour le meilleur, quand la différence fonde un jeu de rôles complémentaires qui facilite la vie. Éline et Jack nous l'avons vu se situent dans cette première phase de la vie de couple où justement la différence est travaillée au corps pour définir un système domestique adéquat. Plongés dans cette activité complexe, ils ne savent donc pas encore exactement faire le tri entre ce qui est agacement utile et agacement stérile. Entre ce qu'il faudrait garder et ce qu'il serait préférable de résoudre. Éline devine intuitivement que les digressions et lambineries de son homme ne sont d'aucune utilité fonctionnelle et ne produisent qu'agacement gratuit. Mais pour la programmation du temps, le diagnostic est moins clair. Le problème est le suivant. Agacée par les improvisations tranquilles de son adversaire tant aimé, Éline est tentée de prendre en main l'organisation générale, de façon presque autoritaire, clarifiant et durcissant le jeu de rôles complémentaires. « Pour l'organisation des vacances, des week-ends, du temps libre, j'aime que les choses soient prévues à l'avance, cadrées, savoir où je vais, à quelle heure, où on dort, comment s'y rendre, pourquoi... Donc, je planifie tout (les départs et les arrivées du moins. Après, ce qu'on fait sur place, c'est au jour le jour). Je planifie un mois seulement à l'avance, et je règle tous les détails la semaine précédant le départ, il ne faut rien exagérer... Notez que je sais partir au dernier moment, mais il faut que je sache vers quoi (chez des amis, famille, quel mode de logement, etc.). » Jack a un peu de mal à suivre. « En période de stress et de fatigue, j'avoue que c'est ce qui nous mine le plus : je suis constamment sur le dos de Jack, et lui supporte de moins en moins mon insistance pour tout organiser. » Il a du mal à suivre parce que tout son rapport à l'organisation est bouleversé ; il change ni plus ni moins de vie, du moins sur cet aspect de l'existence. Mais le bouleversement, mentalement fatiguant comme toute mutation identitaire, est en réalité moins douloureux qu'il n'y paraît. Car il se sent déchargé de ce qui justement n'était pas son fort. Il peut encore plus se laisser aller : c'est Éline qui organise. « Cela agace un peu Jack qui trouve qu'il y a peu de place laissée à la spontanéité (il a raison). Mais globalement, il est très heureux que je m'occupe de tout. » Eline aussi est divisée. Elle regrette parfois l'insouciance perdue des débuts de leur histoire (« Il a raison »). Ce rêve de liberté n'est toutefois que nostalgie vague, et s'avère trop insupportable et agaçant dès qu'il se manifeste concrètement ; Jack a tort, irrémédiablement tort. La meilleure preuve vient des quelques fois où ils inversent le jeu de rôles : Jack passe aux commandes de l'organisation. Éline hélas ne peut en profiter pour se laisser aller un peu à son tour. « Ce qui m'agace en revanche, c'est quand lui se charge de l'organisation : tout est géré la veille au soir après 21 heures. On doit partir chez ses parents : il oublie de les prévenir, ou de leur dire à quelle heure on arrive le vendredi soir ou le samedi matin. Cela m'agace prodigieusement car je trouve personnellement que c'est un manque de respect et de savoir vivre ! » Subir cette mauvaise organisation est pour elle encore plus agaçant que d'avoir à harceler le traînard habituel. Cette sporadique inversion des rôles n'est donc sans doute pas promise à un grand avenir. Le jeu de rôles va probablement encore se clarifier.

La différence peut porter aussi sur d'autres aspects temporels, par exemple rythmiques. Il y a les rapides et les lents dans leurs gestes, les agités pour telle activité et les agités pour telle autre, les lève-tôt et les veille-tard. « Moi, je suis du matin, lui du soir. Donc le matin, par tous les moyens, il essaye de rester au lit (quand il ne travaille pas). Nous avons des tempéraments très différents. Le pire (et là je pète les plombs !), c'est que le samedi matin, après une grasse matinée, ses premiers mots sont de l'ordre de : "J'ai pas dormi assez, ou pas bien, je suis fatigué, j'ai mal à la tête, au dos, au ventre... vous faites trop de bruit, tu me réveilles brutalement." Avec les années de vie commune (huit ans et demi), ça s'est aggravé. J'ajoute juste que, si après s'être levé tard, avoir pris une longue douche, il mange lentement, je peux me mettre à l'engueuler pour une tartine qu'il beurre comme une œuvre d'art » (Nicole). La différence de rythmes provoque encore plus d'éclats dans les rapprochements forcés, au creux du lit ou autour de la table. Et dès que la cristallisation opère sur certains gestes, attitudes ou phrases rituelles, ces points de fixation de l'agacement se transforment en déclencheurs qui révèlent l'abîme culturel séparant les deux camps. Une simple tartine, lentement beurrée comme une œuvre d'art, est soudainement perçue plus intolérable que tout au monde, et déclenche aussitôt les hostilités. Au début, Nicole rétorquait sur un ton violent, revendiquant pour elle aussi le droit à la grasse matinée. « Et moi alors, j'ai pas le droit ? » Mauvaise tactique, car elle n'en a aucune envie. N'étant pas parvenue à gérer cet agacement, elle plonge désormais dans l'insatisfaction conjugale. « Je me sens niée, avec un malaise physique croissant. »

Les différences de rythme ne sont souvent que la partie visible d'oppositions culturelles beaucoup plus vastes, s'élargissant au rapport à autrui ou à la vision du monde. Gally ne supporte pas la lenteur d'Akira, qui lui fait penser qu'il n'est pas impliqué dans la vie comme il devrait l'être, qu'il n'est pas aussi vivant qu'elle. « Il est certain que nous n'avons pas les mêmes rythmes, ni les mêmes caractères. Je me considère très active (je fais du sport, mon travail est particulièrement prenant, j'ai beaucoup de centres d'intérêt), alors qu'Akira est très dolent. Enfin, on peut dire qu'il est lent. Et surtout, il est incapable de faire deux choses en même temps. Moi si. Je fais souvent trois choses à la fois, en en planifiant une quatrième. » Akira, de son côté, considère que sa femme, trop agitée, ignore la sagesse de l'instant vécu avec plénitude. « Je sais que le fait que je me balade dans toute la maison avec le téléphone coincé sur l'épaule l'énerve au plus haut point. Il estime que je suis irrespectueuse envers la personne à qui je téléphone si je lui parle en étendant une lessive » (Gally).

Les traces de soi

Le partenaire conjugal reste, toujours, un étranger, profondément différent malgré le travail quotidien d'unification. Les différences sont ordinairement oubliées, refoulées par la simple familiarité qui s'installe, ou mieux, par l'attirance et le désir. Puis, à l'improviste, elles remontent à la surface, mettant en présence deux camps opposés, divisés aussi bien sur des traits éthiques ou des principes très généraux (le modèle éducatif, le rapport au temps) que sur des cristallisations minuscules (une tête de brochet, une tartine beurrée comme une œuvre d'art). L'autre est un étranger parce que son histoire n'est pas la même, il porte en lui une très longue et lourde mémoire, multiple, voire contradictoire, mais qui lui est propre. Bien que l'individu soit malléable, et ce, de plus en plus, il doit inéluctablement faire avec cette mémoire qui le marque à jamais. Les déterminations sont parfois encore plus pesantes, proches du biologique. Être sensible au chaud ou au froid n'est pas qu'affaire de culture. Or ce type de différences encore plus involontaires que d'autres peuvent agacer tout autant, comme si le camp adverse pouvait en être responsable. Nous nous souvenons d'Éline et de Jack dans l'auto ; la confrontation entre le chaud et le froid est en réalité permanente. « J'ai tout le temps froid. Par canicule, je suis capable de mettre un pull dès que la nuit tombe. Ce qui agace fortement Jack qui, lui, a tout le temps chaud. Donc, nous nous bagarrons souvent sur les températures. » Sarah, elle, est agacée par le rire de Peter. Un rire qui ne la fait plus du tout rire. « Il rit après chaque phrase prononcée. Il rit à n'importe quel moment, pour rien. Ce rire m'exaspère et me gêne en public. Il ne peut pas finir une phrase sans ce petit rire ! Alors je le regarde d'un air interrogateur, l'air de dire "qu'est-ce qui est si drôle ?". » J'ai justement posé à Sarah la question de savoir si Peter pouvait vraiment être rendu coupable de cette habitude si profondément enracinée en lui. Ne devrait-elle pas essayer plutôt de contrôler ses agacements si aucune solution n'est envisageable ? Elle convient que c'est un réflexe. Elle est tellement agacée cependant qu'elle continue imperturbablement à agir comme si, rêve fou, elle pouvait le transformer. « Non, je ne m'habitue vraiment pas à ce rire qui ponctue chaque phrase, même quand la situation est triste. Je suis d'accord avec vous, c'est devenu un réflexe indépendant de sa volonté. Si je le regarde avec un air interrogateur, c'est pour dire "qu'est-ce qui est drôle ?", justement pour lui montrer que ce n'est pas drôle et qu'il rit pour rien. Je lui en ai bien sûr parlé à plusieurs reprises, et il me dit qu'il est comme ça et qu'il ne peut pas changer. J'ai peur de devenir méchante avec lui, justement parce qu'il m'agace. »

Une tête de brochet, une tartine beurrée, le chaud ou le froid, un rire : les cristallisations agaçantes sont d'une extraordinaire diversité. Les listes de doléances qui m'ont été envoyées entassent dans un joyeux méli-mélo les éléments les plus hétéroclites. Des petits gestes, des façons de parler ou de se taire, les objets les plus divers. Des animaux domestiques aussi, assez souvent. Surtout quand ils n'ont pas été choisis par l'un des deux partenaires. L'ami d'Isabelle par exemple, si je l'avais interrogé, aurait sans doute eu beaucoup à dire à propos du chat. « Mon chat se vautre sur le lit, contre moi. Mais jamais contre mon ami, car il sait qu'il risque d'être le premier félin domestique sur la lune si jamais il s'y risque. » Les rapprochements forcés et les proximités intimes mal vécues peuvent faire éclater l'intolérance, jusqu'au refus agacé des attributs les plus physiques, corporels. À l'inverse, l'adversaire ayant quitté les lieux, son éloignement ne résout pas le problème. Car il a laissé l'empreinte de ses passages et manipulations, comme autant de marques de ses façons de faire, inacceptables et irritantes. Une seule petite trace de doigt peut suffire pour réveiller d'un coup l'agacement. Ou de plus grosses traces, après que le mari, persuadé du bien-fondé de sa technique, a décidé un nettoyage à l'acide malgré les protestations. « Il ne se passe pas un jour sans que les traces laissées sur les carreaux, les serrures et les huisseries rongées interpellent mon regard et m'agacent profondément » (Lamia).

Le nerf de la guerre

Parmi les grands thèmes récurrents, tels l'ordre des choses et le rapport au temps, l'argent est souvent à l'origine d'irritations, sourdes, pouvant évoluer vers l'insatisfaction. Comme pour le reste, un jeu de rôles s'installe généralement dans le couple. Le calculateur, économe et ministre des Finances du ménage d'un côté ; l'adepte de l'insouciance, de la générosité et du bien-vivre dans l'instant de l'autre. Il semble d'ailleurs que sur ce point, la distribution habituelle des fonctions complémentaires tende à s'inverser, l'homme se situant plutôt dans le camp de l'ascétisme et de la discipline, la femme dans celui de l'hédonisme et de la décontraction. D'où les nombreux cas d'agacement pour cause de radinerie masculine. Vague règle, qui souffre bien des exceptions. Isabelle par exemple, qui, outre son combat contre la désinvolture des « pouitcheurs » de tubes, mène la guerre là aussi, chas-

sant les gaspillages, surtout quand l'argent se fait rare.
« J'ai connu ce dernier cas, très problématique avec un
compte commun sec comme le désert de Gobi au quinze
du mois, sans moyen de savoir où est passé l'argent. Lui
s'agaçait de devoir rendre des comptes et moi de devoir
piocher dans l'épargne pour payer la facture de téléphone.
Qu'il avait planquée pour que je ne hurle pas (c'était une
époque où l'Internet se payait à la communication et fort
cher). Je vous épargne le nombre d'enguirlandages sur le
sujet. Pour lui, c'était la politique de l'autruche, pour moi,
celle du comptable : pas très compatibles. À moins d'être
très à l'aise, on doit se serrer tous peu ou prou la ceinture.
Quand l'un le fait et pas l'autre, ça coince. »

Deux éthiques, deux visions opposées de l'épargne et
de la dépense pour un même argent ouvrent des lignes
de fracture très sensibles. Pour contourner les chocs fron-
taux, les adversaires intimes utilisent d'abondance une
ruse aux vertus pacificatrices : tenter de définir comme
argent personnel (inclus dans une petite sphère de liberté
individuelle) ce qui risquerait par trop de heurter le camp
de la pingrerie. Marie-Agnès a pour cette raison arrêté de
faire ses achats vestimentaires en compagnie de Marc[1].
Car (comme Isabelle) elle est très économe, alors que
lui est fan des grandes marques. « Il claque. N'importe
quoi. » L'agacement était trop fort. Elle préfère désormais le laisser faire et tenter d'ignorer. Quand il revient
à la maison, elle l'interroge toutefois sur le prix de ses
folies inconsidérées, et ne peut s'empêcher de dire que
c'est beaucoup trop cher. « Mais c'est tout, il n'y a pas
de bagarre. » Elle se contrôle et accepte cette étrangeté
en son couple comme peu parviennent à le faire. Car

---

1. Témoignage recueilli et cité par Johanne Mons [1998, p. 107].

généralement, la dissonance se transfère sur la définition des frontières garantissant quelques droits personnels hors du monde commun. Droits tolérés du bout des lèvres, en période calme. À la moindre poussée de fièvre pourtant, ils se restreignent comme peau de chagrin, et le dilapidateur est sommé de rendre des comptes. Rien n'est pire pour l'agacement que ce double langage et ces flous récurrents ouvrant des dissonances multiples. Des deux côtés. « Franchement, les fringues !!! Faut voir les armoires qui débordent, et les avalanches de nouveaux paquets qu'elle ramène quand même, pleins les bras, le sourire aux lèvres !!! Elle en a les yeux qui brillent et il faut que je lui dise que c'est super en plus !! Elle me fait son défilé de mode, faudrait que je sois enthousiaste, je le sens bien !! Moi je me contente du minimum syndical : "Oui, c'est pas mal." Et c'est déjà un effort énorme parce que j'ai envie d'exploser en fait. Ça hurle en moi !! Faut voir le fric, dès fois pour des conneries qu'elle mettra une seule fois. D'accord, les vêtements, c'est chacun son truc. Mais c'est l'argent du ménage. Et moi, je fais incroyablement attention, j'en achète cent fois moins pour moi. Il y a vraiment deux poids deux mesures. Son petit sourire satisfait, je ne peux plus supporter. C'est très agaçant cette histoire, ça va péter un jour ou l'autre » (Markus). L'amie de Markus doit être déçue aussi. Le « Oui, c'est pas mal » platement marmonné se situant sans doute très loin du regard d'émerveillement rêvé. Mais ils sentent confusément tous les deux qu'il est préférable d'en rester à ce compromis approximatif. Le « minimum syndical » est un petit mal nécessaire. Un peu de flou évite les éclats, et se paye de façon moins risquée en simples agacements.

Isabelle aussi a besoin de flou, pour masquer quelques contradictions qui l'agitent. Elle est l'économe du ménage, très énervée quand son ami fait des dépenses inconsidérées sur Internet. Ses dépenses personnelles par contre sont pour elle un monde à part, qui ne devrait pas être gouverné par ce régime commun d'austérité. « Un homme bondit devant la facture du coiffeur de sa femme, ignorant superbement que pour elle c'est forcément deux fois plus cher même pour une simple coupe, parce que les tarifs des coiffeurs sont comme ça et qu'elle n'y peut pas grand-chose. » Mieux vaut sans doute garder quelques petits secrets financiers.

Les mondes secrets

Mieux vaut aussi garder son quant-à-soi dans bien d'autres domaines, les idées politiques, par exemple. Lorsqu'il s'avère que les deux conjoints sont d'accord, ou divisés seulement par de légères divergences, qui animent agréablement la discussion, la conversation politique participe à construire un monde commun. Mais si les systèmes de pensée sont par trop éloignés, l'enquête montre que le couple préfère ne pas parler politique pour éviter les agacements, et pour préserver l'unité, chacun parlant de ces sujets, avec ses amis, en dehors [Stevens, 1996].

Éline et Jack ne peuvent se résoudre à ces compromis conjugaux fondés sur le silence. Ils veulent discuter, écouter l'autre et tenter de le comprendre, se découvrir mutuellement, tenaillés par l'envie d'en découdre et de convaincre. Mais ils butent sur des divergences tenaces. L'objet de la discorde est moins la politique que le rapport au monde de l'entreprise. « Les discussions relatives à notre investissement envers l'entreprise pour laquelle nous travaillons sont souvent sources communes d'agacement. En effet, Jack ne comprend pas que je n'aie pas cet investissement à long terme dans une entreprise, et que je "n'y croie pas". Tandis que je ne comprends pas son sens du dévouement et l'effet que peut avoir sur lui cet "esprit de corps". De plus, un an et demi de chômage ont limité mon "esprit de corps". Bref, nous avons deux points de vue, et ne pouvons nous rallier à la vue de l'autre. » Or le sujet est encore plus brûlant que la politique. Car il peut passer sans prévenir du niveau général propre au débat d'idées, où ils parviennent à « respecter chacun le point de vue de l'autre et écouter ses arguments », à des options beaucoup plus concrètes engageant le couple. « C'est souvent source d'agacement lorsque nous évoquons l'avenir. »

Jusqu'où est-il possible, jusqu'où est-il préférable pour le couple que chacun cultive individuellement son jardin secret? Entre risques d'agacements et de crises, ou de duplicité et de trahison, la réponse n'est pas simple. Les tendances à l'autonomie et au secret sont hantées par la mauvaise conscience. Melody s'est sentie obligée de compenser (comme pour racheter ce qui n'était pourtant pas des fautes) en s'ouvrant à « IL ». Le résultat fut catastrophique. « J'ai voulu partager quelque chose de mon domaine d'autonomie, auquel il ne participe pas du tout, si ce n'est par ce que je lui raconte (ce peut être : vos mails, un atelier d'expression, mes amies, mon activité sportive, etc.). Mais je me suis sentie cette fois-là un peu obligée de lui en parler, pour ne pas garder le secret d'une information, ce qui témoignerait d'une défiance à son égard ; en même temps, n'étant pas tout à fait claire moi-même sur la situation, je n'avais pas très envie de parler. J'ai très vite, avec ses réponses, jugées inappropriées, senti poindre l'agacement ("Il ne m'est d'aucune aide, il n'y connaît rien, ne comprend pas tout"). » Agacement double en fait, reposant sur l'enchevêtrement de deux dissonances : entre l'idéal rêvé de la scène et la pauvre réalité présente (« IL » n'est pas ce qu'elle avait cru qu'il pourrait être), et concernant le juste réglage de sa sphère d'autonomie. La tentative de conjugalisation d'une part de secret avait échoué, l'agacement qui en résultait était pire que la culpabilité antérieure.

« IL » de son côté a sans doute une autre définition de l'autonomie, moins portée sur le secret que sur l'exigence de bien-être personnel. Rappelons-nous : Melody est très agacée quand il trempe son pain dans la sauce puis « avale goulûment le morceau mouillé ». Pour elle, le repas est une scène intégralement conjugale, et son mari doit faire passer les bonnes manières (voire, mais elle n'ose plus en rêver, la séduction) avant son petit confort. « IL » ne parvient pas à comprendre. À quoi sert le couple si on ne peut s'y sentir à son aise, profiter des plaisirs simples de l'existence ? Pour qui cherche à se lover ainsi dans des niches de bien-être, le conjoint peut prendre la figure d'un tyran domestique, en guerre permanente contre les jouissances coupables et autres privautés, au nom de l'intérêt supérieur représenté par la vie commune.

Trop près

Le conjoint envahit des espaces que l'on désirerait plus réservés. Par tyrannie domestique, par amour, par simple familiarité. Il ne souhaite rien d'autre que se rapprocher et n'imagine pas le problème de celui qui se sent agressé, étouffé, collé, épié. Deux éthiques à nouveau s'affrontent, cherchant à redessiner la frontière des sphères personnelles. J'avais constaté dans *Premier matin* combien, notamment, tout ce qui touche aux gestes intimes de l'hygiène personnelle provoquait un choc des cultures. D'un côté, les tenants de l'authenticité et du naturel (ne rien se cacher), de l'autre, les adeptes de la pudeur et du mystère. Beaucoup d'angoisses et de gênes au premier matin ; beaucoup d'agacements par la suite. Car ces manières-là sont particulièrement tenaces et ne varient guère dans la durée. Provoquant des agacements qui se situent en général dans un seul des deux camps, celui de l'impossible isolement. Avec son style qui nous est désormais familier, Isabelle détaille la chose. « L'ouverture intempestive de la porte pendant que l'autre trône n'est pas non plus forcément bien vue, surtout si c'est pour tailler une bavette sur un sujet qui peut largement attendre. Non ceci n'est pas le dernier salon où l'on cause. Vous pensez que cette sale manie est le fait des enfants ? Que nenni, des adultes l'ont parfois au grand désespoir des conjoints. À l'inverse, d'aucuns laissent porte ouverte et continuent leur discussion sur fond de bruitages divers, ou, si la topologie des lieux le permet, continuent à jeter un œil au match ou à l'émission en cours. Bonjour les odeurs ! Très énervant aussi. L'invention du téléphone sans fil, qui fut sans doute une bénédiction, est aussi une malédiction quand vous êtes occupé(e) dans ce lieu d'ordinaire solitaire et qu'on vous y tend un combiné péremptoire : "C'est ta mère." On ne peut pas raccrocher au nez de sa mère : on se retrouve donc gêné comme s'il s'agissait d'un vidéophone ou que l'odeur pouvait filtrer. Pire, si elle demande : "C'est quoi ce bruit bizarre ?" Alors qu'il suffisait de dire : "Il (elle) est occupé(e), je lui dis de rappeler dès que possible. Au revoir belle-maman." C'est pourtant pas compliqué ! »

Le profanateur de mondes privés perpétue parfois son crime de façon délibérée, imposant son pouvoir de despote, voire est atteint d'espionnite aiguë comme le mari de Kasiu. « Quand je suis au téléphone, mon mari fait l'espion, de loin d'abord, puis petit à petit il se rapproche. Et le must, c'est de participer à la conversation en essayant de deviner à qui je parle et le sujet qui nous intéresse. » Mais généralement il agit ainsi sans penser à mal, au contraire, ne cherchant que la proximité, familière, amoureuse même. J'avais été frappé dans l'enquête sur le premier matin par la petite guerre du trop près et du trop loin au creux du lit. D'autres scènes apparaissaient problématiques pour des raisons faciles à comprendre (l'éveil rempli de questions, les gestes d'hygiène intime aux toilettes ou dans la salle de bains, la sortie du lit dévoilant une nudité ordinaire, etc.) alors que le creux du lit n'aurait dû être que douceur, chaleur et caresses. Trop de caresses justement pour l'un des deux, se sentant étouffer, saisi par l'emprise amoureuse. Il était travaillé par le besoin d'élargir la distance lui offrant une respiration plus personnelle. Par exemple, en allant chercher des croissants. Deux visions de la bonne distance à établir se confrontaient dès ces tout premiers instants de la vie conjugale, commençant déjà à établir un début de réglage entre désirs contradictoires, et fixant l'ébauche de repères qui ne peuvent que se conforter par la suite. Plus fusionnels souvent du côté des femmes, enclines à s'abandonner aux contacts intimes ; plus autonomistes du côté des hommes, craignant de perdre la maîtrise de leur existence et leurs bulles de confort personnel. « Je » se faisant « nous » contre « je » restant obstinément « je » ; combat du « nous-je » contre le « je-je ». Grande guerre passionnelle ou escarmouches quotidiennes à propos de détails minuscules. « Annette est très gentille, dit Alex, mais elle n'a aucun sens du tien et du mien. Ou plutôt, le mien, c'est le sien – c'est sa façon de comprendre le nous. Je passe mon temps à chercher mon stylo, mon bloc-notes, mon briquet[1]... » Marie-Édith ne peut s'empêcher d'enfiler les pulls d'Éric, qui l'enveloppent d'une chaleur autre, où elle sent sa présence. Éric déteste. Agacé, il cherche les arguments pour imposer les frontières de son petit univers bien à lui. « Il dit que j'abîme tout, je fais des trous, des accrocs, je brûle avec des cigarettes, des choses comme ça, il aime pas trop. » Frontières mouvantes du je et du nous, impossibles à stabiliser et à clarifier. Le copain d'Aurélie pense pouvoir mettre son nez dans les casseroles puisqu'il s'agit pour lui d'une activité commune, simplement déléguée à Aurélie dans le partage des tâches. Ce partage justement n'est pas sans irriter cette dernière. Pourtant, une fois aux fourneaux, elle cherche à s'investir personnellement dans l'activité pour mieux la dominer. Les remarques sont donc doublement agaçantes. « Il m'a dit un truc l'autre fois que je n'ai pas apprécié. Il m'a dit : "Le feu est trop fort, ça va cramer." Je lui ai dit : "Tu n'as qu'à finir le plat ! Puisque tu sais mieux faire, je te laisse." Je suis allée fumer une cigarette dehors et je suis revenue un quart d'heure plus tard[2]. »

L'agacement provoqué par la proximité familière peut être ressenti dans les deux camps. Du côté de l'agressé bien sûr, trop étouffé, collé, épié, cherchant à se protéger dans ses bulles personnelles, sans avoir toujours le courage d'avouer ouvertement sa requête. Mais du côté aussi de celui (ou celle) qui ne se considère nullement comme un agresseur. Il (elle) se veut au contraire le chantre de

---

1. Témoignage recueilli et cité par Maurice Maschino [1995, p. 90].
2. Témoignage recueilli et cité par Isabelle Garabuau-Moussaoui [2002, p. 191].

l'authenticité et du naturel, du voisinage familier, des contacts aimants. Les rebuffades adverses sont alors perçues comme autant de rejets de soi, du couple, de l'amour. Des fuites incompréhensibles. Et insupportables. Alors que pour l'un, le conjoint est trop près, pour l'autre, il est trop loin.

Trop loin

Le conjoint situé trop loin n'agace pas de la même manière que celui qui est trop près. Ce dernier, acculé sans pouvoir jouer sur la distance, est généralement condamné à ruminer ses agacements ou à imaginer des tactiques sournoises s'il veut éviter la confrontation ouverte. L'agacé « de loin » ne subit pas une telle pression. Nous verrons même que la définition de sphères personnelles est une méthode courante (utilisée dans les deux camps) pour réduire les irritations. Il hésite, comme Eliza qui, bien qu'elle soit très énervée par les longues heures où Robert reste avec ses jeux vidéo plutôt que de la rejoindre au lit, n'ose pas intervenir plus fermement : « Je ne peux pas, au nom du couple, lui interdire de jouer pour que l'on soit "ensemble". » Cette non-intervention renforce toutefois l'agacement, qui prend une forme moins explosive que pour celui qui est violenté dans son intimité, mais s'inscrit dans la durée de façon lancinante, s'enlaçant désagréablement à ce qui peut se transformer en insatisfaction conjugale. Agacement sans cesse alimenté par la dissonance entre un schéma idéal rêvé malgré tout comme une référence possible (le couple amoureux, uni dans la proximité intime) et la triste réalité de la résistance individualiste. Les fuites plus marquées sont à chaque fois des petits chocs.

François de Singly a étudié le balancement entre le soi individuel et l'identification commune dans le couple, avec tous ses frottements et manques de synchronisation, tiraillant le petit groupe dans un « mouvement de pendule – le "tic" de l'individu "seul", et le "tac" de l'individu "avec" » [2000, p. 14]. Plusieurs scènes de la vie quotidienne sont particulièrement parlantes, spécialement les usages du téléphone. Il est normalement toléré dans la famille, pour le travail, et même pour entretenir des liens d'amitié personnels. Mais tout dépend de la rivalité avec la vie conjugale qu'introduit cet appel venant du dehors et donnant prétexte à s'échapper. Voire à vibrer davantage (rires, exclamations expressives) qu'on ne le faisait juste avant en famille, où le ton parfois était monocorde et l'œil éteint. Tout dépend aussi bien entendu du dosage. « Mon conjoint passant sa soirée au téléphone ? Ah ! je lui fais vraiment la tête, je ne supporte pas. Je n'aime pas parce qu'on ne se voit que le soir pendant la semaine. Alors si en plus il passe plus de vingt minutes au téléphone, je vais lui demander s'il n'a pas autre chose à faire que de passer sa soirée au téléphone. En fait, ça m'embête parce que je me sens toute seule et je veux qu'on discute de certaines choses ou qu'il participe un peu à la vie de la maison. Je veux bien qu'il téléphone à quelques personnes mais pas qu'il passe la soirée au téléphone[1]. » Sans qu'ils s'en rendent trop compte, les deux adversaires tentent de définir le tracé de la ligne rouge au-delà de laquelle les usages inconsidérés du téléphone ou de la télévision peuvent faire bouillonner l'agacement (chez celui qui ne supporte pas cet éloignement indivi-

---

1. Témoignage recueilli et cité par François de Singly et Claire-Anne Boukaïa [Singly, 2000, p. 62].

dualiste). Un léger désaccord provoque des agacements modestes ; une mésentente caractérisée une vraie colère. Comme pour Caroline, qui n'accepte plus que Bernard s'endorme devant (avec) la télé et ne rejoigne le lit conjugal que vers deux ou trois heures du matin. « Ce qui m'agace, c'est la télé. Il a une de ces manies de changer de chaîne, de rester devant l'écran. Même si c'est nul, il reste. Le repas est prêt, je l'appelle. Il est là devant la télé. Il faut que je l'appelle au moins dix fois et au bout de dix fois, il va se lever. Il ne s'aperçoit pas que je l'appelle. »

L'agacement explose quand la simple autonomie s'enfonce dans l'autisme et l'égoïsme délibérés, sortes de déclarations de guerre au couple. Voyez par exemple cette scène du petit déjeuner du dimanche, très irritante pour Gally. La dérive égoïste, en apparence peu importante, est en réalité explosive car elle s'inscrit ici au cœur de l'expérience amoureuse. Ils avaient en effet imaginé à l'origine ce petit déjeuner comme un moment de communion conjugale : préparer à quatre mains le plateau du bonheur. Hélas, leurs dimanches matin sont devenus très électriques, pour cause de goujaterie machiste. « Nous prenons souvent le petit déjeuner du dimanche ensemble devant la télé. C'est le seul petit déj' commun de la semaine, vu que je me lève plus tôt que lui. Et le petit déj' est un repas sacré pour moi : en semaine il est copieux mais le week-end il peut totalement remplacer le déjeuner de midi. Donc nous préparons un plateau rempli de victuailles pour le monter devant la télé. Je bois toujours du thé, donc je fais chauffer l'eau, puis je le mets à infuser. Systématiquement, Akira qui pourtant lambine beaucoup (mais ne s'occupe que de son jus d'orange : je me charge de griller le pain, verser le lait, sortir les confitures et le beurre... et tutti quanti, sinon

il oublie la moitié des choses) termine de remplir le plateau et le monte à l'étage avant que mon thé ne soit
prêt. Cela m'énerve énormément parce que j'estime qu'il
ne s'occupe que de son repas sans prendre en compte ce
que je voudrais encore déposer sur le plateau. Alors que
lui considère simplement que de toute façon le plateau
étant plein, il ne reste plus de place disponible pour y
mettre d'autre chose, donc autant l'emporter. Cela me
semblerait recevable comme explication s'il prenait la
peine de redescendre chercher le reste avec moi. Mais
non, il en profite pour mettre en route le lecteur DVD »
(Gally). Il commence à regarder le film sans l'attendre.

Partager le quotidien n'est pas chose facile. Car il
ne s'agit pas d'un simple décor. Les périmètres d'identifications (ce qui fait sens à un moment donné) sont à
géométrie variable et le changement est continuel :
bulle strictement individuelle ou projection vers d'autres
univers (amis, travail, fiction) par l'intermédiaire du téléphone, de l'ordinateur, de la télé ; dépassement de soi dans
des moments conjugaux, petites passions personnelles,
etc. Il est impossible de se synchroniser vraiment. Et lorsqu'on y arrive, les manières de faire ou les arrière-plans
éthiques ne sont pas les mêmes : tout est prétexte à agacements. Des milliers et des milliers de dissonances sont
à l'œuvre, dans tous les couples. Il n'existe pas un seul
couple qui ne soit fondé sur de telles dissonances, potentiellement irritantes. Nous ne les percevons guère, ou
seulement quelques-unes, parce que l'art de la vie à deux
consiste justement à savoir les traiter, de mille façons,
dont le refoulement qui est la plus simple et la plus massivement utilisée. Les agacements restent en dessous de
la surface de la vie conjugale. Mais ils sont bien là, prêts
à surgir au moindre frottement, ou quand s'affaiblissent

les techniques de défense amoureuses. Le quotidien peut alors se transformer en enfer d'émotions crispantes ou colériques. Face à cette situation, des couples de plus en plus nombreux, lorsqu'ils ont les moyens de s'offrir deux logements, préfèrent désormais ne garder que le meilleur en commun (les rencontres, les loisirs, le sexe, les sentiments) et séparer l'ordinaire, source de frictions. Hélas, cela ne suffit pas toujours. L'agacement se transfère avec une fluidité détestable sur de nouveaux objets, trouvant toujours à se fixer sur une quelconque différence. Sans compter que vivre chacun chez soi peut accentuer ces dernières. Rosy est devenue une vraie boule de nerfs, prête à éclater. Charly habite à dix minutes, mais ils se voient très peu, beaucoup moins qu'elle ne le souhaiterait. Il ne lui téléphone qu'avec une grande parcimonie. « Désolée mais mon minimum vital se situe légèrement au-dessus du 21h-7h quelques jours par semaine. » Elle attend. Elle l'attend. Rêvant simplement d'un repas en commun. Charly préfère manger seul, il ne viendra la retrouver qu'ensuite, tard dans la soirée, sans toujours prévenir. Le style du message de Rosy est cru et violent ; il faut la comprendre. « Impression sur le vif : il est 19 h 30 et je ne sais pas s'il vient, si j'y vais, s'il est sur le chemin pour aller chercher sa fille... Comme d'hab, je chauffe... À quoi ça sert le forfait téléphonique gratuit le week-end (d'ailleurs, c'est une femme qui a dû y penser) ? Mais ça ne suffit pas. Comme disait mon père : "On ne peut pas forcer un âne à boire." Gros con[1] ! Moi j'ai faim[2], j'attends et je suis sûre qu'il va me dire qu'il a déjà mangé. »

---

1. Cette injure ne s'adresse pas à son père mais à Charly.
2. Rosy a doublement faim ; physiologiquement, de nourriture, et plus amoureusement, de la présence de Charly.

4

Les mécanismes

La liste

J'avais demandé à mes témoins de s'exprimer dans la plus totale liberté et de la manière qui leur convenait le mieux. Et s'ils ne savaient pas trop par quoi commencer, de me raconter un ou deux agacements particuliers pour que je leur pose mes premières questions. Certains procédèrent ainsi. De nombreux autres se sentirent poussés à établir d'emblée un inventaire, le plus complet possible, et à me faire parvenir une liste de tous leurs agacements. Une telle façon de faire est révélatrice de bien des choses. Avant de développer l'analyse, il est nécessaire d'illustrer, pour montrer ce que contiennent ces cahiers de doléances conjugales. Je ne peux évidemment les citer tous. Et ne produire que quelques extraits ne permettrait pas de rendre compte de ce qu'ils ont à nous apprendre de plus intéressant. J'ai donc choisi d'en sélectionner quatre, assez représentatifs, et de les citer intégralement. Ils ont (comme ceux qui n'ont pas pu être cités) un même type de structure : une énumération plate, mélangeant des motifs extraordinairement divers et souvent minuscules. Écoutons les plaintes de Kasiu, Alice, Zoé et Cassiopée.

Kasiu

« Pour votre enquête sur ce qui peut agacer dans le couple :

– je deviens dingue quand je viens de passer deux heures à faire du repassage le mercredi ou le vendredi et que j'ai passé deux heures à faire les courses, une heure à ranger la chambre de ma fille et j'en passe... et que mon mari rentre et voit un foulard ou une chose non rangée et qu'il annonce "je dois ranger la maison". J'ai beau le lui faire remarquer, il continue. Il veut montrer qu'il participe ;
– quand il choisit mal, très mal même, son moment pour entamer une discussion intéressante ou une problématique à résoudre ;
– quand il me coupe la parole alors que je suis en train de parler à une amie ;
– quand il rôde dans la cuisine quand il a faim, voire qu'il m'empêche presque de préparer le repas et qu'après le repas il disparaît ;
– quand il lit tranquillement ses magazines alors que je n'ai pas pu souffler une minute de la journée ;
– quand il rentre à la maison et s'emporte si j'ai le malheur de lui dire que je suis fatiguée ou que je ne me sens pas bien. J'attends de l'écoute et du réconfort mais lui ne supporte pas de me voir en "baisse de régime" ;
– quand on suit le même régime, qu'il perd cinq kilos en une semaine et moi difficilement trois en deux semaines ;

– quand il veut anticiper les études de notre fille de... cinq ans ! alors que le meilleur moyen de mettre un enfant en échec scolaire c'est de lui coller la pression ;

– quand il mange et que parfois il a un petit claquement de mâchoires ;

– quand il se prend pour le proprio de tout l'immeuble (il est inscrit au conseil syndical de l'immeuble et veut tout gérer) ; OUF !!!! À part ça, tout va bien, il a plein de qualités, et je l'adore. »

Alice

« Voici donc une liste qui n'est certainement pas complète des "petites" et "grandes" choses qui peuvent m'agacer chez celui que j'aime malgré tout très fort !

– quand on doit partir quelque part et qu'il me dit "Bon, t'es prête ? on y va !" et que je me prépare, je suis prête en deux minutes et lui a en fait encore plein de choses à faire et je l'attends dix-quinze minutes. Et même souvent une fois la porte fermée, sur le palier il me dit : "Attends j'ai oublié d'aller faire pipi ou il faut que j'aille me mettre de la crème sur les mains" ;

– le fait qu'au bout de plus de quatre ans d'explications il ne sache toujours pas différencier le jambon cru du jambon cuit ni l'ail de l'oignon et de l'échalote ;

– qu'il ne puisse pas regarder quoi que ce soit à la télé sans analyser, critiquer, s'emporter, se mettre en colère, alors que de mon côté il s'agit d'un moment de détente pendant lequel je ne pense à rien ;

– sa lenteur pour manger, pour faire la vaisselle, pour repasser, pour se préparer, pour faire des choses très simples, en fait je trouve qu'il perd un temps fou !

(Je tiens à préciser qu'en ce qui concerne ces quatre agacements-là, selon mon humeur et mon état d'esprit, je peux les trouver craquants et mignons et éprouver une sorte de "poussée d'amour" pour lui lorsqu'il agit ainsi.)

– quand il dit un matin où il s'est couché très tard la veille qu'il est crevé et que ce soir il se couchera tôt mais qu'il se couche en fait de nouveau tard et qu'il est donc encore fatigué le lendemain et qu'il s'en plaint !

– quand il me dit sur un ton on ne peut plus sérieux : "Ce soir il faut absolument que tu me fasses penser à **appeler mon père, à faire une analyse antivirus sur l'ordi, etc.**", et que quand je le lui rappelle le soir venu il me dit : "Ah ouais, je le ferai demain" ;

– la mimique qu'il a au niveau de la bouche lorsqu'il va dire quelque chose de blessant ou lorsqu'il est énervé : je le trouve horrible et ridicule ;

– le fait qu'il se mette dans des états de stress et d'énervement incroyables lorsqu'il joue à un jeu vidéo et qu'il n'arrive pas à faire telle ou telle mission alors qu'à mon sens il ne s'agit que d'un jeu et un jeu est pour moi destiné à se détendre et à passer le temps agréablement ;

– il ne fait pas attention à des choses qu'il trouve lui futiles mais qui sont importantes pour moi et qu'il le sait très bien comme par exemple jouer avec la nourriture ou faire des blagues ou plaisanter sur des sujets tels que la mort ou la maladie ;

– lorsqu'on prend le train ensemble, on parvient toujours à être en retard à cause de lui et à devoir se dépêcher sur le trajet et être mal placé dans le train alors que moi j'adore être en avance et prendre mon temps, pouvoir aller m'acheter un magazine ;

– sa paranoïa. Il voit le mal partout, il est trop méfiant et moi je suis tout le contraire et je le trouve ridicule de se prendre la tête ainsi ;

– quand je lui dis quelque chose et qu'il met plusieurs secondes (qui me paraissent très loooongues) à me répondre ou à prêter attention à moi alors qu'il m'avait très bien entendue mais qu'il était en train de penser à autre chose ou de regarder quelque chose à la télé alors que lorsque lui me parle, il a immédiatement toute mon attention même si j'étais occupée.

Voilà, c'est tout ce qui me vient à l'esprit pour l'instant mais en y prêtant un peu attention les jours qui viennent je suis sûre de rallonger la liste !

Zoé

« Je suis en pleine "crise" depuis plusieurs mois et je suis confrontée en permanence à de nombreux agacements. Il y en a tellement que j'en arrive parfois à me demander si j'aime encore mon conjoint. Je sais que oui, mais si je mets mes sentiments de côté, je pense qu'il vaudrait mieux que nous vivions chacun de notre côté pour éviter ce que j'appelle "le quotidien qui tue" et qui pour moi se traduit par toutes ces petites choses que l'on ne remarquait pas au début de notre liaison... Les détails qui m'agacent le plus, généralement, se manifestent à table :

– il met tellement d'aliments dans sa bouche qu'elle en est complètement déformée ;
– parfois, il se lèche les doigts avec fracas ;
– il fait des grands "slurps" quand il boit quelque chose de chaud ou même tiède. Comme sa mère ;

– au lieu de mordre un morceau de pain comme quelqu'un de civilisé, il plonge le nez dans son assiette et déchire un morceau (trop gros) comme un homme des cavernes ;
– il chiffonne toujours sa serviette en boule ;
– il parle la bouche pleine, même si ce qu'il dit est incompréhensible (alors que c'est une chose que j'interdis aux enfants) ;
– il lèche la petite cuillère et la repose dans le pot de confiture ;
– il lèche son couteau ;
– il lèche son couteau et puis prend du beurre avec (P.-S. : je trouve tout cela tellement drôle et énorme quand je me relis, que je me demande comment j'en arrive à m'énerver autant sur ces détails).

Dans d'autres circonstances, certains de ses comportements m'agacent aussi :
– quand nous sommes en ville et qu'il me parle, il s'arrête en plein milieu de la rue pour m'expliquer quelque chose (alors qu'il pourrait continuer en marchant) ;
– toujours en rue, il parle fort ou il crie comme s'il était seul au monde ;
– dès qu'il est en présence de quelques personnes, surtout s'il ne les connaît pas, il devient rigide dans sa manière de se tenir et on a l'impression qu'il gonfle son poitrail comme un petit coq ;
– à ce propos, dès qu'il y a une présence féminine, il se transforme en coq !
– il laisse ses chaussettes au milieu du salon tous les soirs ;
– il a une manière de se racler la gorge que je ne supporte pas. Et je n'arrive pas à croire qu'il le faisait au début que nous nous connaissions...

– quand il rentre dans le lit, il soulève la couette, ce qui me fait des courants d'air ;
– quand il vient se coucher après moi, il enlève son pantalon dans la chambre et le fait tomber par terre. La boucle de sa ceinture fait un gros "clong" sur le parquet... insupportable ;
– quand il vient se coucher après moi, il arrive toujours à ce que j'aie la lumière du couloir dans les yeux ;
– quand les chats veulent rentrer et qu'il veut qu'ils restent dehors, il donne un coup de pied dans la baie vitrée ;
– il pose toujours un tas de petits machins divers (clés, clous, stylos, papiers) sur le meuble de la salle à manger ;
– il met toujours les mains sur les vitres ou sur les murs blancs ;
Voilà un échantillon. »

Cassiopée

« – Il me fait en permanence des petites réflexions sur tout ce que je fais et s'autorise dès le lendemain à faire de même mais sans que je puisse moi le lui faire remarquer : laisser la cuisine non nettoyée, ne pas reposer le pommeau de douche à son emplacement, laisser des choses non rangées, ne pas nettoyer les tâches sur les murs ;
– nous avons une femme de ménage qui parfois ne fait pas tout ce qu'il voit à faire : pour lui elle doit deviner tout sans qu'il le dise et il râle et me demande de lui téléphoner car il ne veut pas le faire en direct ; j'ai parfois plus vite fait de le faire moi-même !
– tout appel à des amis, relations pour des occasions d'anniversaire doit être fait par moi ;
– toute organisation de vacances, loisirs, activités enfants doit être organisé par moi sinon rien ne se passe ;

– il pisse à côté et ne nettoie pas ;
– il critique tout mais ne se remet pas en question ;
– si on a envie de quelque chose qui ne lui plaît pas, c'est pour l'ennuyer ;
– il est assez grossier en vocabulaire et vite imité par les enfants mais ne veut rien y changer ;
– il ne veut pas prendre les transports en commun, ni les charters ;
– il s'habille pour sortir faire les courses le week-end alors que c'est l'inverse pour ceux qui travaillent et doivent faire attention toute la semaine ;
– il ne supporte pas que ses enfants découchent (3 et 10 ans) ;
– il n'est jamais positif ni optimiste ;
– il n'aime pas faire la fête, ni aller au ciné ;
– il n'a pas de hobby ni d'amis ;
– il est accro à la TV. »

Kasiu, Alice, Zoé, Cassiopée et bien d'autres ont été eux-mêmes surpris en rédigeant leur réponse. Ils avaient très envie de mettre cette question des agacements au clair. Ils les ressentaient, mais sans les identifier nettement, et sans avoir pris jamais le temps de le faire. L'enquête représentait une occasion à saisir, ils pensaient que l'opération serait simple à réaliser. Ils s'armèrent donc d'un papier et d'un crayon (ou s'installèrent au clavier), et commencèrent à réfléchir. Avec parfois peu de résultats initiaux. « Je cherche des exemples qui ne me viennent pas ce matin, ils sont pourtant nombreux !! » (Clémentine). Lorenzo doutait même avoir beaucoup à raconter. « Voilà : rien que d'y penser, je crois d'abord ne pas vraiment trouver de choses qui m'agacent, pour finalement me rendre compte que je suis en train de faire le tri dans ma tête entre ce qui m'agace vraiment, un peu, beaucoup, souvent, selon mon humeur, etc. En vrac donc... » Suivait une longue liste. Plusieurs témoins m'ont expliqué qu'il leur était arrivé la même chose : après des débuts laborieux, où les agacements restaient dans un flou insaisissable, les premières lignes de la liste ouvraient soudainement une boîte de Pandore sans fond. Peut-être fatigués par ce long travail d'écriture, plus sûrement impressionnés par l'autre vision de leur couple qui se révélait sous leurs doigts, certains terminèrent sèchement, par une phrase indiquant qu'ils auraient pu poursuivre encore mais préféraient mettre fin à la liste. « Je m'arrête pour le moment » (Caroline). Pour quelques-uns, la liste fut d'ailleurs le seul et unique témoignage. Il est vraisemblable que l'exercice avait développé des craintes sur ses répercussions possibles. La rédaction de la liste entraînait malgré soi vers la découverte de séries interminables, une idée en entraînant une autre, jusqu'à poser des questions existentielles. Jusqu'à remettre en cause le couple lui-même. Il était donc préférable d'arrêter[1]. « Désolée d'avoir décroché, mais mon degré d'agacement était tel ces derniers temps que l'écrire m'aurait agacée encore plus » (Viràg).

Les listes sont très riches d'enseignements. Notamment par la logique de la boîte de Pandore elle-même. Elles démontrent que les dissonances, potentiellement productrices d'agacements, sont infinies alors que le couple habituellement les ignore. (C'est ce qui constitue

---

1. J'ai été moi-même surpris par le caractère conjugalement risqué du thème de l'agacement quand les témoins ouvraient la boîte de Pandore des listes sans fin. Je les ai donc souvent incités à la prudence et à la modération, voire dans quelques cas à stopper l'expérience.

la dangerosité de l'exercice.) Seules quelques broutilles agacent vraiment dans la majorité des cas, et les deux partenaires parviennent même parfois à en rire. Or cette surface pacifiée est le résultat d'un travail permanent de traitement des dissonances, par des techniques très diverses dont la plus massive est le refoulement. Commencer à rédiger une liste ouvre une brèche dans l'impensé ordinaire de l'agacement.

Les listes sont riches d'enseignements par le méli-mélo des motifs aussi, souvent minuscules, révélant comment les dissonances se fixent sur des détails qui se transforment en déclencheurs.

La cristallisation

Le terme de cristallisation s'est imposé au domaine des sentiments depuis les pages fameuses que Stendhal lui consacra à propos de l'amour : la cristallisation amoureuse marque une rupture et change la vision de l'objet du désir, soudain devenu aussi pur qu'un diamant. Or cette belle image a son verso exactement contraire, le diamant noir de l'agacement, qui brise d'un coup l'enchantement conjugal, par un irrésistible et désagréable transport émotionnel ; un coup de foudre à l'envers, regroupant sur soi, contre le couple, contre le partenaire devenu (pour un temps) un adversaire.

De même que l'amour a ses préliminaires, ses mouvements d'approche avant le temps émotionnellement fort (qui emporte hors du vieux soi), l'agacement fait se succéder des séquences allant crescendo. La plus basique est l'oubli, la paix de surface, le refoulement parfait. Un degré au-dessus se structure l'habitude de comportement consistant à prendre sur soi et à ne rien dire. Daniel est très surpris de découvrir, à l'occasion de l'enquête, que depuis des années Christine est agacée quand, dans les WC, elle trouve le rouleau de papier hygiénique réduit au carton central. « Mais tu ne l'as jamais dit ! Si tu le dis pas on peut pas savoir[1] ! » Le passage à une action volontaire pour conforter le refoulement est déjà le signe qu'une dissonance est entrée souterrainement en travail et que l'agacement menace. « Tu gardes pour toi, tu te dis : "Cherche pas les embrouilles." Puis à force, ça explose » (Alain)[2]. La cristallisation, troisième et dernière séquence, opère d'un coup. L'agacement n'est plus la simple petite musique discordante qui grince en secret au creux de l'oreille, mais un violent éclat libérateur.

Du refoulement parfait à l'éclat libérateur, le crescendo est parfois régulier. Laurence Le Douarin [2005, p. 171] cite le cas d'un père agacé par son fils, continuellement « scotché » à son écran de jeux vidéo. Son irritation suit des vagues qui, à leur sommet, poussent à des interventions verbales plus marquées. Le soir par exemple, le bouillonnement augmente à mesure que l'heure avance. Passé 23 heures, alors que le père aspire au sommeil et à l'obscurité, les flashes lumineux de l'écran ouvrent brusquement les vannes aux flots de la colère. « Ça m'énerve ! Faut pas déconner, quoi ! » Mais le plus souvent, la vraie poussée émotionnelle prend plutôt par surprise. Y compris quand l'agacé est victime pour la centième, la millième fois, de la même différence ridicule et inacceptable. Il l'avait oubliée. Il aurait été incapable de s'en souvenir pour l'ajouter à une liste si on lui

---

1. Témoignage recueilli et cité par Johanne Mons [1998, p. 99].
2. Témoignage recueilli et cité par Céline Bouchat [2005, p. 80].

avait demandé. Et pourtant, il la connaît par cœur. C'est d'ailleurs la familiarité intime de cette étrangeté étrangement oubliée qui choque le plus. La cristallisation fait basculer dans une séquence de vie complètement différente, à la fois bien connue et différente. Entrouvrant à peine (lors de cette transition rapide) la porte des mystères du refoulement. Qui est beaucoup plus un transfert d'identité qu'un simple renvoi dans le non conscient (l'individu se conjugalise en occultant son identité plus personnelle), le transfert identitaire amplifiant l'effacement de ce qui agace.

Comment donc avait-on pu oublier ça ? L'agacé l'avait oublié parce qu'il était un autre, l'individu socialisé par le couple, et que cet autre avait affaire avec la différence sans que cela provoque rien de spécialement désagréable en lui. Ou très peu, une simple petite musique grinçante à peine audible. Il l'entendait sans l'entendre. Combien de fois Isabelle a-t-elle dû contempler des tubes pouitchés sans réagir, combien de fois Nicole, des tartines beurrées comme des œuvres d'art sans exploser ? Malgré les demandes insistantes de Madeleine, Léon refuse obstinément de participer aux tâches ménagères (ce qui bien sûr agace fort sa femme). « C'est bon pour les jeunes cette histoire-là. Nous on est ancien système. » Sauf pour essuyer la vaisselle, de temps en temps. Léon est ordinairement agacé par le rangement et le nettoyage approximatifs effectués dans la maison. Mais il est condamné à ne rien dire, et à oublier autant que possible dans la mesure où il ne veut pas mettre la main à la pâte. Or, en se saisissant d'une assiette pour l'essuyer, il est souvent stupéfait et révulsé de sentir un contact graisseux sous ses doigts, qui déclenche sur-le-champ une décharge émotionnelle. Écœurement et colère. « Je ne sais pas ce qui me retient de la casser par terre en criant un grand coup ! »

Les agacements défoulatoires

La scène de l'assiette est un modèle de cristallisation, inopinée et aiguë. Léon et Madeleine jouent beaucoup d'autres scènes d'agacement, leur répertoire est très riche, ils n'ont guère le temps de s'ennuyer. D'autant que (à la différence de l'assiette où la salve passionnelle est virulente et porteuse d'agressivité), la majeure part de leur répertoire est maîtrisée depuis longtemps. Ils jouent et se regardent jouer à de petites scènes de ménage bien contrôlées, un peu comme au théâtre, tout en exprimant des agacements bien réels. Voici, par exemple, l'épisode des deux chaises. Depuis des années et des années, chaque soir la petite guerre recommence. Ils ont deux chaises, de part et d'autre du lit, pour mettre leurs vêtements après s'être déshabillés. Résultat : un même amas chiffonneux des deux côtés. Agaçant pour tout le monde, mais pour des raisons différentes. Léon, en regardant la chaise de sa femme, se remémore le désordre habituel et en est irrité. Madeleine est très énervée par les regards en coin et les remarques acides de son mari. Passe encore quand elles ont un caractère général, mais sa chaise est un espace personnel. « C'est pas ses oignons. » Léon est agacé aussi par sa propre chaise, rêvant en secret que Madeleine se métamorphose en fée du logis. Or la fée qui n'en est pas une ressent cette demande et la trouve insupportable. « S'il est pas content, il n'a qu'à le faire lui-même. » Rebuffade qui renvoie Léon à ses divisions internes, entre désir de

rangement et refus de mettre la main à la pâte. L'imbro-
glio est si inextricable qu'ils ne parviennent jamais à en
démêler les fils. Car les phrases colériques ont rarement
la structure qui permet de développer une argumentation claire. Pourtant le rituel s'est installé dans la durée.
« On vide notre sac » (Léon). Certains soirs ont le ton
de la comédie légère. Léon et Madeleine s'amusent à se
lancer leurs réparties habituelles, sans trop y adhérer,
capables d'en rire. D'autres soirs sont plus lourds d'émotions et ont les accents du drame, mais sans jamais déra-
per vers le tragique ni s'éterniser dans des tirades sans
fin. Car les acteurs sont rodés et contrôlent la brièveté
de l'exercice. Bien qu'ils ne parviennent pas à s'expliquer
sur les raisons de fond, la petite joute orale les soulage,
sans porter à conséquences. Ayant constaté justement
qu'il n'en résultait aucune catastrophe, ils peuvent s'y
adonner presque sans retenue.

La cristallisation n'opère pas par hasard ; elle sélec-
tionne un support qui généralement en dit long. S'ils
pouvaient calmement retisser les fils de l'écheveau au
lieu de s'énerver comme ils le font, Léon et Madeleine
pourraient avantageusement utiliser la scène des deux
chaises pour mieux comprendre leurs ajustements problématiques. Dans certains cas cependant, le caractère purement libératoire est dominant, et s'exprime avec plus de
force précisément parce que le motif apparaît gratuit et
dérisoire. Il est très difficile et risqué de libérer son agacement en se basant sur des explications complexes. D'où
d'ailleurs le caractère des listes, égrenant des motifs très
concrets et hétéroclites. La cristallisation ne peut se fixer
que sur des supports bien précis. Et le caractère aléatoire
de quelques-uns de ceux-ci permet en outre de se libérer
encore davantage. Rappelons-nous de Jean, très énervé

par les chemises et les boutons mais piégé par le rêve peu avouable d'un ordre ménager moins strict. « Souvent ça l'énerve, ça l'agace quand je lui dis : "Range tes trucs !" » (Agnès). Beaucoup de choses qui lui tiennent à cœur ne peuvent être dites trop ouvertement et seulement d'une façon toujours très contrôlée. La question de la « cachette » de la clé peut par contre être plus facilement isolée du contexte et la rancœur à son propos exacerbée. Tout en proclamant qu'il se met en colère uniquement sur un point de détail, Jean fournit en réalité à Agnès un exemple de sa maniaquerie qu'il juge inacceptable. Écoutons-les :

– Jean : « T'arrives et pan ! tu tombes sur la porte fermée. Pourquoi la fermer comme ça toutes les cinq minutes ? Ça sert vraiment à rien. Et là c'est le gros coup de nerfs ! Et puis alors, complètement énervé, tu cherches la clé : la clé elle est cachée ! »
– Agnès : « Elle est pas cachée, elle est dans la cachette. »
– Jean : « La cachette !! Rien que d'en parler, tiens, j'en ai des frissons tellement ça m'énerve. »

Les rituels défoulatoires rétablissent un équilibre des humeurs. Tant et tant (de petites musiques grinçantes ou d'agacements, plus virulents) avait été renvoyé dans les limbes de l'oubli sans jamais disparaître vraiment. Le rituel défoulatoire est une compensation qui permet, comme le dit si bien l'expression populaire, de « vider son sac » (bien que ce qui est déversé ne soit pas toujours le plus important ni le plus explicite). Il arrive même que sitôt les phrases de la colère exprimées, l'agaceur sente un remords d'avoir parlé si fort et si méchamment. Il est pressé d'en revenir à l'ordre conjugal. Mais il arrive

aussi le contraire. Car tout le monde ne maîtrise pas
aussi bien son jeu de scène que Léon et Madeleine avec
leurs chaises. L'émotion libérée et les mots férocement
envoyés à la face de l'adversaire sont à tout moment susceptibles d'enclencher l'escalade et de laisser des traces.
« Un rien joue le rôle de détonateur, explique Alex. Ai-je
commis une "bêtise" ?, Annette en profite pour me lancer
à la tête tout ce qui lui déplaît : ma manière de manger,
"gloutonne" et "répugnante", ma façon de m'asseoir, les
épaules rentrées, "comme un coupable", ma "grossièreté"
(quand l'une de ses vieilles tantes s'annonce, je déguer-
pis)[1]. »

Pascal cherche à l'évidence le motif qui lui permettrait de mieux se défouler. Il est continuellement agacé
par le désordre de Ninette, sans oser trop lui dire. Il est
encore plus agacé (« ça m'énerve prodigieusement ») par
ses mouchoirs sales « qui traînent partout ». « C'est notre
grande bataille. Je gueule, je gueule, je gueule... ça fait
un moment que je gueule... et ça ne change rien. » Il crie
cependant sans doute davantage dans sa tête que de
vive voix. Car Ninette, qui reconnaît être enrhumée chronique, dit de son côté ne rien avoir entendu ou presque.
Il en va tout autrement pour la « guerre du beurre ». Ils
ont décidé que chacun rangerait à son tour la table du
petit déjeuner. Les deux techniques sont très différentes.
Pascal est discipliné et efficace ; la table est nette en
quelques minutes. Ninette à l'inverse reporte régulièrement à plus tard. Pascal, excessivement agacé, fait une
fixation particulière sur le beurre, qui pourrait rester à
ramollir jusqu'à midi s'il n'intervenait pas. « Il y a des
petites conneries comme ça, ça m'énerve, ça m'énerve !

---

1. Témoignage recueilli et cité par Maurice Maschino [1995, p. 91].

Et ça m'énerve de me répéter. » La dispute est violente. Car Ninette répond sur le même ton, trouvant ridicule de s'emporter ainsi sur des détails. La « guerre du beurre » est le contraire d'un bon rituel défoulatoire ; elle attise le feu au lieu de l'apaiser. Visiblement, les mouchoirs ne fonctionnent pas non plus (sans doute parce que Ninette ne peut être tenue responsable de son rhume et que le thème touche trop au corporel intime). Pascal devra donc chercher encore, et il n'est pas certain qu'il trouve. L'agacement défoulatoire n'est possible en effet que si le bouillonnement interne n'est pas trop vif. Les plus gravement atteints n'ont guère accès à cette technique, qui requiert un grand contrôle de soi, impossible quand l'irritation est intense.

En général, la scène permettant de « vider son sac » n'est pas totalement gratuite, et ce qui est dit laisse des traces. Elle défoule et apaise dans l'instant, tout en alimentant le conflit dans la durée. Rosy est très énervée par Charly, qui vient la voir trop rarement à son goût, sans prévenir, après le repas. Elle rêverait de manger avec lui plus souvent... tout en étant agacée aussi par ses attitudes à table, notamment son addiction à la mayonnaise (qui explique qu'il préfère manger chez lui pour ne pas subir de remarques). C'est d'ailleurs en soulignant ce point qu'elle conclut un e-mail envoyé à Charly, lui annonçant sa décision de rompre : « Bonne mayonnaise ! » La rupture ne dura en réalité que quelques semaines. Aujourd'hui, Rosy attend toujours son Charly. Mais il ne sera pas facile de constituer les conditions d'un face-à-face pacifié autour de la table après les paroles qui ont été prononcées.

Les facettes identitaires

Le bonheur de l'agacement défoulatoire ne tient pas seulement au fait de « vider son sac », en se libérant d'un coup de ce qui avait été mal refoulé. Il résulte aussi des retrouvailles avec des repères identitaires un temps également occultés. L'opinion retient en général que la vie de couple est un art du compromis. Elle est en réalité bien davantage. Car l'idée de compromis présuppose que l'individu reste lui-même, inchangé, tout en acceptant des concessions. Or la mutation est beaucoup plus profonde : c'est l'individu lui-même qui change d'identité. Moins il y a d'agacements et moins ils sont intenses, plus la métamorphose identitaire est complète : le degré d'agacement fonctionne comme un baromètre de la socialisation de l'individu par le couple. La bouffée émotionnelle colérique au contraire le fait sortir de ce cadre, lui révélant qu'un autre sommeillait en lui. Un autre qui ne lui est en rien étranger et qu'il connaît très bien : le vieux soi d'avant la conjugalisation, le soi autonome, refusant de disparaître quand le « compromis » se fait par trop inacceptable, quand l'identité conjugale ne se présente plus comme pouvant fixer le sens de la vie. Ceci explique nombre des attitudes prises au cœur de la crise, et qui se caractérisent par le repli autistique, comme la bouderie. L'agacé s'enferme dans son monde sécurisant de certitudes lui appartenant en propre. Porté par l'émotion et conforté par ses évidences, il peut se permettre – un temps – d'ignorer la réalité concrète et de se séparer du petit monde qui l'entoure. D'autant qu'il renoue avec une longue histoire, celle d'avant le couple, poursuivie en pointillé par des séquences biographiques semblables à celle qu'il est en train de vivre. Le travail de mise en récit de sa propre existence [Ricœur, 1990] ne se déroule pas de façon homogène et unique. Nous nous racontons plusieurs histoires de nous-mêmes, en même temps ou successivement, qui commencent chaque fois par renouer le fil avec l'épisode parfois lointain qui avait précédé [Kaufmann, 2004]. Autour de l'agacement, l'alternative est réduite à deux récits, très tranchés. Selon qu'il se situe au cœur de la crise ou en dehors, l'individu se raconte deux histoires de sa vie presque contraires.

Il est étonnant de constater à quel point nous avons peu conscience de ces mutations identitaires, pourtant souvent brusques, et combien nous baignons dans la douce illusion de la continuité de soi. En réalité, nous basculons d'une facette identitaire à une autre, très différente, avec une grande fluidité. Qu'il s'agisse du repli autistique ou à l'inverse de la réinsertion conjugale. Dans le premier cas, l'émotion l'emporte, sans même laisser le temps de penser au changement d'identité, et débouche sur le bonheur simple du défoulement. Dans le second, la réflexion intervient davantage, soulignant la difficulté et les inconvénients de poursuivre dans le sens de la révolte individualiste. Elle s'ajoute fréquemment à divers sentiments de remords ou de mal-être, incitant à renouer de façon pragmatique avec l'identité conjugale, qui apparaît comme la seule viable nonobstant ses défauts. Eline, par exemple, se laisse aller inopinément à des agacements défoulatoires. « Soyons honnête, nous avons aussi de terribles engueulades (ça défoule, aussi). » Je lui demande si parfois ils ne dérapent pas un peu. Elle distingue dans sa réponse les purs défoulements, qui trouvent un motif non significatif, et les autres. « Si nous parlons d'un agacement d'envergure qui pèse sur la vie quotidienne du couple, dans ce cas, oui, cela plombe l'atmosphère (cela peut durer jusqu'à deux jours, mais guère plus, je craque avant). » Deux jours : la parenthèse identitaire, l'autre vision de soi et de l'existence, a quand même le temps de sérieusement s'installer. Eline n'est cependant pas d'un seul bloc durant cette période. Derrière l'apparence (son visage fermé) signalant à Jack qu'elle se situe toujours en position hostile, le combat fait rage à l'intérieur de ses pensées. « À moi ensuite de me calmer pour repartir sur un échange constructif. » Malgré l'agacement qui tarde à se refroidir, l'envie la taraude de rejoindre au plus vite la normalité de la socialisation conjugale. Un agacement outré, emportant malgré soi au-delà du raisonnable, induit d'ailleurs souvent le désir non seulement de retourner à la normalité mais de compenser. Volte-face identique du côté de l'agaceur. Pedro n'avait pu s'empêcher de critiquer la manière de conduire de Fidelia alors qu'elle l'amenait à la clinique. Celle-ci, très agacée, le laissa à la porte de l'établissement se débrouiller tout seul. Mais elle lui téléphona rapidement pour s'enquérir de sa santé, comme si rien ne s'était passé. Pedro joua le jeu de l'oubli, tout semblait terminé, leurs deux écarts individualistes oubliés. Il était prévu depuis longtemps que Fidelia parte une semaine en voyage avec des copines sans Pedro. Le voyage (qui dans sa tête au début n'était pas prévu ainsi) prit la forme d'une revanche sur les agacements subis. « Voilà, je suis rentrée mercredi après ce périple : de quoi vous refaire une femme ! » De quoi vous refaire un homme amoureux aussi. « Pedro est venu me chercher et les retrouvailles ont été chaleureuses : il m'a offert un pot de crème et m'a massé les épaules, ce qui est UN ÉVÉNEMENT : ses cadeaux sont rares et ses massages "gratuits" encore plus. Il m'a dit aussi que je lui avais manqué ; je pense qu'il a été conscient d'avoir été quelque peu insupportable avant mon départ ; j'étais d'ailleurs moi aussi heureuse de le retrouver. Loin de moi, il me paraît toujours plus en accord avec moi. »

La volte-face amoureuse est toujours un ravissement pour le conjoint. Le soudain repli autistique affichant une mine renfrognée au contraire est très pénible à vivre. Il est autant libérateur pour l'agacé qu'agaçant pour l'agaceur (qui a rarement conscience de son délit). Alors que le changement d'identité opère dans l'illusion de la continuité pour celui qui l'exécute, il est très désagréable pour le partenaire, doublement irrité. Directement, par l'inattendu et déplaisant visage qui se présente à lui ; plus profondément, par l'incohérence identitaire du partenaire, porteuse de dissonance. Pris dans un tel piège, l'ultime tactique consiste souvent à riposter quand on a été agressé. Œil pour œil, dent pour dent. Tout en évitant que l'escalade n'atteigne des sommets. L'important étant de signaler à l'adversaire qu'il ne peut se permettre sans risques un repli autistique exagéré.

Les tue-l'amour et la magie amoureuse

L'effet d'entraînement est manifeste, que ce soit dans le sens individualiste de l'agacement ou à son opposé, la fusion amoureuse. Pedro et Fidelia ont totalement oublié leurs pensées méchantes lors de leurs retrouvailles ; ils sont ennemis ou complices de façon à peu près synchrone. La magie amoureuse agit donc aussi fort pour unifier que l'agacement le fait pour séparer, et c'est tant mieux. L'effet d'entraînement n'est cependant pas seul à expliquer ce résultat. L'heureux dénouement (hélas, toujours provisoire) n'est possible en effet que parce que le fil est renoué avec la version amoureuse, toujours en réserve.

La vie de couple est un combat permanent : ce qui retient et attire doit dominer ce qui repousse et agace. Les techniques sont diverses pour y parvenir. La plus simple en apparence (mais qui n'est pas donnée à tout le monde) consiste à se laisser porter par la vie telle qu'elle est, sans trop d'exigences ni de questions, comme le faisaient les couples à l'ancienne. Souvent une intervention plus volontariste est cependant nécessaire désormais, prenant la forme de petites contre-attaques amoureuses, comme l'exprime Zoé : « En ce qui me concerne, l'amour doit occuper plus de place que le quotidien, sinon j'étouffe. Pourtant le quotidien est rempli de "tue-l'amour". L'équilibre idéal est celui qui consiste à anéantir ces tue-l'amour par une goutte d'amour super-puissant. Cette goutte magique permet de gérer ces agacements et de passer à autre chose. » Nous verrons plus en détail les techniques de lutte contre l'agacement dans la troisième partie. Mais un point mérite l'attention pour le moment : l'agacement et la fusion ne se jouent pas généralement sur la même scène. Cela peut certes arriver : ajouter simplement et frontalement une « goutte magique » pour effacer les irritations comme le fait Zoé. Dans la plupart des cas toutefois, la contre-attaque se développe de façon indirecte, en déportant l'attention sur un autre terrain, hors du quotidien : un univers de sentiments relativement abstraits. Zoé d'ailleurs agit également de cette manière. Car à force de verser des gouttes, leur pouvoir magique s'est peu à peu estompé ; les agacements montent en puissance. Elle nous l'a déjà confié en introduction de sa liste. « Je suis en pleine "crise" depuis plusieurs mois et je suis confrontée en permanence à de nombreux agacements. Il y en a tellement que j'en arrive parfois à me demander si j'aime encore mon conjoint. Je sais que oui, mais si je mets mes sentiments de côté, je pense qu'il vaudrait mieux que nous vivions chacun de notre côté pour éviter ce que j'appelle "le quotidien qui tue" et qui pour moi se traduit par toutes ces petites choses que l'on ne remarquait pas au début de notre liaison. » Que peut donc pouvoir signifier « je mets mes sentiments de côté » ? Les sentiments peuvent-ils donc être en dehors de la vie réelle ? On peut bien entendu l'admettre lors de la rencontre, quand le transport émotionnel fait chavirer l'âme ; l'amour est aveugle comme le dit le proverbe. Mais il est beaucoup plus étonnant de découvrir cette disjonction avec le monde concret dans le cadre du couple installé. Le quotidien est moins travaillé au corps qu'il n'est occulté par une séquence de rêve ; l'impalpable monde des sentiments a ses raisons que la raison ignore. Plusieurs témoins ont fait part de leur propre étonnement sur ce point, en comparant les divers partenaires qui avaient partagé leur existence : l'amour n'était pas inversement proportionnel à l'importance des motifs d'agacement. Celui qui aurait dû agacer n'agaçait pas car il était aimé ; et celui qui n'était que prévenance et attention se faisait rabrouer au moindre écart. Sarah s'étonne ainsi de s'énerver actuellement pour des presque rien (il rit selon elle trop souvent). « Je pense que je ne l'aime pas, pas assez pour le supporter. Car si on aime très fort une personne, ces petites choses-là ne devraient pas avoir autant d'importance. J'ai été mariée vingt-trois ans avec le père de mes enfants, et il était plein de défauts, et je ne voyais rien. Parce que je l'aimais énormément. » Il se montrait pourtant « très froid, pas affectueux, voire méchant à la fin de notre union », alors que son compagnon actuel est « au contraire un homme très affectueux ». Affectueux mais agaçant. Plus il veut se faire gentil et tendre, plus il l'agace.

Les sentiments entraînent dans un autre monde les rapports conjugaux. Transport qui révèle à nouveau la puissance des revirements identitaires. Caroline, pourtant très remontée contre Marc, oublie en un éclair tous ses agacements. « J'ai une chance folle, j'ai un homme qui a dans les yeux toutes les expressions et qui sait s'excuser lorsqu'il pousse le bouchon un peu loin. Et là, lorsqu'il me dit "tu as raison, je vais faire un effort", je fonds. » Même Rosy a cette capacité de soudainement se liquéfier avec son mangeur de mayonnaise, à qui elle avait pourtant envoyé un e-mail de rupture. « Il m'appelle et parce qu'il est gentil, je fonds. » Avant de s'emporter à nouveau quand il arrive plus tard qu'il ne l'avait promis. Les moments de fusion amoureuse sont des sortes de petites parenthèses enchantées, des bulles de communion intime, ni vraiment hors du réel ni vraiment dedans. Ni vraiment en dehors car elles s'enracinent dans le concret, et la corporéité la plus physique du désir. Ni vraiment dedans car ce réel-là ne constitue pas l'ordinaire, mais seulement des instants d'exception.

La vie habituelle est au milieu, lourde de réalité répétitive et structurante. À ses extrêmes opposés (la crise d'agacement et la fusion amoureuse), les deux partenaires s'échappent de ce pesant cadre de socialisation pour interpréter une partition beaucoup plus volatile. Selon deux versions contraires : en enfilant les habits du combat, l'un contre l'autre et chacun pour soi ; ou en se glissant dans ceux de l'amour, l'un avec l'autre pour ne faire qu'un. Aucun de ces deux extrêmes n'est tenable longtemps. Quant au dosage entre calme médian et volatilité émotionnelle, il est très variable. Certains couples fonctionnent plutôt à la répétition tranquille de la vie habituelle (tendance également plus masculine), alors que d'autres préfèrent l'improvisation, l'intensité et l'émotion (tendance également plus féminine). Dans ce dernier cas, les émotions opposées s'équilibrent ; il y a davantage de cris et d'effusions à la fois. Des agacements fréquents ne signifient donc pas obligatoirement qu'il y ait moins d'amour.

La confusion des sentiments

Le couple résulte d'une alchimie sentimentale infiniment complexe. Il faudrait pouvoir s'accorder, toujours, que ce soit pour de petites guerres défoulatoires ou pour la paix amoureuse. Or l'effet d'entraînement, dans un sens ou dans l'autre, ne crée souvent qu'une harmonie incomplète. Car les interprétations des faits sont profondément divergentes. Les rapprochements émotionnels n'empêchent pas qu'il y ait dialogue de sourds sur les motifs habituels de la discorde, l'amour les mettant entre parenthèses sans jamais les effacer. Pourtant la fusion complice crée l'illusion de la compréhension intime. D'où la surprise quand un agacement pointe à nouveau, révélant le maintien d'une différence tenace. « On s'est fait un plan dans la tête, on s'imagine que l'autre l'a forcément imaginé, et parfois on a un peu de mal à comprendre que ça ne lui est pas venu à l'esprit[1] » (Marie-Édith).

---

1. Témoignage recueilli dans le cadre du documentaire *Amour et chaussettes sales*, réalisé par Bertrand Van Effenterre, avec la collaboration de Danièle Laufer, d'après *La Trame conjugale*. Gaumont Télévision/Canal +, 1994.

Plusieurs facteurs troublent la perception des divergences. Le principal est le processus continuel de socialisation conjugale, notamment dans ses phases d'enchantement amoureux : tout ce qui pourrait agacer est refoulé, provisoirement oublié. Mais à cela s'ajoute qu'il n'est pas toujours facile d'identifier précisément les points de clivage tant ils sont complexes et embrouillés, alors que l'agacé ne prend pas le temps d'une analyse approfondie. Les cristallisations qui se fixent sur quelques détails sont l'arbre (de netteté) qui cache la broussaille des causes enchevêtrées. Y compris quand les faits semblent relativement simples. Jack par exemple est agacé quand Éline reste trop longtemps au téléphone, comme elle le reconnaît elle-même. « Je squatte souvent le téléphone le soir, et notamment le dimanche soir entre 17 heures et 21 heures. Ce qui agace Jack, parce que dans ce cas, je mange souvent froid, en discutant avec untel et machin-truc, et ne suis pas dispo avant 22 heures/23 heures le soir en semaine. » La raison principale de l'agacement est claire (la concurrence faite au couple), j'en ai déjà parlé plus haut. Mais à cela s'ajoute ici le fait que Jack, personnellement, est très résistant à l'usage de cet appareil. « Jack déteste le téléphone, et je dois constamment lui rappeler d'appeler sa sœur, ses parents, sa cousine, ses tantes... Ça dure parfois des semaines. » Non seulement Éline le délaisse, mais elle s'évade d'une manière pour lui incompréhensible. Jack est agacé par le mélange des deux éléments, sans toujours démêler ce qui l'irrite le plus. Il s'agit ici d'un cas de figure élémentaire, où seuls deux facteurs interviennent, en se surajoutant. Or ils sont souvent plus nombreux, et imbriqués de façon subtile (rappelons-nous les deux chaises de Léon et Madeleine). Il suffit d'une inversion ponctuelle pour brouiller quelque peu la représentation (Jack qui est plutôt désordre est cependant le premier à ranger les papiers). Le brouillage est encore plus manifeste quand l'inversion touche non pas un point de détail mais des références plus larges. Éline est incontestablement la reine de l'organisation et de la programmation, planifiant les moindres détails de leurs déplacements un mois à l'avance. « Je suis constamment sur le dos de Jack, et lui supporte de moins en moins mon insistance pour tout organiser. » En ce qui concerne ses sorties personnelles en semaine toutefois, elle privilégie l'intensité et la surprise, multipliant les activités. Face à ce papillonnage survolté, Jack apparaît comme un pôle de régularité. « Jack est très stable, et je suis un électron libre : je déménage une fois par an, je change d'entreprise régulièrement, je parle d'expatriation, de changement de région, etc. Cela agace davantage Jack que moi-même parce que je suis fréquemment en train de vouloir changer notre vie, pour la faire "évoluer". Or, si je suis moteur sur un certain nombre de changements, j'en fais souvent trop, ce qui force Jack à user d'arguments en faveur d'une certaine stabilité. » Chacun défend donc une certaine idée de l'ordre, à sa manière et sur les aspects qui lui tiennent à cœur (Éline structure l'avenir alors que Jack s'accroche au présent tel qu'il est). La défense de l'ordre ne se situe pas en bloc, dans un seul camp, mais plutôt d'un côté ou de l'autre selon la question qui est posée.

Encore ne s'agit-il là que des aspects les plus techniques des deux cultures qui s'affrontent, déjà difficiles à démêler en eux-mêmes. Mais ceci n'est rien comparé à la complexité de ce qui s'y ajoute : l'interprétation des pensées de l'agaceur. Est-il un incurable naïf, qui agace sans

le savoir, incapable de se réformer ? Isabelle penche en
ce sens pour son compagnon actuel. « Mon cher actuel, il
oublie vraiment, même si des fois, l'exaspération aidant,
on se dit bondieukilékon ou papossib il le fait exprès.
Mais il suffit de regarder sa bobine de chat mouillé quand
on râle pour savoir qu'il est réellement désolé. C'est la différence entre agacement et rage noire. On ne peut pas
en vouloir longtemps à celui qui oublie. » Ou bien refuse-
t-il délibérément de faire le moindre effort, voire
s'amuse-t-il à jouer le naïf pour agacer davantage ? Les
façons d'agacer peuvent devenir plus agaçantes encore
que les motifs originels. Tel était le cas pour Isabelle avec
son ex, le mari pouitcheur. « Le pouitcheur énerve surtout quand on sait qu'il pourrait ne pas. En fait, c'est
l'unique raison qui fasse réellement hurler de rage. Il
sait, nous savons qu'il sait, il sait que nous savons qu'il
sait et pourtant il continue. » Le simple « pouitch » était
relégué en arrière-plan, c'était l'agression sournoise qui
la faisait hurler de rage. Or une telle conséquence peut
aussi être produite par une attitude qui n'était pas agressive au départ. Marc par exemple se sent vaguement coupable de ne pas aider davantage Caroline. Du bout des
lèvres, il lance alors quelques promesses, non dénuées
de sincérité bien que rarement suivies d'effet. Or c'est
justement cette duplicité qui fait bondir Caroline : « Ce
qui m'agace aussi c'est le : "Mais repose-toi ! tu en fais
trop ! je vais le faire !" très convaincu. Alors que l'homme
est avachi sur le canapé et qu'il y a plein de choses à
faire dans la maison. » L'individu n'est pas fait d'un seul
bloc, il travaille continuellement à unifier sa multiplicité
interne. Très imparfaitement et toujours provisoirement.
Les contradictions et sautes d'humeur qui en résultent
alimentent les agacements de la partie adverse, tout en

brouillant la perception des motifs de ces agacements. Rien n'est pire que le flou pour déclencher la colère.

Une certaine idée de la vérité

Il n'y a cependant pas que du flou dans l'agacement. Au contraire, l'agacé est souvent convaincu que sa vérité est LA vérité, absolue, évidente, universelle, rationnelle. Il n'a pas toujours totalement tort : des fragments de rationalité peuvent intervenir pour arbitrer le choc des cultures. Quand les deux conjoints sont d'accord sur la place des clés par exemple, celui qui ne la respecte pas se sent en infériorité et refuse généralement de discuter les arguments. Mais la plupart du temps l'intime conviction de détenir une vérité universelle repose sur des manières d'être personnelles, qui ne sont pas plus légitimes que celles du camp adverse. D'où des dialogues de sourds à n'en plus finir à propos des techniques comparées de l'un et de l'autre. Et des agacements très vifs, car considérablement augmentés par l'idée de détenir la vérité. Lamia est excédée : après des années et des années, son mari continue à faire mal et à refuser de se corriger. Elle s'est placée dans une posture d'éducatrice, le sermonnant continuellement. Je l'interroge pour savoir si elle a parfois des doutes sur le bien-fondé de ses interventions. Non, aucun. « Je pense que j'ai raison et qu'il est déconnecté des choses pratiques. » Sans doute n'at-elle pas complètement tort, notamment quand ils se disputent à propos de la conduite automobile. « En voiture, mon mari n'a aucun sens de l'orientation et s'entête à faire le tour du pâté dix fois au lieu de m'écouter (et je sais qu'il sait que j'ai un très bon sens de l'orientation car je le lui ai prouvé maintes fois et notamment lors de nos voyages à l'étranger) et de prendre le bon chemin. Cette attitude me fait bouillir car non seulement on perd du temps mais on consomme deux fois plus de carburant. Quant à lui, il ne supporte pas que je lui en fasse la remarque et me reproche de lui dicter sa conduite au volant. » Mais son interventionnisme produit le contraire de ce qu'elle cherche : son mari se crispe et refuse de changer d'un iota. Il en va de même pour les serviettes et les torchons, autre guerre permanente. Lamia ne parvient pas à comprendre que son mari puisse vivre dans un autre univers que le sien, où les objets sont précisément rangés par catégories distinctes. « Quand mon mari rentre dans la cuisine et qu'il voit une saleté quelconque, il se précipite sur n'importe quel torchon ou chiffon pour l'essuyer. Or il se trouve que j'ai des serviettes pour les mains, des essuie-tout, des éponges, et que chaque chose a son utilité. La plupart du temps il se ruera sur le plus beau torchon (en fait le premier qu'il voit) pour essuyer une tâche d'huile ou de ketchup ou un truc bien collant pour lequel, moi, j'aurais pris une éponge (facilement lavable). Je passe mon temps à lui expliquer que je n'ai pas envie de tacher mes jolis torchons avec des cochonneries et qu'une éponge est là pour cela, que cela me fait du travail de lessive supplémentaire et que quelquefois il faut carrément faire bouillir les torchons. Il n'en tient pas compte et refait cela régulièrement. Pareil pour les serviettes de salle de bains dont il se sert aussi bien pour le visage que pour les pieds quand il sort de son bain et qu'il n'y a pas de tapis de bain !!! Je trouve cela scandaleux étant donné que nous avons des tapis de bain et que s'ils manquent à l'appel, il suffit de les chercher ou de les demander. »

Chacun s'accroche à ses manières comme à autant d'évidences, tenté par l'envie de convaincre quand le conflit fait rage. L'argument de la rationalité est alors massivement utilisé pour déstabiliser l'adversaire. Hélas, il s'agit généralement d'une rationalité relative et partielle, à laquelle ce dernier répond, tout aussi convaincu, par d'autres arguments. Isabelle a fini par comprendre qu'elle n'avait pas raison dans l'absolu mais réfléchissait à l'intérieur d'une certaine vision du monde. Un premier pas vers la sagesse. « Nous, notre point d'achoppement, c'est la quantité : je contrôle scrupuleusement le poids au kilo, ou au mètre ou au litre selon les cas et je ne vais pas acheter un truc à 2 € le litre en petit flacon si je peux l'avoir à 1 € le litre en grand flacon, surtout si ça se périme pas. Je me jette sur les lots. Mon cher et tendre ne comprend pas cette frénésie et achète les paquets de lessive par un parce que là tout de suite il lui en faut un et pas trois. Et régulièrement on s'engueule : lui parle d'encombrement, moi d'économie, et le pire c'est que nos arguments se tiennent car nous avons conjointement un petit appartement et de petits salaires, donc intérêt à économiser les sous autant que la place. Nous cédons à tour de rôle à peu près : une fois je repose la larme à l'œil le super-lot pas cher de douze paquets de biscuits, et une autre c'est lui qui râle comme un putois pour arriver à caser mes dix berlingots d'adoucissant en promo dans le cagibi. »

La dissonance

Deux logiques argumentaires opposent Isabelle et son mari. Leurs idées ne parviennent pas à s'accorder, et cette dissension est source d'agacements. Depuis un demi-siècle, notamment après les études pionnières de Leon Festinger [1957], la psychologie sociale a multiplié les données prouvant à quel point toute « dissonance cognitive » est inacceptable pour l'individu [Poitou, 1974]. Les travaux de laboratoire ont accumulé les expériences démontrant que l'introduction d'une idée discordante avec une éthique ou un comportement antérieurs provoquait une situation d'inconfort psychologique qui incitait les personnes à résorber la dissonance d'une manière ou d'une autre, au risque de se mentir à elles-mêmes. Car une exigence absolue domine la quête de la vérité et la filtre à son avantage : l'unification de la personne [Kaufmann, 2004]. Nombre de ces travaux sont à la fois très convaincants, et limités sur plusieurs aspects. Ils considèrent trop souvent la dissonance comme une situation exceptionnelle alors qu'elle s'inscrit continuellement au cœur de la vie ordinaire. Et ils privilégient exagérément le domaine des arguments rationnels et des idées conscientes. Or des contextes d'agacement comme celui opposant Isabelle et son mari à propos des courses sont marginaux. Si l'agacement est toujours produit par une dissonance, celle-ci n'oppose que rarement des idées explicites à fondement rationnel. L'essentiel se situe dans des conflits entre schèmes structurant les comportements sur un mode non conscient ou peu conscient, et mélangeant des niveaux très différents (automatismes gestuels, modèles idéalisés intuitifs, etc.).

L'agacé ne procède pas à une analyse détaillée des motifs ; il est soudainement pris par l'émotion déclenchée par une broutille, parfois purement défoulatoire. Entre le caractère objectif de l'écart entre les positions (déjà très difficile à établir tant il est complexe) et ce pour-

quoi précisément un agacement éclate, le lien est parfois
ténu. Si la dissonance est bien toujours ce qui alimente
l'agacement, elle n'explique pas en elle-même pourquoi
et comment celui-ci se déclenche. Les couples sentent
d'ailleurs qu'ils traversent des périodes très contrastées,
marquées par des ambiances émotionnelles propices aux
agacements ou au contraire à leur refoulement. Il suffit d'un peu plus de fatigue pour que le tube pouitché
devienne « la goutte d'eau qui fait déborder le vase d'une
vie trop remplie de corvées » (Isabelle). Il suffit d'une
« mauvaise journée de travail » et d'une crise de sa fille
de deux ans pour que Caroline perde tout contrôle. « Là
je pars en live et c'est le drame ; je cherche la dispute
pour me défouler en fait. » Il suffit de l'annonce d'une
visite pour que la femme de Yannis se métamorphose
et rende l'atmosphère électrique. « C'était vendredi dernier, une de ses amies devait passer et l'emmener faire
du shopping. Et là, avant que celle-ci n'arrive, elle se
"transforme" car il faut ranger "le bordel qui traîne dans
la maison". Alors là, je vous raconte pas, elle se met dans
tous ses états et plus rien ne doit traîner. Là, je sais que
je ne dois pas la contredire et tout ranger : livre, CD,
chaussures, veste, sac, tasse de café près de l'ordinateur
ou sur la table du salon, jouets que notre fille a "oublié
elle-même de ranger", etc. Personnellement, je m'en
fiche un peu, mais bon, pour pas la vexer et pour avoir la
"paix dans le ménage", je m'exécute et je dis amen... » Le
changement de climat peut aussi, heureusement, soudainement tourner vers le grand beau. Je n'avais plus de nouvelles de Caroline quand elle s'expliqua sur son silence.
« Depuis quelques mois, mon compagnon ne m'agace pas
du tout, mais alors là pas du tout puisque nous sommes
plutôt dans une sorte de bulle faite de complicité et de

tendresse et de beaucoup d'amour (même si parfois j'ai
envie de l'étrangler, du normal quoi !). » Pour Malvina, le
balancement entre guerre et paix est rythmé régulièrement. Entre le bonheur automnal. « Car à cette époque
il s'absente beaucoup, donc il m'énerve moins. » Et les
moments beaucoup plus difficiles : les vacances d'été
(« Numéro 1 au hit-parade de l'agacement depuis notre
rencontre !!! »), et Noël (« Où l'idéal type de Noël met la
barre très haut en matière d'harmonie ; je n'ai pas tenu »).
Les contextes de bonheur annoncé sont encore plus difficiles à gérer quand le bonheur n'est pas au rendez-vous.
L'agacement éclate aussi au soleil.

5

Les extensions

Pour un geste, pour un mot, qui ne sont pas ce qu'on aurait rêvé qu'ils soient, une bouffée passionnelle mauvaise soudain nous emporte, hors du couple, dans un univers où le soi enfin se retrouve seul avec lui-même, sûr de ses propres évidences, renouant avec des repères qu'il avait oubliés. Le partenaire se transforme en adversaire du moment, pour une durée généralement brève, avant un retour penaud de l'agacé temporaire dans l'entité conjugale. Comme si rien ne s'était passé. Tel est le schéma basique de l'agacement ordinaire. Mais la répétition de l'événement, l'intensification des éclats émotionnels, les mots lâchés au cœur de la crise prolongent le mouvement vers toutes sortes d'extensions, qui ajoutent des modalités et des dimensions nouvelles aux sentiments négatifs. Tout en cristallisant encore à peu près de la même manière, l'agacement exprime alors beaucoup d'autres choses.

Une famille dans ses bagages

Déclenchés souvent par des broutilles, les agacements ont pour origine les multiples confrontations entre schèmes rivaux qui structurent le couple. 1 + 1 = 4. Quatre... voire huit, seize ou trente-deux ! Car l'aimé(e) amène avec lui (avec elle) dans ses bagages, outre sa longue histoire, des cohortes de personnes inconnues qui font pourtant partie de sa vie. Collègues de travail, amis, et « toute une troupe d'oncles, tantes, frères, belles-sœurs, cousins par alliance et grands-parents. Autant se dire une bonne fois pour toutes qu'on ne saurait plaire à tout ce beau monde » (Isabelle). Autant se dire aussi que ce beau monde ne nous plaît pas toujours complètement non plus. Alain est excédé par l'envahissement photographique de sa belle-famille sur la petite table du salon[1]. Certes, il a planté lui aussi sa propre marque sur une autre table, exposant ses bonsaïs. « Ça, c'est moi, oui. J'aime bien les trucs design. Les trucs un peu chinois aussi. Et j'aime bien l'art japonais. » Il accepterait volontiers que Béatrice affiche ses propres goûts, comme cela se passe d'ailleurs sur la grande étagère commune, très œcuménique. Hélas, sur le petit autel à icônes il ne s'agit pas de goûts personnels mais du déballage ostentatoire et à ses yeux impudique, peu esthétique et très agaçant de toute une parentèle qui ne devrait jamais être là. « Les étaler comme ça quand il y a des personnes qui viennent ! » (Alain). Très agaçant surtout parce que Béatrice se complaît à souligner ses origines aristocratiques, ce qui tend par comparaison à le rabaisser. « En fait, moi je fais partie de la noblesse. » Sans s'en rendre

---

1. Témoignage recueilli et cité par Monique Eleb [2002].

compte, elle utilise sa famille comme une arme. « J'aime bien. Et encore j'ai envie de mettre plus de photos, de mes grands-parents quand ils étaient jeunes, des murs entiers de photos » (Béatrice). Elle rêve d'une nouvelle table d'exposition, beaucoup plus grande, recouverte d'une nappe à volants qui ferait jupon. Comme celle de sa mère qu'elle admire tant.

Les risques les plus grands viennent évidemment des plus proches et actifs dans ce qui peut produire une emprise sur le couple : les beaux-parents. « Est-il bien utile de revenir sur l'inépuisable sujet des belles-mères ? Elles agacent dans tous les cas, sont envahissantes, donneuses de leçons, pourrisseuses d'ambiance, critiques, insupportables » (Isabelle). Isabelle exagère, les belles-mères ne sont généralement pas ainsi. Clotilde Lemarchant [1999] a même montré les complicités qui peuvent se nouer entre belles-filles et belles-mères, y compris quelquefois au détriment de la famille d'origine. Trois fois sur quatre les relations sont neutralisées ou plutôt bonnes. Pour le dernier quart par contre (où se situe Isabelle), elles sont en effet spécialement aigres. Le plus important face à cette nouvelle source d'agacements potentiels est la négociation conjugale. Dans notre société où les relations de parenté deviennent de plus en plus électives, il est rare qu'un couple se situe exactement à égale distance des deux familles ; il se sent davantage attiré par l'une que par l'autre. Cette option privilégiée se dessine au terme de tout un travail d'ajustement, par le moyen de la conversation ordinaire [Berger, Kellner, 1988], sous l'angle de la recherche d'unité conjugale, à propos de tous les aspects de la vie privée : l'éthique générale, la façon de parler ou d'entretenir les relations, la culture alimentaire, le style décoratif, etc.

Voire les manières d'ordre et de propreté. Souvenons-
nous d'Agnès et de Jean par exemple, des chemises repassées à la dernière minute et des boutons qui sautent.
Agnès commence par une attaque en règle. « Ma
mère n'aurait jamais toléré qu'on ait une chambre en
désordre, alors que chez lui, on tirait la porte, quoi ! »
D'une pierre trois coups : elle disculpe le pauvre Jean,
qui n'a pas été aidé par son désastreux héritage familial, réaffirme à l'occasion la théorie dominante pour
leur propre ménage, et tente enfin d'entraîner le couple
dans une alliance privilégiée avec sa propre famille. Jean
semble d'abord lancer une contre-offensive, exactement
sur le même modèle. « Agnès est un peu... bon, mais ça
vient de sa mère aussi, elle a gardé cette habitude-là, de
maniaquerie, hein ! Chez sa mère c'était très très contrai-
gnant. » Il poursuit cependant d'une façon inattendue,
par un étonnant renversement de sa position. « J'aurais
pas été capable de me mettre en ménage avec quelqu'un
qui aurait été complètement désordonné, qui n'aurait
pas été capable de tenir une maison. » Jean est pris entre
deux feux. Secrètement, il trouve les exigences ménagères d'Agnès disproportionnées, et inacceptables les
critiques qu'elle se permet sur le type de rangement qui
prévaut chez ses parents. Mais sur un mode plus concret
et opératoire, il souhaite désormais, tout en restant dans
une situation caractéristique de second rôle : une maison bien tenue, des chemises repassées, des boutons parfaitement cousus. Bon gré mal gré, il s'est donc rangé du
côté de sa femme (la critiquant même pour ses insuffi-
sances concernant les chemises), essayant néanmoins de
tempérer les critiques contre sa culture d'origine. L'unité
conjugale, du côté de la famille d'Agnès et contre celle
de Jean, n'est donc réalisée qu'en surface. À la moindre

crise, le système d'alliances est d'ailleurs remis en mouvement : au plus fort de l'agacement, Jean s'en allait faire recoudre ses boutons chez sa grand-mère, parée de toutes les vertus.

« Le fifils à sa maman »

L'entrée en couple est désormais progressive, le système commun prenant forme à mesure que les deux tourtereaux se délestent de leurs attaches familiales. Le maintien de ces dernières est souvent d'ailleurs un moyen de réassurance personnelle et de contrôle d'un engagement dont on n'est pas encore très sûr. Lorsque cette résistance se prolonge au-delà du tolérable pour celui ou celle qui fait face, le lien parental peut apparaître comme un obstacle, un concurrent direct. L'homme notamment (à nouveau ici en position enfantine) peut sembler préférer sa mère à sa femme. Pénélope est excédée. À 31 ans, son mari (de trois ans plus jeune qu'elle) se laisse appeler « mon bébé » par sa mère, sans rien dire. « Mon mari est fils unique, alors c'est son "bébé" : elle lui a dit ça la dernière fois qu'on y est allés. Je suis lasse que ma belle-mère parle à son fils devant moi comme si je n'étais pas là : "Si fifils veut du vin, je lui en commande, si fifils veut faire un voyage." Et moi ? Il part en voyage tout seul, fifils ? » Surtout que cette familiarité insupportable se double d'attaques violentes contre la belle-fille. « Comme j'ai grossi, elle me dit : "Oui tu dois faire attention car tu as de l'hérédité", car ma mère est presque obèse : je trouve ça charmant !!! La prochaine fois je lui répondrai que mon hérédité vaut bien la sienne. Elle commence à me dévaloriser constamment, heureusement mon beau-père me défend. En fait je ne sais pas s'il y a de bonnes solutions face aux belles-mères intrusives (parce que c'est exactement ça). Elles font les gentilles et hop une petite pique au passage (je joue à un jeu maintenant, ça s'appelle "la pique du week-end" : quand on y va j'attends l'inéluctable pique à laquelle j'aurai droit). Comme les blagues auxquelles j'ai eu droit pendant la préparation au mariage : elle n'arrêtait pas de dire à mon futur mari : "Tu sais tu peux toujours changer d'avis..." Alors j'en ai eu marre, je lui ai répondu en la regardant : "Moi aussi je peux encore changer d'avis." Et là elle a fait la gueule : mais il paraît que c'était "une blague". C'est bizarre comme la même blague ne l'a pas fait rire dans l'autre sens... Tout est comme ça... Elle est bizarre, gentille un coup, blessante un coup. Une fois elle m'a offert un parfum et quand je l'ai remerciée parce que ça m'avait touchée et que je trouvais ça très gentil, elle m'a dit : "Oh tu sais, toi ou une autre..." »

Pénélope travaille désormais ses techniques de riposte, et surtout essaie de presser son mari pour qu'il se positionne contre ces envahissements maternels abusifs et les agressions à son égard. Dans l'intimité du couple, « bébé » semble d'accord. « J'ai peur que tout ça nous nuise. Mon mari est gentil, me dit qu'il m'aime, qu'il veut un bébé avec moi et que sa mère a toujours été douée pour faire des histoires là ou il n'y en a pas. » Hélas, en présence de ladite mère, il se fait transparent et la laisse seule face au monstre. « Je suis sans arrêt obligée de mettre les points sur les i à mon mari pour lui demander d'intervenir et de ne pas laisser sa mère me traiter comme une imbécile. » Les agacements éclatent en tous sens. Le jeu d'alliances qui décidera du futur n'est pas encore scellé. À ce point de la crise – guerre ouverte entre belle-

fille et belle-mère – nous sortons de l'agacement *stricto
sensu* : Pénélope, tout simplement, la hait. L'exemple est
cependant très intéressant en ce qu'il montre comment
les lignes de faille provoquées par certains membres des
familles d'origine se répercutent en écho dans le couple.
Pénélope hait sa belle-mère et adore son mari. Hélas !
« bébé » ne se décide pas à couper le cordon, et la mol-
lesse de sa réaction commence à l'irriter sérieusement.
La question n'a pas fini d'être débattue entre eux.

L'agacement provoqué par les belles-familles suit un
cycle caractéristique dans le couple. Il est potentiellement le plus fort au début, lors de la phase d'ajustement
mutuel, ajustement démultiplié et complexifié par la
confrontation de ces deux arrière-fonds relationnels. Et
cela dès les premiers contacts : lors de la présentation
du promis ou de la promise à la belle-famille, celle-ci ne
peut s'empêcher de glisser en secret quelques remarques
sur ses drôles de manières [Cosson, 1990 ; Perrot, 2000].
Il est en même temps plus facilement refoulé alors, par
la vertu des émotions ambiantes et de l'évolution conti-
nuelle des repères de la nouvelle vie à deux. Certains
agacements remontent néanmoins à la surface, à des
occasions très diverses. Malvina par exemple découvre
soudain un Richard différent, révélé par le contexte familial, et qui résiste à la socialisation conjugale. « Dans les
premiers temps de notre histoire, les sources d'énervement étaient fréquentes et liées au fait que nous passions
un week-end sur trois chez ses parents. Sur son "territoire" il est un autre : seuls comptent l'avis de sa mère
et ses copains. » Malvina commence ses explications
au passé et les termine au présent. Elle voudrait encore
croire que ce n'étaient là que réflexes de jeunesse, appe-
lés à disparaître progressivement sous l'effet du renfor-

cement de l'unité conjugale ; première phrase au passé.
Hélas, après quatre ans et demi de vie commune, elle doit
reconnaître que c'est le présent qui dit la vérité : Richard
ne semble pas évoluer. Grâce à sa famille ou ses amis, il
cultive même les situations qui lui permettent d'exprimer
d'autres facettes identitaires. Le couple ne parvient pas à
s'imposer. Carla par contre, malgré le sérieux de ses agacements, se situe bien en ce début de cycle ouvrant sur
une éventualité d'évolution positive. « Heureusement,
cette tendance à ramener certaines choses à sa mère, ou
à demander l'avis de ses parents a tendance à disparaître
avec le temps. Il faut dire que cela ne fait que six mois
que nous vivons ensemble et qu'auparavant, il n'avait
jamais vécu avec quelqu'un. Il a donc besoin des fois
d'être rassuré je pense, par celle qui a été présente à ses
côtés toute sa vie : sa maman. » Carla n'a pas vraiment
de problèmes avec sa belle-mère, qui est très gentille et
attentionnée avec elle. Toute la difficulté vient de « J-P ».
Dérangé par le choc des manières de l'entrée en couple,
il se crispe sur ses repères familiaux, et les invoque
comme des emblèmes, exposant à l'occasion une image
maternelle exemplaire, qui contraste avec le regard qu'il
porte durement sur Carla. Dans son témoignage, celle-
ci souligne que deux choses (liées entre elles) l'agacent
très fort chez « J-P » : le manque de confiance et d'attention, et « la tendance quasi "réflexe" qu'il a de demander
l'avis de sa mère. Je crois que c'est le pire, rien que de
l'évoquer je suis énervée. Je me souviens d'un jour où
nous étions chez ses parents. Il me demandait quelque
chose concernant une recette de cuisine. Je lui donne ma
réponse, il me demande : "Mais tu es sûre ?" (déjà cette
question m'agace, car si je ne suis pas sûre, je le précise).
Je lui réponds : "Oui je suis sûre" et, sur ce, il se lève et

me dit : "Attends, je vais demander à ma mère." Déjà, cela témoigne d'un manque de confiance, mais en plus il demande confirmation à sa mère, et ça, c'est intolérable pour moi. Je ressens comme un sentiment de jalousie, au-delà de l'énervement. Jalouse de sa mère, du poids qu'il peut donner à son avis, que ce poids soit supérieur à celui qu'il accorde à ma parole. Je lui en veux, et à lui et à sa mère (qui n'a rien fait, je l'admets). J'estime qu'à cet instant, je ne suis plus celle qui est au centre de sa vie, celle par qui tout passe. Je suis quelqu'un d'assez exclusive et jalouse, j'en suis consciente, mais je trouve qu'il n'y a rien de pire que d'être mise en comparaison/opposition avec la mère de son compagnon. Comme parfois, cela rejoint la même idée, je cuisine et il me dit : "Non, ma mère ne fait pas comme ça", ou alors dernièrement j'étendais du linge et il m'a dit : "Tu sais, ma mère fait comme ça et c'est mieux, comme ça, c'est plus facile à repasser après." Et là, bien que j'aie réalisé que ce qu'il me disait était effectivement vrai, je lui ai dit : "Oui mais moi je fais comme ça !" Et je n'ai pas tenu compte de son conseil (car il s'agissait effectivement d'un conseil de sa part, mais s'il n'avait pas précisé le fait que sa mère faisait comme ça, je l'aurais suivi). Pourtant j'adore sa maman et nous nous entendons bien, mais là n'est pas la question, c'est bien plus compliqué que ça. Je veux être l'unique femme de sa vie, ou du moins celle qui prédomine toujours, qui passe avant tout, et ce, même dans les détails. »

Le plus fort de l'agacement ne provient pas pour Carla du choc des cultures, mais d'une autre dissonance, opposant l'idée qu'elle se fait du couple, fondée sur une confiance et une reconnaissance mutuelle, sinon exclusive, du moins privilégiée entre les deux partenaires, et

la réalité de sa mise en concurrence (défavorable de surcroît) avec une autre femme. Deux schémas relationnels
très différents les divisent, espérons-le provisoirement.
La plupart des agacements alimentés par la belle-famille
croisent ces deux aspects : choc des cultures et préférences relationnelles. Le conflit des manières (touchant
aux aspects les plus divers de la vie quotidienne) est le
plus fréquent, mais produit généralement des irritations
discrètes. Les rivalités relationnelles par contre (quand
une proximité affective, en soi très légitime bien entendu,
se transforme en concurrente du lien conjugal, pouvant
aller jusqu'au partage des petits secrets), plus rares, sont
aussi beaucoup plus explosives. Surtout quand un fils ne
parvient pas à se détacher de sa mère, et utilise cette
complicité comme un instrument de critique et de prise
de distance avec sa femme.

L'important est le sens de l'évolution. La connivence
entre la mère et son fils peut être importante au début,
par exemple quand elle continue à s'occuper de son linge
alors qu'il vit déjà en couple [Kaufmann, 1992]. Mais le
réaménagement des priorités relationnelles opère généralement ensuite, par étapes, en utilisant justement
les agacements comme instruments de régulation et
de mise au point du nouveau système de socialisation
conjugale. Le couple entre ainsi dans le deuxième temps
du cycle, normalement beaucoup plus calme, après la
fièvre des ajustements fondateurs, et avant que la fixation crispante sur quelques agacements éternellement
répétitifs ne finisse parfois par lasser et faire remonter
la pression. Or c'est à ce moment précis, plus critique,
que les belles-familles peuvent à nouveau entrer dans
la danse et jeter de l'huile sur le feu. D'où cette sorte
de règle : quand les dissonances sont faibles ou bien

gérées à l'intérieur du couple, les relations avec la belle-famille provoquent peu d'agacements ; dès que les failles s'élargissent au contraire, les cohortes de la parentèle se métamorphosent en autant d'arrière-gardes du combat et alimentent la ligne de front conjugale en munitions, donnant une telle dimension au conflit qu'il sera bien difficile par la suite de conclure une paix véritable.

La situation de guerre ouverte, heureusement assez rare, permet de mieux comprendre comment fonctionne l'emboîtement des dissonances en temps ordinaire. Le couple et les deux parentèles travaillent quotidiennement à refouler les agacements et à les contenir à quelques anecdotes ; dans le meilleur des cas, on peut même en rire à l'occasion. On rit même souvent dans les relations entre belles-familles, dans un humour à double sens qui cache bien des messages discrets [Jonas, 2006]. Sous la tranquillité et la bonne humeur de surface cependant, des réglages et réajustements divers ne cessent d'être opérés. Les alliances et les mésalliances, les proximités et les distances, les attirances et les rejets, changent en effet, chaque jour. Et cela à la fois dans le premier cercle conjugal et dans les cercles élargis des deux parentés. Le premier cercle et les cercles élargis fonctionnent en interdépendance étroite. Il suffit d'un événement quelque part dans ce vaste réseau interactif pour que se produisent parfois des répercussions en chaîne.

Prenons le cas de monsieur et madame Tinsart[1]. Ils viennent de fêter leurs vingt et un ans de mariage et le bilan est plutôt bon, bien que le poids de la routine ait fragilisé quelque peu le lien qui les unit, comme dans

1. Témoignage recueilli et cité par Clotilde Lemarchant [1999, p. 154-155].

beaucoup de couples [Duret, 2007]. Elle est condamnée à colmater les moindres brèches, car la pression exercée par sa belle-mère menace de les élargir à tout instant. La belle-mère téléphone en permanence, surveillant de près les activités du couple. « Vous ne m'aviez pas dit que vous alliez là. J'ai téléphoné, vous n'étiez pas là. » Il lui arrivait même de faire les deux cents kilomètres qui les séparaient pour venir constater de visu. « Le fait qu'on utilise notre temps libre à voir d'autres amis ne lui plaisait pas, parce que ce temps, on devait lui réserver. C'était quelque chose qui lui appartenait. » Face à ces intrusions abusives, les discussions firent rage dans le couple, et, sous l'impulsion de sa femme, le mari finit par s'interposer. « Mon mari lui a dit : "C'est ça ou rien !" » La belle-mère recula, mais provisoirement. Adoptant les principes de la guérilla, elle prépara une contre-attaque plus discrète, attirant son fils pour lui dire en secret tout le mal qu'elle pensait de sa bru. « J'admettais très difficilement cette attitude de petit toutou à sa maman. » Le partage des confidences est un aspect crucial dans la définition des préférences affectives : les conciliabules avec sa mère prenaient la forme d'une attaque en règle contre le couple. Alors, quand la belle-mère annonça son projet de déménager pour venir habiter près de chez eux, elle menaça son mari de divorce s'il ne réagissait pas fermement. « Ah non ! Ça aurait été invivable ! Vous vous rendez compte ! Déjà, à deux cents kilomètres, c'est infernal... Alors là, à deux rues près, vous imaginez ! Ah non ! D'ailleurs, ce n'est pas difficile, dès fois ça m'angoisse et j'étouffe. Ça m'énerve ! Ça m'énerve ! Ah ! mais je dis : "Elle va me rendre folle !" » L'infortuné monsieur Tinsart, désormais pris entre deux feux, semble quand même avoir opté pour le camp de sa femme, contre sa mère.

Ainsi quand cette dernière, lors d'une visite, et trouvant que le système de rangement n'était pas bon, bouleversa tout dans les placards de la cuisine, madame Tinsart, excédée, demanda à son mari d'obliger la séditieuse à tout remettre en place elle-même. Ce qui fut fait.

La vie n'est pas un long fleuve tranquille chez les Tinsart. Mais il y a pire, bien pire. Quand la fêlure se creuse à l'intérieur du couple lui-même. Quels que soient les abus intrusifs de la belle-famille, le couple peut toujours s'en protéger quand il est uni. Lorsque l'écart conjugal est flagrant au contraire, la moindre chiquenaude de l'entourage est susceptible d'aggraver les problèmes. Surtout si le mari s'appuie délibérément sur ses appartenances pour agresser sa femme. Cindy a senti un petit mieux depuis qu'ils ont déménagé, assez loin de leurs deux familles. Elle n'en pouvait plus. « Cela m'a permis de quitter la belle-famille, collante, curieuse et envahissante, dont j'ai dû subir pendant six ans les réunions où mon mari racontait tout ce qui se passait au sein de ma famille et où je me sentais rabaissée (encore maintenant il raconte tout à sa mère). » Hélas, il s'est encore plus éloigné d'elle, surtout depuis l'achat de la moto. Une solitude extrême (« Je suis loin de tout, je m'ennuie, c'est mortel ») a remplacé les tensions avec la belle-famille, que son mari va retrouver de temps en temps, généralement seul. Comme lors de l'achat de la fameuse moto. « Le fifils à sa maman, il fallait qu'il montre son nouveau joujou. Il est parti dimanche matin pour montrer sa moto à sa mère. Après le petit déjeuner, il m'a dit : "Je vais montrer la moto à ma mère, je fais l'aller et retour, tu viens ? Je serai rentré vers 13 heures." Comme je n'apprécie pas particulièrement ma belle-mère qui glousse devant tout ce qui est nouveau, je ne l'ai pas accompa-

gné et il s'est d'ailleurs absenté la journée et m'a laissée
seule : matin, midi, et après-midi, sans me prévenir qu'il
était bien arrivé. Ma belle-sœur m'a téléphoné qu'elle le
gardait à manger... Ils ont dû se régaler entre eux ! C'est
fou ce qu'on se sent intruse dans cette famille ! »

« L'autre pétasse »

Il est temps de revenir à des agacements plus habituels. Car les crises ouvertes avec la belle-famille pouvant déboucher sur une séparation conjugale ne sont
heureusement pas la règle. L'ordinaire est plutôt carac-
térisé par une paix de surface, travaillée en sourdine
par une infinité de frottements minuscules et de réajustements continuels. La conversation conjugale est ici
essentielle. Le cœur des confidences doit être réservé au
couple ; la critique (secrète) des amis et de la famille
permet de préciser les modalités de l'unité conjugale.
L'univers commun est construit et reconstruit jour après
jour [Berger, Kellner, 1988]. Mais en présence des autres,
ce régime de préférence devient beaucoup plus délicat
à gérer. Ils sont aussi des proches, ils sont aussi aimés
(au moins par l'un des deux). « Ce qui énerve tout le
monde c'est quand un membre de la famille attaque et
que notre bien-aimé(e) fait celui ou celle qui n'a rien vu,
voire prend la défense de son clan » (Isabelle). Il convient
donc d'arbitrer avec beaucoup de finesse et de diploma-
tie, en protégeant l'essentiel (le couple) tout en restant
ouvert et attentif à sa famille. Ce qui implique souvent
d'improviser en direct les conditions, changeantes, d'éla-
boration du front commun. Or les sensibilités des deux
partenaires ne sont pas identiques, l'attachement aux

membres de sa propre famille étant généralement plus fort, quelles qu'aient été les conversations pour s'unifier auparavant. Isabelle surveille son mari du coin de l'œil, pas totalement convaincue par ses proclamations. Bien qu'il déclare (dans le secret des confidences conjugales) ne guère apprécier sa sœur et la trouver « nulle » sous bien des aspects, il change radicalement de ton quand Isabelle passe la ligne rouge des insultes virulentes contre « l'autre pétasse ». Un rituel en forme de joute oratoire s'est mis en place entre eux, avec une certaine dose d'humour parfois, mais aussi les tensions résultant de ce travail de réglage délicat entre proximité et distance des uns et des autres. « J'ai une belle-sœur que j'appelle exclusivement "l'autre pétasse" ou autres qualificatifs encore plus fleuris mais je sais que mon cher et tendre ne l'idolâtre pas et la trouve même assez nulle sur certains plans. Au fond, cela tient du *private joke* : il fait semblant de s'offusquer et j'en remets une couche. Mais je l'accompagne quand même au réveillon chez "l'autre pétasse", en râlant tout le long du chemin que ça me fait suer, qu'elle ne bosse même pas mais qu'il faut que chacun ramène un plat, c'est une honte, jamais j'ai vu ça, et gnagnagni et gnagnagna... En fait, je vide mon sac pour pouvoir arriver à faire bonne figure à ladite pétasse et ne pas lui jeter mon énervement à la face. En grognant avant, je préserve un semblant d'hypocrisie de bon aloi dont on méconnaît par trop les avantages. Si on disait tout ce qu'on pense à tout le monde, tous les repas de famille se finiraient en pugilats. J'ai réussi jusqu'ici à ne pas coller à la pétasse les mandales qu'elle s'obstine à chercher. Mon cher replie soigneusement les oreilles à certains moments. Il sait que si j'ai assez aboyé, je ne mordrai pas. »

L'ajustement est d'autant plus délicat à opérer qu'il ne se résume pas à un simple travail d'équilibrage entre deux mondes bien tranchés : le couple et les deux familles. Les liens familiaux sortent aujourd'hui de leur cadre institutionnel imposé et deviennent de plus en plus électifs : des complicités ou des hostilités interindividuelles se nouent en tous sens, haines entre parents ou affections particulières pour la belle-famille. Or ceci, qui atténue les tensions frontales, démultiplie aussi les possibles et ouvre la perspective d'alliances complexes et subtiles. Moins de grandes batailles rangées, plus d'agacements, protéiformes et changeants. Zoé est très énervée quand son mari lèche son couteau devant elle, avant de le replonger dans le beurre collectif. Elle aurait pu élargir sa critique à la belle-famille, où les manières de table sont différentes de ce qu'elle a connu dans son enfance. Mais, surprise par la violence de ses propres réactions contre le rustre (de rage, elle met les chaussettes dans son bol), elle s'interroge parfois sur son éducation, développant un regard autocritique. « Mon père a tellement ancré en moi certains principes et bonnes manières que c'est comme s'il y avait un petit censeur omniprésent au-dessus de moi, qui me donnait un coup sur la tête chaque fois qu'il y a transgression des règles. J'en frémis ! » Et si la vérité se situait à mi-chemin, se demande-t-elle, entre ma rigueur excessive et le laisser-aller (malgré tout insupportable) de Charles-Henri ? Contrairement à ce que semblent indiquer ses réactions violentes, elle ne souhaite pas nouer une alliance privilégiée avec son père, coupable d'avoir incrusté en elle ce « petit censeur » qui raidit son attitude. Elle est divisée. Et toute division, qu'elle soit individuelle, conjugale ou familiale, est source d'agacements.

Le réglage des préférences et des emboîtements couple/familles se mène à plusieurs niveaux à la fois. Chacun, individuellement, développe le travail en secret. Souvent avec des critiques plus violentes que ce qu'il exprime ouvertement. Mais parfois aussi l'inverse : Zoé n'avoue pas ses doutes (sur elle-même et son père) à Charles-Henri, elle ne lui dit pas qu'elle est plus proche de lui qu'il ne le pense quand elle met ses chaussettes dans son bol. Au plan large des divers cercles familiaux, l'union des deux partenaires est aussi abondamment commentée, avec de fréquentes tonalités critiques (pas pour le plaisir de critiquer ou par pure méchanceté, mais parce que la critique des proches est nécessaire à la construction d'un monde commun). Au centre de ce vaste système d'évaluation mutuelle (entre le secret des pensées individuelles et la glose de la famille élargie), le couple lui-même définit sa propre mise au point des proximités et des distances. La conversation conjugale est la clef de voûte de toute cette architecture de liens familiaux, ce qui tient l'ensemble, par la fabrication quotidienne de l'unité. Le couple doit donc rester vigilant. Bien que laissant libre cours à l'expression des sentiments, pour opérer les réajustements nécessaires inaugurant parfois des nouvelles alliances surprenantes, il doit veiller à ce que n'apparaisse pas le risque majeur, toujours menaçant : la constitution de camps familiaux opposés, plus forts que l'unité conjugale, au cœur de la conversation de tous les jours. Clémentine et Félix n'ont pas vu venir le danger. Il va leur être bien difficile désormais d'oublier ce qui a été dit haut et clair. « Ces derniers temps, il m'a réellement agacée, car je ne peux rien dire sur son père ou sa mère. Quand ma mère l'énerve, il va me dire : "Ta mère est chiante." » Mais si j'ai le malheur de dire que son père est "soûlant" en répétant toujours les mêmes choses, tout de suite Félix va me dire : "Mon père est peut-être soûlant mais ta mère est chiante, alors tu vois..." Et ça m'agace vraiment car je l'admets pour ma mère, il pourrait le faire pour son père !! »

C'est dans la troisième phase du cycle conjugal de l'agacement que le péril guette. Après les frictions des débuts, vite effacées par l'excitation des désirs et digérées par la nouveauté changeante de l'existence, après la stabilisation et le calme de la phase qui suit, la fixation obsessionnelle sur quelques attitudes qui semblent ne plus pouvoir être bougées d'un iota provoque une résurgence d'agacements ponctuels susceptibles d'ouvrir des failles. À ce point, la belle-famille se présente généralement comme un réservoir idéal pour alimenter la critique. Rarement sous la forme d'une bataille frontale, telle qu'elle se développe entre Clémentine et Félix. Mais davantage de façon indirecte, par des allusions, des harcèlements discrets, des dénigrements voilés. Se produit alors un petit événement tragique, qui peut élargir la portée des crispations irritantes. Le partenaire conjugal a vieilli, sans qu'on s'en rende trop compte, ses traits physiques ont changé. Le couple est sorti de l'improvisation des débuts et est désormais installé dans la normalité familiale. Il arrive alors fréquemment qu'apparaissent soudainement des ressemblances entre le conjoint et l'un de ses deux parents, qui frappent d'autant plus les esprits que dans les souvenirs beaucoup de traces de la jeunesse de ces derniers restent présentes (photos notamment). Les familles adorent d'ailleurs s'amuser à souligner toutes ces ressemblances. Des bonnes ressemblances, mais plus souvent des mauvaises. Au-delà du physique, des caractères culturels, des manières d'être résistantes de génération en génération, se révèlent et ouvrent des perspectives nouvelles à l'agacement. Clémentine est effarée par ce qu'elle découvre. « Je crois qu'au début de notre rencontre il était moins agaçant, il écoutait au moins tout ce que je lui disais !! Mais je crois qu'il est un peu comme son père, il aime parfois en rajouter, comme si cela le faisait jubiler. De là à dire que l'agacement est héréditaire, je ne sais pas mais parfois on dit tel père tel fils !! Et dieu sait si son père est agaçant, à la limite de l'intolérance, où seul ce qu'il dit a valeur de vérité. Super-énervant ! Et Félix, mon cher et tendre, prend parfois les allures de son père et donc devient agaçant !! Est-ce l'âge qui accentue ce côté agaçant ou le nombre d'années passées ensemble ? » Le trait de caractère identifié dans la famille adverse devient un abcès de fixation, prétexte à la fois aux simplifications (tout le mal vient de là) et aux amalgames, aux généralisations abusives. Comme le souligne Erving Goffman [1975] à propos du stigmate : le porteur d'une simple marque disqualifiante peut être suspecté de toutes les infamies. Et surtout, l'indécision peut s'installer et rendre flou le fait de savoir qui exactement (du père ou de son fils, de la mère ou de sa fille) est vraiment critiqué. Jean est passé maître dans l'art de blâmer sa belle-mère pour tenter d'influencer Agnès de façon détournée. Nous avons vu que, piégé par ses contradictions, il ne peut lui reprocher directement ses excès de zèle ménager. Or il a remarqué qu'elle ne protestait guère quand les mêmes reproches étaient adressés à sa mère[1]. Il ne s'en prive donc plus, se

---

1. Jean l'ignore, mais Agnès a dans ses rêves une autre vie, où l'ordre ménager est remisé au grenier : sa mère lui renvoie alors l'image de son aliénation présente.

libérant par personne interposée de tout ce qu'il ne peut dire en face. Parvenant ainsi à dire sans dire trop ouvertement, et confortant peu à peu sa position. Il ignore qu'il n'a réussi ce petit exploit que parce qu'Agnès l'a laissé faire. Ce qui est peut-être préférable d'ailleurs. Car il a reconstitué ainsi une estime de soi qui était sérieusement mise à mal. Il se sentait totalement infériorisé par les crises incompréhensibles et idiotes à propos des chemises et des boutons. Ces vexations, sous les rires adverses, étaient ce qu'il y avait de plus pénible à vivre, au cœur de l'agacement.

Mésestime et vexations

Le couple travaille quotidiennement à fabriquer son unité, en se fondant sur l'écoute, la confiance et la reconnaissance mutuelles. Dans le monde concurrentiel agressif et fragilisant qui est le nôtre aujourd'hui, il est un lieu de réassurance, de réconfort et de reconstitution de l'estime de soi. Grâce à la position de principe, empathique et zélatrice, du partenaire. Autour de la table du repas par exemple, chacun vient raconter ses petits malheurs de la journée, dénonçant ce dont il a été victime aux oreilles compatissantes de ses soutiens inconditionnels. Le moindre manquement à ce devoir est vécu comme une trahison très pénible.

Le premier degré de la trahison est constitué par la simple distraction, une oreille insuffisamment attentive, ou le refus systématique de prendre sérieusement en considération l'avis du conjoint. « Mon mari n'a aucun sens de l'orientation et il persiste cependant à ne pas écouter mes indications lorsque nous allons quelque part et qu'il ne connaît pas la route. Ce qui m'agace le plus, c'est qu'il fait semblant d'être sourd et prend les directions opposées à celles que je lui indique. » Pour Lamia, cette attitude est délibérée et la vise personnellement, comme s'il s'agissait de la rabaisser. Agression intime qui enfle l'agacement, surtout quand elle produit de véritables catastrophes ménagères. « Nous avons emménagé dans une maison dont le carrelage est blanc. Au bout d'un certain temps, l'usure aidant, le carrelage a perdu de sa blancheur immaculée, d'où l'insistance quasi quotidienne pour "le nettoyer à l'acide chlorhydrique", ce que j'ai toujours refusé. Je prévoyais cependant de faire un nettoyage dans les règles de l'art mais sans acide chlorhydrique. Partie pour des vacances chez ma sœur, quelle ne fut pas ma surprise de retrouver toutes les parties métalliques de ma maison rongées, des morceaux de carrelage disparus. Mon mari et l'acide avaient sévi... » Il est cependant difficile de savoir si le mari agit vraiment pour la diminuer ou si son attitude ne résulte pas tout simplement de l'habituel choc des manières. De même, le comportement du distrait n'est pas toujours aisé à décoder. « Mon mari est extrêmement distrait et cela m'énerve énormément. » Gally s'interroge. « Il répète systématiquement les mêmes oublis et j'ai parfois du mal à croire qu'il ne le fait pas exprès (mais exprès pourquoi ? Pas pour le plaisir de me faire sortir de mes gonds. Donc, c'est qu'il est réellement distrait). Une excellente illustration : avant de se coucher, Akira redescend toujours fumer une cigarette dans le séjour. Nous avons convenu qu'il ouvre la fenêtre pendant qu'il fume pour que cela ne sente pas trop le tabac dans la maison. Quatre fois sur cinq, il ne referme pas la fenêtre avant de remonter. Et le lendemain matin il fait un froid glacial dans le séjour. Le pire est que si je lui demande s'il a refermé la fenêtre il répond que oui. Le plus grave est qu'il est réellement persuadé de l'avoir fait. Du coup c'est désarmant : je pourrais me fâcher s'il me répondait "oui" pour avoir la paix, tout en étant conscient de ne pas l'avoir refermée. Mais là, il est sûr d'avoir accompli ce geste. C'est un mouvement tellement quotidien qu'il ne sait pas s'il l'a fait à l'instant ou bien hier. Que lui dire ??? Il n'empêche que si je trouve cette fichue fenêtre ouverte, j'ai envie de le secouer comme un gamin. » D'un côté, elle est poussée à penser qu'il est ainsi, différent, étranger intime qui « vit dans son monde », spécialiste des « hautes sphères » cependant qu'elle gère le quotidien. « Akira ne se sent pas concerné par toutes ces petites choses que j'appelle "bassement matérielles". » Mais d'un autre, cette distraction bienvenue pour Akira lui offre une confortable position de pouvoir et le conduit à ne pas reconnaître Gally. « Si j'ose lui parler, il s'éloigne carrément pour ne pas m'entendre. » Il est résolument sourd à ses demandes. « Je me sens niée dans mon projet personnel et aussi en temps qu'*alter ego* dans le couple. » Elle le suspecte en fait de ne pas être aussi distrait qu'il s'évertue à le montrer et de forcer quelque peu sa nature, par intérêt égoïste.

La différence n'est pas condamnable dans le couple. Au contraire, elle intervient dans la construction d'un jeu de rôles complémentaires. Le partenaire a par ailleurs, dans sa culture héritée, des traits de caractère si profondément enracinés qu'il est irréaliste de penser pouvoir les réformer un jour. Chacun essaie donc de contrôler les petits agacements stériles provenant de ces fatalités discordantes ; le couple est une école de tolérance. Si Gally était certaine que toute la volonté du monde ne pourrait permettre à Akira de se corriger, elle parviendrait sans doute à refouler ses irritations. Mais justement elle doute, et accumule les indices prouvant le contraire. Alice aussi mène l'enquête : Aziz est-il purement et simplement un distrait ? Constatant lui-même ce défaut (ou l'exagérant volontairement ?), il a pris l'habitude de se décharger sur elle en lui demandant de le lui faire penser à diverses choses. « Il me dit sur un ton on ne peut plus sérieux : "Ce soir il faut absolument que tu me fasses penser à appeler mon père, à faire une analyse antivirus sur l'ordi, etc." » Alice s'exécute. « Lorsqu'il me demande de lui rappeler qu'il doit faire quelque chose d'important pour lui, je me sens comme investie d'une sorte de mission, j'estime que j'ai une responsabilité dans le fait qu'il pense ou non à le faire, je me sens alors importante, j'ai un rôle que je prends au sérieux. » Hélas, Aziz s'est enfoncé dans le confort tranquille consistant à utiliser très librement cette mémoire additionnelle. « Quand je le lui rappelle le soir venu il me dit : "Ah ouais, je le ferai demain." » Parce que lui de son côté il oublie systématiquement (je suis un peu sa "deuxième tête") et quand il réagit comme si finalement ce n'était pas si urgent que ça, là j'avoue que je lui mettrais bien une petite paire de gifles parce que je me sens idiote d'avoir fait cet effort de penser à lui rappeler quelque chose, d'avoir cru que j'étais un peu indispensable dans le sens où en me le demandant il sait très bien que moi je vais y penser. Il se décharge un peu sur moi en fait et lui reste cool, il sait qu'il peut compter sur moi pour ça. En fait, je me sens vexée et je déteste ce sentiment, donc je lui en veux durablement (pour moi ça signifie quelques heures !). » Les motifs d'agacement se mélangent et s'additionnent jusqu'à produire un sentiment explosif. À la distraction en

soi, déjà sourdement agaçante, s'ajoute le dysfonctionne-
ment du jeu de rôles (la différence est acceptable quand
elle fonde ce dernier) ; Aziz prend ses libertés avec le rappel de ce qu'il a à faire alors qu'il l'avait lui-même expres-
sément demandé. Il est contradictoire. Or cette division
interne ne provoque aucune dissonance personnelle (il
s'identifie en deux séquences de vie sans lien entre elles),
car, en se désengageant mentalement, il a reporté l'effet
de cette dissonance sur Alice, qui, elle, est très énervée
par ces deux Aziz non concordants. Mais elle l'est encore
plus par un dernier niveau de l'agacement. Elle a pris
au sérieux sa demande et s'est engagée fortement. En
restant aveugle à ce don amoureux, Aziz ignore et ses
efforts et sa personne même. Vexation qui introduit un
sentiment encore plus douloureux. Piégée dans ce don
sans retour, Alice se jure que la prochaine fois on ne la
reprendra plus... tout en sentant intuitivement que rien
n'est moins sûr. Nouveau déchirement intime, nouvelle
source d'agacements.

L'agacement provient toujours d'une dissonance entre
schèmes concurrents, qu'ils soient modèles éthiques,
guides d'action ou structures de personnalité ; le couple
démultipliant les discordances possibles (1 + 1 = 4). La
mésestime et la vexation semblent à première vue ne
pas entrer dans ce registre, mais seraient à ranger plutôt
du côté du désamour et de l'insatisfaction. Pourtant, les
témoignages le montrent, le sentiment négatif qui est
ressenti prend aussi la forme caractéristique de l'agacement, un agacement particulièrement pénible. Car il y a
bel et bien dissonance. D'abord, parce que les diverses
formes de vexation et de rejet poussent au repli sur soi
[André, 2006], repli qui ouvre des failles avec la socialisation conjugale. Ensuite, parce que l'écart se creuse entre

l'idéal et la réalité. L'amour et les rêves se heurtent à la médiocrité résistante du concret, qui renvoie les ondes du choc en autant de vibrations intérieures désagréables. Notamment un aspect particulier de cet idéal : l'attention à soi et la reconnaissance de soi, sans lesquelles il n'est pas d'amour véritable, et dont l'absence constitue une cause majeure de divorce pour les femmes [Francescato, 1992]. C'est bien pourquoi Gally et Alice mènent l'enquête : elles veulent savoir s'il y a un véritable manquement à ce principe intangible du pacte amoureux. Or il n'est pas toujours simple de faire clair. Carla, par exemple, a du mal à conclure. « J-P » est attentionné et sait parfaitement la valoriser et la soutenir à des moments essentiels. Mais alors, pourquoi ces soudaines vexations ridicules dans le supermarché ? « Il me demande si j'ai fait peser les fruits et légumes, je lui réponds : "Oui, je l'ai fait", et il vérifie dans le Caddie si je l'ai effectivement fait. *Idem* pour des histoires de gaz coupé, de porte fermée, etc. Je déteste l'image qu'il a de moi dans ces moments-là, c'est terrible. Autant il me fait confiance pour des événements d'envergure (la réussite à mes examens ou le fait que j'ai été brillante à un entretien), autant il me dévalorise totalement pour des détails de la vie quotidienne. Je ne comprends pas ce décalage car je me dis que s'il ne peut pas me faire confiance pour une broutille qui n'aura pas grande conséquence, comment peut-il le faire pour de grandes choses ? Lorsque cela arrive, je le lui fais toujours remarquer. Et ce pourquoi je lui en veux le plus je pense, c'est le fait qu'il vérifie les choses devant moi ! Il pourrait attendre que j'aie le dos tourné, mais non, pour lui son attitude n'a rien de blessant, alors que moi ça me blesse, mais surtout ça me vexe ! » L'analyse proposée par Carla par la suite est nette, un peu trop nette d'ailleurs. Elle

dit : oui cela provient sans doute du choc des manières
et de seulement cela, la confrontation avec ses maniaqueries ridicules ouvrant une nouvelle source d'agacement
(prenant le relais de la vexation ressentie dans un premier temps). « Il faut dire que c'est quelqu'un d'ultra-
perfectionniste et plutôt stressé, et il m'assure que par
exemple, même s'il avait pesé les légumes lui-même, il
l'aurait vérifié quand même. Ça ne me "console" qu'à
moitié, car alors je peux dire que cette tendance qu'il a
de toujours remettre les choses en question, de tout vérifier, de réfléchir à toutes les éventualités même les plus
inenvisageables avant de faire quoi que ce soit m'agace
terriblement. Il est des situations où la spontanéité est
de rigueur, et à vouloir toujours tout planifier, on enlève
une grande part de charme aux choses. » Elle continue
en fait à s'interroger : et si cette scène minuscule révélait tout un pan de ses pensées secrètes, très différentes
des belles proclamations ? Et si le supermarché dévoilait
une vérité cachée ? Un indice est troublant : la scène a
lieu en public, alors que les belles proclamations sont prononcées dans le secret de l'intimité. Sans compter que,
dans un autre contexte, semi-public (dans la famille de
« J-P »), il se range spontanément du côté de sa mère et
ignore ses avis. Les deux sources d'agacement de Carla
(les maniaqueries et la référence à sa mère) fusionnent
dans le manque de confiance à son égard. Elle l'exprime
d'ailleurs très bien dans cette tirade à la manière de
Cyrano, en réponse à une de mes questions : « En ce qui
concerne l'agacement quand il fait référence à sa mère,
oui, je lui ai exprimé. Plusieurs sentiments. Le dépit : "Oh
mais c'est dingue comme à chaque fois il faut que tu aies
la confirmation de ta mère !" La colère : "C'est terrible que
tu ne puisses pas me faire confiance." Le cynisme : "Tu

as raison, il faut toujours demander l'avis de sa maman !"
Ou il arrive que je soupire tout simplement. » Carla tente
de reconstituer sa fierté blessée et son unité autour de
cette notion de confiance : « J-P » doit apprendre à lui
faire confiance, et il doit prendre confiance en lui-même,
faire confiance à la vie. « Reprenons l'exemple des fruits :
quand il me demande si je les ai pesés, je lui réponds :
"Oui, je les ai pesés." Et quand je vois qu'il vérifie, je lui
dis : "Mais pourquoi es-tu aussi peu confiant ? Si je te
dis que je les ai pesés." Mon ton est plutôt calme, peut-
être accompagné d'un soupir de désespoir. » Elle a décidé
d'engager le combat pour corriger les angoisses et véri-
fications abusives de « J-P », qui alimentent le manque
de confiance à son égard. « Cela me fait penser à une
anecdote : il y a une semaine, nous nous sommes rendu
compte que nous avions perdu un trousseau avec deux
clés : celle qui permet d'accéder à l'ensemble des caves
et aux vide-ordures (nous vivons en appartement) et celle
de notre propre cave. Après avoir réfléchi à la dernière
fois où nous les avions utilisées, nous avons déduit qu'il
les avait oubliées sur la porte de l'accès aux caves. Ma
réaction : ce n'est pas grave, j'irai voir le gardien demain
matin, je suis sûre qu'il les a, celui qui les aura trouvées
les aura rapportées. Sa réaction : "Mais tu ne te rends
pas compte, on va en avoir pour très cher de serrurier,
on nous a sûrement volé ce qu'il y avait dans notre cave !
L'assurance ne nous remboursera pas, comme on avait
oublié les clés sur la porte..." Je lui ai dit : "Mais fais-moi
confiance, il n'y a pas à s'inquiéter, demain tu en rigole-
ras." Il n'en a pas dormi, quant à moi, ça me rendait un
peu triste de le voir comme ça mais surtout ça m'agaçait
cette façon d'exagérer les choses. Le lendemain matin,
j'ai retrouvé nos clés qui étaient encore sur la porte ! Je

lui ai dit : "J'espère que ça te servira de leçon pour la prochaine fois." Mais je n'ai eu pour réponse qu'un timide
"mouais" pas très encourageant. » Le combat n'est pas
gagné (mais Carla a quand même réussi à empêcher
« J-P » de descendre vérifier le soir même). Elle a maintenant une ligne d'action qui la réunifie et la valorise.

Le manque d'écoute, voire la dépréciation ou le dénigre-
ment du partenaire, pénibles dans l'intimité, deviennent
absolument insupportables en public. Comment continuer
à s'engager avec dévouement dans le travail complexe
de fabrication de l'unité quand l'aimé(e) vous trahit ainsi
sous le regard des autres ? Lorenzo se sent trompé. « Lors
d'un dîner avec des amis, la façon dont elle essuie d'un
revers de main ce que je suis en train d'essayer d'expliquer ("Il aime exagérer, ça lui arrive tout le temps"). Ce
qui m'énerve, c'est juste le fait qu'elle déprécie mon
discours sous prétexte qu'elle me connaît "trop" bien.
Pour rentrer dans les détails, c'est par exemple quand
je me plains d'une douleur quelconque, et elle met tout
de suite fin à ce que je dis en expliquant : "Ah, mais
n'écoute pas Lorenzo, c'est un hypocondriaque de première." Ou, sur la musique/cinéma : "Ah, mais Lorenzo ne
s'intéresse qu'aux trucs que personne ne connaît" (ce qui
sous-entend : qui n'intéressent personne à part lui, donc
sans intérêt). » Le plus troublant est lorsqu'un contexte
relationnel révèle une facette différente du partenaire,
plus proche d'un inconnu que de soi, allant jusqu'à adopter une liberté de ton très désagréable, et émettre des
propos différents de la version intime. Le partenaire est
alors déjà doublement dissonant : par sa dualité flagrante
et par sa non-conformité à l'idéal conjugal. Mais quand
en plus, il noue des complicités diverses au détriment
du couple, ignorant au passage celui ou celle qui devrait

amoureusement mériter tous ses égards, le bouillonnement interne atteint son maximum. « Régulièrement,
mon doux me parle d'un super-gars génial hypercool et
tout et tout : et il a dit ci, et il pense que ça, et lui, il
est d'accord avec moi sur tel ou tel sujet. De quoi j'me
mêle ? Chaque nouveau venu me vaut quelques mois
d'euphorie. Et pendant quelque temps, c'est le gars qui a
raison, c'est à lui qu'on demande ce qu'il pense de détails
qui ne le regardent pas. Et ça, ça m'agace. Qu'il veuille
faire le fiérot devant les gars du boulot mais qu'est-ce
que ça m'énerve ! » (Isabelle). Le premier venu ne peut
ainsi occuper la place de partenaire privilégié. Le couple
a ses règles (le soutien mutuel, la complicité prioritaire),
qui ne peuvent être enfreintes à la légère. Surtout bien
entendu quand l'ami ou l'amie qui détourne le regard
de l'aimé(e) est du sexe opposé. « Question : pourquoi
moi j'ai droit à la triste figure des matins blêmes, et que
madame passe une heure à se maquiller avant d'aller
voir trucmuche à son bureau ? Je ne dis pas qu'il se passe
des choses, c'est juste le contraste des deux figures qui
est choquant. La sale bobine pour moi, les couleurs et les
rires pour les autres. C'est un peu le monde à l'envers,
c'est giga agaçant ! Surtout, comme par hasard, quand il
y a un beau mec qui passe dans les parages. J'ai lu que
c'étaient plutôt les hommes qui soi-disant étaient ainsi,
séducteurs dans l'âme. Eh bien, je peux vous dire que les
femmes aussi, et que c'est très agaçant pour le pauvre
mari » (Markus). Très agaçant aussi pour la pauvre femme
(en l'occurrence Zoé) quand c'est l'homme qui parade :
« Dès qu'il y a une présence féminine, il se transforme
en coq ! » Ou quand le regard qu'il porte sur les autres
femmes ne respecte guère la préséance amoureuse. « Ce
qui m'agace c'est son attitude qui consiste à admirer

chez les autres – principalement des femmes – quelque chose qu'il trouve insupportable chez moi, comme le dynamisme, l'enthousiasme... » (Fidelia).

L'insatisfaction

Avec la mésestime et les vexations, nous pénétrons dans le monde de l'insatisfaction conjugale, souvent intimement liée à l'agacement et pourtant bien distincte. L'agacement est un mécanisme précis, qui résulte de dissonances non refoulées, y compris dans des couples complices et heureux. Caroline avait arrêté de témoigner parce qu'elle était désormais dans une bulle de tendresse et d'amour, « même si parfois j'ai envie de l'étrangler, du normal quoi ! ». Les manifestations les plus aiguës de l'agacement prennent la forme de soudaines décharges émotionnelles. L'insatisfaction se caractérise généralement à l'inverse, de façon secrète et lancinante, par un détachement et un effondrement intérieur : le monde privé n'a plus de sens. Elle s'installe notamment dans l'usure ordinaire de la vie à deux [Duret, 2007], brisant les élans fusionnels et élargissant l'écart entre les deux partenaires [Francescato, 1992]. De ce point de vue, elle constitue un terrain privilégié pour qu'émergent de nouveaux agacements. De même que la répétition pénible d'agacements jamais résolus peut faire plonger peu à peu dans l'insatisfaction. Les deux processus s'articulent et s'alimentent donc parfaitement, entraînant le triste équipage vers l'abîme du pire, où se mêlent crises et désamour. Il faut toujours se méfier des petits agacements mal résolus.

Malvina est agacée au plus haut point. Tout ce que fait Richard, ou presque, est irritant et haïssable. Elle avait longtemps repoussé le moment de son entrée dans la vie conjugale, de peur de perdre son autonomie et d'être reléguée dans un rôle domestique subordonné. Richard lui avait fait des promesses merveilleuses, incroyablement vite oubliées. Elle vit exactement le cauchemar qu'elle redoutait. Piégée, sans perspective, elle ressent une insatisfaction d'autant plus vive que son cas ne résulte pas de la simple usure du quotidien ; elle a été manipulée et trompée. Dans son témoignage, elle parle pourtant davantage d'agacement que d'insatisfaction, et ceci représente peut-être une petite lueur d'espoir. Car l'agacement, même s'il s'agit d'une énergie mauvaise, dégage malgré tout une énergie (alors que l'insatisfaction est plutôt dépressive), il mobilise l'individu, l'incitant à chercher des réponses. Bien que le combat soit difficile, Malvina espère encore obtenir des changements.

L'agacement est ambivalent au regard de l'insatisfaction. Certes, il tend généralement à accentuer cette dernière dans la longue durée. Mais il peut aussi, dans l'instant, ouvrir l'expression du mécontentement, libérant ainsi un peu des rancœurs accumulées, et parfois faire évoluer vers des solutions. Concernant l'usage de la télécommande, Caroline distingue l'ordinaire (Marc ne la lâchant jamais quand il est face au poste) des excès inacceptables (lorsque Marc la garde dans sa poche quand il va aux WC). La première attitude la « bloque dans l'insatisfaction ». Elle aimerait en effet que les relations soient plus équilibrées dans leur couple. Elle n'y pense cependant pas toujours ; elle a pris l'habitude, leur vie est ainsi désormais. L'excès condamnable la sort soudainement de sa torpeur conjugale, l'agacement réveille des exigences. Trop, c'est trop, Marc n'a aucune considération pour ses propres désirs. La crise fait ressortir des pensées et des paroles enfouies. Les couples sentent la plupart du temps quand un agacement est lié à une insatisfaction sous-jacente, les rendant plus prudents dans sa gestion. Car s'il a la vertu de libérer la parole, l'agacement peut aussi aggraver l'insatisfaction. Ils sentent aussi à l'inverse quand il est davantage déconnecté de tout soubassement problématique, voire purement défoulatoire. Ce qui ne veut pas dire qu'il soit moins agaçant. Car les deux protagonistes peuvent alors s'engager dans leurs guerres minuscules sans retenue. « Je suis surtout agacé par le désordre de ma compagne. Elle laisse traîner des petites choses sur la table, alors que j'aime bien que celle-ci soit bien dégagée, abandonne ses chaussettes dans la salle de bains plusieurs jours durant, avant de se décider à les ranger. En fait, je suis plutôt ordonné, mais pas non plus maniaque, et elle n'est pas non plus complètement désordonnée. Je pense que là où ça m'énerve, c'est que ce sont justement des petites choses qui pourraient facilement être résolues : cela ne demanderait pas un effort surhumain de ranger toujours les journaux à leur place, ou de jeter un papier une fois qu'on n'en a plus besoin. Dès lors, pourquoi ne pas le faire ? Sinon, je tiens à dire que ces petits agacements ne prennent pas des proportions graves. Notre couple va très bien, et s'il devait être mis en péril, je ne pense pas que ce serait à cause de ça » (Gautier).

Le dégoût

L'agacement peut connaître cette dangereuse évolution qui le pousse à s'enraciner dans les profondeurs critiques de l'insatisfaction. Il peut aussi, en se cristallisant, prendre la forme particulière et très problématique du dégoût. Rien n'est plus opposé à la logique amoureuse que cette sensation détestable. Elle apparaît pourtant, de façon souvent localisée, dans des situations caractéristiques de rapprochement des intimités corporelles, contraintes et mal vécues. Au lit, dans la salle de bains, autour de la table. La table, sorte d'épreuve conjugale inattendue, arrive sans conteste en numéro 1 du hit-parade des petits dégoûts exécrables. Nous héritons d'une longue histoire qui a installé cette position (assis en face à face pour une durée relativement longue) à une époque où l'échange interindividuel n'était pas ce qu'il est aujourd'hui [Kaufmann, 2005]. Le couple doit désormais être capable de soutenir le face-à-face. Son arme principale est la conversation, qui permet par ailleurs de construire une culture commune. Mais il est rare qu'elle soit suffisamment nourrie pour faire écran à l'observation scrupuleuse du vis-à-vis. Des bruits, des manières de faire, qui dans d'autres contextes auraient déclenché des agacements plus classiques, provoquent alors des sensations, beaucoup plus troublantes, de dégoût. Parfois très ponctuelles, ce qui ne les empêche pas de provoquer des réactions vives, comme le petit « pfuit » de la bouche qui fait bondir Nicole. « Il fait trop de bruit en mangeant. Bien qu'il mange lentement, il mâche beaucoup, en respirant fort et en faisant un petit "pfuit" de la bouche. C'est pire quand il est fatigué, il a différents tics de la bouche et des yeux. Ça, c'est un truc. Si je mange aussi, je l'entends à peine, si je ne mange pas, ça m'exaspère, si je suis énervée je quitte le plus souvent la pièce où il voit sur mon faciès que l'énervement monte. » Parfois beaucoup plus larges et continuelles. Depuis le temps qu'elle subit cette épreuve, Jade a accumulé les observations détaillées, qui lui permettent de dresser ce tableau clinique impressionnant. « Mon ami mange très vite, lève très peu la tête entre chaque bouchée. Il lui arrive de pousser un peu avec les doigts, de tenir sa fourchette comme les enfants en début d'apprentissage, ou encore comme le font beaucoup de gens de la terre. Il lèche souvent le couteau, essuie ce dernier sur la serviette (quand elle est en papier ça va, mais en tissu !!!) : l'élégance même ! Il joint le couteau à la bouche pour l'accompagnement d'un bout de fromage. Par contre, il ne mange pas la bouche ouverte et ça J'APPRÉCIE. Autre point très important, il fait beaucoup de bruit avec les couverts, quand il pique la nourriture, j'ai l'impression qu'il va trouer l'assiette. Il fait du bruit quand il absorbe un liquide, souffle systématiquement sur la nourriture chaude même quand elle ne l'est pas. Il aspire plus qu'il ne mange la nourriture. J'ai beaucoup de mal à apprécier mon repas, car je ne le sens pas présent, comme s'il n'habitait pas son corps, je me sens seule. Ce moment devrait être convivial, j'appréhende chaque repas. Je lui en parle, on en discute, il dit qu'il fait des efforts, que ça viendra. Mais ces efforts ne durent pas, après il s'énerve. Tous les jours, je réfléchis, essaie de me remettre en question. Malgré tout je ne parviens pas à faire l'impasse sur ces agacements. Quand je le vois manger ça me dégoûte. J'ai l'impression qu'il va rendre dans l'assiette avec ses renvois et ses hoquets. Mon ami est pourtant un bel homme, il s'habille bien, il plaît aux femmes, mais voilà. »

Le caractère systématique de la description signale qu'un degré a été franchi. Comme pour le lien entre agacement et insatisfaction, le problème n'est pas tant dans une manifestation localisée de dégoût que dans son élargissement, contaminant progressivement l'ensemble de la relation. Jade a d'ailleurs beaucoup de difficulté à oublier la table quand elle se retrouve au lit. « Les moments d'agacement dus au dégoût rejaillissent un peu sur le désir. J'ai besoin d'être séduite par mon partenaire. J'ai alors beaucoup de mal à oublier ses attitudes qui manquent complètement de finesse. Ça me contrarie, il me faut attendre un bon moment avant de pouvoir être mise en condition. J'ai très peur pour cette relation, je ne sais comment je vais gérer cela en toute franchise. » Une telle irradiation du dégoût heureusement n'est pas la règle, elle est même exceptionnelle. Car en ce domaine encore plus que dans l'agacement classique, le refoulement opère, que ce soit par la socialisation conjugale ordinaire ou par les parenthèses plus enchantées de complicité amoureuse. Les petits dégoûts potentiels ne sont perçus que vaguement, de loin, et surtout, très vite oubliés dans la séquence biographique qui fait suite. Un aspect crucial de l'art conjugal consiste à compartimenter et isoler les sensations négatives. Nous nous souvenons par exemple de Melody, elle aussi agacée jusqu'au dégoût, à table, quand « IL » sauce son assiette, lui donnant l'impression de « passer la serpillière ». Oui, dit-elle, il s'agit bien d'un « repoussoir amoureux ». Mais les effets négatifs de la scène « excèdent rarement dix minutes ». Elle est totalement effacée quand Melody porte un regard amoureux sur son homme. « Les deux états me semblent pour moi être clairement délimités, c'est chaud ou c'est froid, jamais tiède. Je rejette mon homme ou j'ai un élan vers lui. » Cette succession de séquences biographiques dominées chacune par une ambiance franche explique que le lit soit si peu cité comme espace où se manifestent des dégoûts. Car il est trop connoté amoureusement pour que ces derniers s'y expriment ; ils sont refoulés. La table au contraire donne l'impression d'être un contexte banal (alors que les intimités s'y entrechoquent pourtant frontalement). Les petits dégoûts s'y manifestent donc avec plus de liberté.

L'irritabilité pathologique

L'agacement est un mécanisme social, très précis, qui se forme au point de contact entre deux cultures individuelles structurant les gestes les plus ordinaires, dont les protagonistes ignorent combien elles sont différentes. Il n'y a rien de plus normal dans la vie d'un couple, même si le lien toujours possible avec l'insatisfaction rampante le fait parfois évoluer vers une situation plus dangereuse. Il arrive d'ailleurs que les petits agacements bien maîtrisés soient l'occasion de défoulements, de rééquilibrages psychologiques, et d'expression de ce qui est habituellement gardé au secret. Mais il est vrai aussi que l'émotion libérée peut parfois devenir incontrôlable, jusqu'à atteindre des sommets ; des cris, des bris d'objets, des coups dans les cas les plus graves. Dans ces rivages extrêmes où le simple agacement se transforme en violence, il nous faut sortir un peu de notre sujet strictement défini. Le couple est une machinerie complexe et délicate qui produit intrinsèquement les dissonances à l'origine des agacements. Mais le couple dans son fonctionnement même n'explique pas tout. Car certaines personnes y arrivent déjà porteuses d'une charge d'irritation, pour toute une série de causes : sociales, psychologiques, physiologiques. Voici quelques exemples, qui sont loin de faire le tour du problème.

Il faudrait parler des toxicomanes soudainement sevrés, ou des personnalités « borderline ». Écoutez simplement le bref témoignage de Cali, qui retourne la violence contre elle-même. « Je suis âgée de 20 ans et en couple depuis deux ans. J'ai un problème : je suis toujours énervée, et il y a quelque temps (un an environ) je me mutilais quand ça n'allait pas (énervement surtout). J'ai réussi à stopper, mais voilà en ce moment, l'envie me reprend. J'ai du mal à me contrôler, je ne sais plus quoi faire et mon ami ne sait pas. » Ou celui de Jennifer. « Je suis au bord du clash affectif avec mon ami, je ne sais pas combien de temps il pourra me supporter. Je crie tellement que j'ai presque plus de voix à chaque fois pour des raisons plus stupides les unes que les autres ! Je casse des choses et je me griffe, c'est l'enfer ! » Il faudrait aussi parler de toutes les maladies somatiques qui provoquent un état d'irritation aiguë[1] et chronique. Je me limiterai au cas des maladies inflammatoires chroniques intestinales (MICI), et notamment de la rectocolite hémorragique (RCH), particulièrement insupportable. Les malades souffrent à un tel point qu'ils perdent le contrôle d'eux-mêmes et entrent dans des crises d'irritabilité majeures. Olivia essaie de comprendre. « Je ne souhaite pas blesser qui que ce soit, mais j'ai besoin de votre aide ou de réponses quant à ma question : les personnes souffrant de RCH sont-elles toutes difficiles à vivre ? Je vis depuis quelques années déjà avec mon ami malade de la RCH, et à plusieurs reprises ses crises d'irritabilité, de maniaquerie et d'intolérance chronique à mon égard, dues à

---

1. Il est d'ailleurs sans doute utile de signaler ici que le terme d'agacement est apparu vers le XVIᵉ siècle, dans les traités médicaux, pour désigner l'état que procure une dent irritée.

ses périodes de RCH, ont été la cause de violents différents, voire de ruptures de couple... Et cela ne s'arrange pas avec les années. Je ne sais plus comment agir, quoi faire dans ses situations de "crises". Je peux comprendre sa maladie, mais quand cette violence l'amène à faire gicler la vaisselle, j'avoue ne plus être sûre de pouvoir soutenir cette situation. »

Ces cas extrêmes (et dramatiques) ne sont cependant pas sans lien avec le sujet qui nous préoccupe. Certes le potentiel d'énergie colérique est incomparablement plus élevé que la moyenne et répond à des causes extérieures à la vie conjugale, provoquant des dégâts considérables. Mais le mécanisme en lui-même fonctionne d'une façon identique. Les déclencheurs en particulier se fixent sur des microdifférences, des conflits de manières, des objets qui résistent. « Je pars en live toutes les cinq minutes. Mais voilà, depuis quelque temps, je remarque "enfin" et comprends "enfin" que je m'énerve pour rien... Lorsque je dis "un rien", je m'entends, de la simple assiette qui traîne dans le lavabo, jusqu'à ne pas réussir à joindre quelqu'un en ligne... j'en ai ras la casquette ! » (Alex). Dans nombre de situations, bien au-delà des cas véritablement pathologiques, le couple ne fait en réalité que révéler ou accentuer une irritabilité, voire une violence qui existaient au préalable [Séverac, 2005]. Il est un accélérateur d'explosivité.

Les circonstances sociales aggravantes

Nous ne sommes pas égaux face à l'agacement. Bien que le mécanisme qui le produise soit partagé par tous, les individus qui s'y engagent se distinguent (selon leur biologie, leur histoire et leur profil psychologique) entre personnalités plus ou moins promptes à l'irritation. À cette diversification biopsychologique se surajoutent les effets des contextes d'existence propres à chacun. Les agacements se gèrent par toute une série de techniques, dont beaucoup sont notablement améliorées par l'usage de divers moyens, culturels et financiers. Des éléments aussi variés que l'argent, la surface résidentielle, le confort de vie, l'accès à des loisirs de qualité, la motivation pour son travail, la multiplicité des centres d'intérêt, etc., sont autant d'armes permettant de contourner ou d'atténuer une crispation. Tout ce qui au contraire alourdit la fatigue et ferme l'horizon, renforce un face-à-face étroit et menace de perte d'estime de soi, rend logiquement beaucoup plus sujet à l'insatisfaction et aux éclats. Voici la triste histoire de Raf et Dolorès, qui à elle seule parle autant qu'un long traité.

Raf avait subi coup sur coup un divorce et le chômage. Alors qu'il commençait à s'enfoncer dans le pire, un conte de fées inespéré sembla enfin mettre un peu de lumière dans sa vie. « Je passe par une période de courtes conquêtes féminines (un mois/deux mois) et puis je vois très vite que ça me plaît pas ce genre de relations. Car j'ai toujours dans l'idée de trouver une femme stable et bien, avec qui faire ma vie tout simplement. Et elle pointe son petit nez charmant, c'est mon âme sœur enfin trouvée. » Hélas, le destin social des habitués de la galère s'acharne sur les tourtereaux. « Galères financières, ou alors dues à son ex qui voulait au début mettre fin à ses jours (donc se faire passer pour une victime). Ensuite, elle qui tombe aussi au chômage, et au moment où elle retrouve un peu de travail, elle tombe sur une société de merde, ce qui nous met dans une galère de fric épouvantable ! Et moi qui peine toujours à trouver un travail, cela fait maintenant plus d'un an et demi. » Raf se sent « faible, fatigué et fragile. Je gardais le moral pour les deux, mais aujourd'hui je me sens à bout de force ». Le pire est le climat qui se gâte entre eux. Au début, la lutte contre l'adversité les avait soudés. Mais aujourd'hui, la répétition des journées vides et méchantes a fini par rompre ce qui les unissait. « De plus on ne peut quasi rien faire car nos finances ne nous le permettent pas et je me sens désemparé car on ne peut pas sortir ou se faire plaisir mutuellement ou provoquer des moments inattendus. Donc on est souvent obligés de rester à la baraque et de subir cette lourde situation, cloisonnés le week-end. Ce que je déteste car je ne suis pas un pantouflard, j'aime la découverte, les surprises, une vie où l'on évolue dans l'épanouissement et d'autres choses qu'on ne peut pas faire. Ce qui nous provoque des engueulades ou de l'incompréhension depuis quelques mois. » Raf rêve encore, il imagine ce qu'ils pourraient faire, une vie de couple idéale. Il sait que Dolorès aussi a ces mêmes rêves. Loin des rêves malheureusement, outre leur complicité qui s'étiole, le ton monte entre eux et les crises se multiplient. Ils aimeraient pouvoir s'aimer. Au lieu de cela, tout les agace. « Je rajouterai qu'on a tous les deux un caractère de feu qu'on essaye d'atténuer mais, pendant cette période pas simple et même avec des efforts mutuels, c'est assez difficile de canaliser toutes nos angoisses. Le ton monte facilement et on s'emporte, ce qui nous fatigue encore plus et on en a ras le bol, malgré qu'on s'aime beaucoup. On a l'impression parfois qu'on va y laisser notre santé, on a peur pour notre couple car il s'en ait pris plein la tronche. On ne mérite pas ça. »

TROISIÈME PARTIE

PETITES VENGEANCES ET TACTIQUES AMOUREUSES

6

La communication difficile

Œil pour œil, dent pour dent

La bouffée d'agacement donne irrésistiblement envie d'en découdre sur-le-champ, de hurler pour évacuer les humeurs mauvaises. « Il ne faut pas non plus s'écraser pour tout au risque de ravaler sa frustration » (Isabelle). Surtout chez certaines personnes, particulièrement réactives comme Rosy. « J'ai un circuit d'alarme très efficace, il laisse passer une fois et après tous les voyants se mettent au rouge. Je n'aime pas laisser les choses pourrir sur place. Ça claque tout de suite. Je suis instinctive, pas cérébrale. » Melody n'entre pas vraiment dans cette catégorie. Nous verrons même les tactiques amoureuses très habiles qu'elle sait inventer. Mais elle reste intransigeante sur ce qui l'horripile, notamment quand « IL » ne se comporte pas à table comme elle le rêverait. « Pas question de me résigner à subir ce qui au fond me déplaît. Donc en aucun cas je ne prends sur moi, tout juste suis-je plus ou moins véhémente selon mon humeur (plus elle est exécrable, moins je suis tolérante). Mon mari doit faire le premier pas vers moi puisqu'il est à l'origine de la répulsion ! En fonction de l'écart creusé, de l'effort qu'il va fournir pour me reconquérir et tenter de combler le fossé, nos relations retrouveront ou non le beau fixe. » Hélas, « il ne se laisse pas faire et résiste très fort », mettant en avant son droit à être lui-même et à prendre ses aises, et essayant toutes sortes de manœuvres. « Le plus souvent, il feint d'ignorer ma remarque, fuit la question, change de pièce ou de sujet, il attend que ça passe. Si je suis en forme, je ne lâche pas le morceau si facilement, je réitère mes remarques. Si le mur du silence se prolonge, j'entre dans la guerre froide et j'opte pour le même silence. Sans esclandre. Une cohabitation de pure politesse qu'il n'apprécie pas. Là, soit il argumente de sa plus mauvaise foi ("Pardon, j'ai oublié ! Ah bon tu trouves ? Comment est-ce possible ?"), soit il contre-attaque ("Et toi ?"), à ses risques et périls car le conflit ouvert peut devenir plus âpre, soit le plus souvent il tente la diversion (un compliment, une boutade) qui désamorce mon agacement, sans le résoudre certes, mais réussissant à contrebalancer son effet négatif. Les enfants, s'ils sont présents, observent la scène, amusés, attendant de savoir qui va l'emporter. Si l'humeur est joyeuse, ils enfoncent le clou et se moquent de leur père. Sinon ils se tiennent cois. » Ils se tiennent cois car Melody a décidé de monter d'un ton, se laissant volontairement emporter par la colère pour vaincre la résistance de IL et tenter d'obtenir des résultats. « L'explosion qui peut s'ensuivre par accumulation, de toute façon je n'y

couperai pas. Il me faut beaucoup d'énergie et une certitude à toute épreuve pour argumenter et revendiquer
l'amélioration souhaitée (la mauvaise foi dont il peut
faire preuve m'énervant rapidement). Donc autant que
je sois portée par la colère, c'est plus efficace pour bou-
ger les comportements. »

Pas si sûr, pas toujours : la colère, délicieusement
libératrice, est par contre rarement opératoire. D'abord
parce que la montée émotionnelle n'aide guère à clarifier
les arguments, déjà difficiles à exprimer sur les motifs
cruciaux de discorde. « Plus ça fait chier, moins on est
franc » (Marie)[1]. Elle peut même pousser à dire des choses
qui vont bien au-delà des pensées. « Plus aucune porte
à l'appart n'est entière, il y a des trous dans les murs, on
s'est dit les pires choses sans même les penser, ça hurle
à qui criera le plus fort » (Mimie). Ensuite parce que la
colère engendre la colère, noyant les idées dans le flou
des émotions violentes. Elle entraîne le fragile équipage
dans le monde risqué des agressions cruelles. « Il menace
de me frapper (ce qu'il n'a jamais fait) et de sortir à son
tour les mêmes jours que moi. Le ton monte fort avec
des mots qui s'oublient mal. » Cassiopée répond du tac
au tac. « J'éclate et je frappe, je crie, je menace de sauter
par la fenêtre et compte les années à tenir. J'ai beaucoup
de mal à ne pas éclater. » Les cris n'aident guère à s'expliquer et encore moins à se comprendre. Yannis l'a bien
saisi. Travaillé par l'envie de dire tout ce qui l'agace, il
évite de le faire quand il voit « dans ses yeux qu'il ne faut
pas la chercher ». Il ne hausse le ton, brièvement, que
lorsque l'adversaire semble assagie. Lamia évite aussi

---

1. Témoignage recueilli et cité par Céline Bouchat [2005, p. 80].

désormais les discussions trop vives, qui « se terminent toujours en disputes » et ne permettent d'obtenir rien de concret. Les agacements viennent des profondeurs de l'indicible, produits par des conflits de schèmes dont la plupart ne sont pas conscients. Comment imaginer qu'il soit possible de s'expliquer clairement à leur propos, surtout quand la colère noie les arguments dans le flou ? Les explosions émotionnelles ont quelques avantages. Elles libèrent celui qui était agacé ; elles peuvent même permettre d'exprimer des non-dits, aidant en cela la communication ultérieure. Mais il est rare qu'elles débouchent sur des résultats réels et durables à propos des motifs d'agacements qui les déclenchent. L'exemple suivant donné par Melody est donc assez exceptionnel. Certes sa réaction, tellement fulgurante qu'elle n'avait même pas eu le temps d'être agacée, a été couronnée de succès. Succès minuscule cependant, à propos d'un geste très précis, que « IL » lui-même regrettait sans doute déjà à peine l'avait-il perpétré. Melody s'était préparée un menu différent du reste de la famille. « IL s'est permis alors que je commençais à manger mes crudités de piquer par surprise, alors qu'il était encore debout, directement dans mon assiette, d'une fourchette de rapace. Là, pas d'agacement du tout, une vraie réaction saine, je n'avais aucun doute : s'il voulait la même chose il n'avait qu'à demander, d'autant que le repas était délicieux, je me suis exclamée sans réserve, il a dû s'excuser. Le calme et la relation se sont rétablis aussitôt. » Une victoire à la Pyrrhus en fait. Le ton épique et le style hagiographique sont vraisemblablement une compensation à toutes ses défaites concernant les manières de table.

Le chaud et le froid

Un motif quelconque déclenche l'agacement. Qui finit ensuite par agacer en lui-même, divisant l'individu et produisant des dissonances en chaîne : ma réaction n'est-elle pas disproportionnée au regard du motif? dois-je me raisonner ou poursuivre? viser un idéal ou me satisfaire de l'existant? pourquoi l'adversaire, malgré ses bonnes paroles, change-t-il si peu en pratique? Mille questions entremêlées reviennent inlassablement et restent sans réponse. Il faudrait pouvoir en parler. Les cris qui libèrent ne permettent guère d'y voir plus clair. Alors, autre tactique, les couples tentent les explications posées, à froid. Éline a longuement travaillé la technique. Après avoir tiré le bilan de la méthode chaude et conclu sur son inefficacité. « Je suis assez vive et réactive dans les situations de conflit, et ne suis jamais en mesure de prendre du recul à ces moments-là. Sur le vif j'assimile tout, je fais un tir groupé, je remets tout en question, dans des échanges stériles et dramatiques. » Elle a donc à l'inverse défini un procédé d'intervention très contrôlé. « J'essaie de ne pas aborder le sujet au moment où il m'énerve moi, ce qui donnerait lieu à des discussions animées et stériles. Ensuite, j'essaie de l'amener de manière à ce que Jack comprenne mon problème, tout en ouvrant la discussion pour que je puisse comprendre son propre point de vue. Bon, je ne dis pas que ça marche à tous les coups! D'ailleurs, il me reproche souvent d'amener un sujet "tout préparé", déjà pré-étudié et presque solutionné... Il reste que c'est ce qui nous permet souvent de parvenir à des compromis ou de trouver ensemble des solutions à un problème. » Hélas, il est rare que ce type de discussions raisonnées fonctionne réellement dans le domaine très particulier des agacements. Il est si difficile de s'expliquer en effet que le refroidissement incite irrésistiblement chacun (surtout l'agaceur) à se replier dans sa coquille et à n'écouter que d'une oreille. « Par contre attention aux expressions feutrées, ce sont les plus dangereuses. Quand on est un peu civilisé, on va dire calmement à l'autre que telle ou telle attitude, manie, façon de faire nous ennuie un peu, s'pas ? "S'il te plaît mon amour, pourrais-tu ne pas mettre ton téléphone sur mon meuble en laque, ça le raye. Merci mon roudoudou." Et là le roudoudou écoute d'une oreille distraite. Il a tort. Un de ces quatre, il verra le téléphone atterrir dans la cuvette des chiottes avec calme mais fermeté parce que ça fait 2 347 fois qu'on lui dit et qu'on en a vraiment vraiment marre. Ne vous y fiez pas, la patience n'est pas un puits sans fond, elle s'épuise aussi un jour quand on en abuse et là en général ça fait très mal parce qu'on n'a rien vu venir » (Isabelle).

Éline parvient à obtenir quelques résultats grâce à la méthode froide parce que leur couple (en phase initiale de mise au point de leur système domestique) est spécialement ouvert à la discussion. À y regarder de plus près d'ailleurs, on constate que la méthode n'est efficace que dans un seul sens. Jack, moins organisé (ou moins machiavélique), se laisse surprendre à chaque fois, sans avoir eu le temps d'élaborer une contre-offensive. Ce qui l'agace un peu d'ailleurs. Bien que plutôt placide, il est donc contraint d'utiliser les crises pour s'exprimer. « Beaucoup plus calme, Jack relativise encore plus les choses. Il ne parlera de ses propres agacements à mon égard que lorsque j'explose. Pour le ménage par exemple, il attend que je réagisse pour donner son point de vue et dire que le mien l'agace profondément. Donc, à moi ensuite de me calmer pour repartir sur un échange constructif. » Éline, plus prompte à réagir, se contrôle ensuite pour évoluer vers le froid qui lui permet de préciser ses demandes, cependant que Jack, plus paisible (ou plus assoupi), attise un peu le feu pour libérer ce qu'il a à dire. Ils manient subtilement le chaud et le froid, chacun à sa manière mais en parvenant plus ou moins à s'accorder. Le schéma le plus fréquent est résumé par Éline : « J'explose, Jack explose, on se calme, et on discute. » Elle est la plus agacée et généralement à l'origine de l'émotion initiale, ce qui permet à son tour à Jack, par effet d'entraînement, de se libérer. Éline refroidit aussitôt après, et établit les termes de la négociation. « Bien entendu, chacun persiste d'abord dans son idée. Mais l'objectif étant de trouver une solution, on lâche du terrain pour trouver une solution satisfaisante. Elles ne le sont jamais vraiment : soit l'un, soit l'autre est frustré, soit on arrive à une situation plus ou moins satisfaisante pour les deux. Tout dépend de la portée de l'agacement et de la crise. S'il s'agit de sujets bénins, nous parvenons vite à un résultat. S'il s'agit de sujets importants, il peut se passer plusieurs jours et maintes discussions avant que l'on arrive à une solution. » Même dans leur situation particulièrement ouverte, la seule discussion à froid est inopérante ; elle doit être déclenchée par l'émotion. Cette dernière cependant est incontrôlable, et ne débouche pas toujours sur la suite espérée. « Je suis assez réactive, alors, c'est soit une discussion, même si elle ne nous plaît pas et est animée, soit une franche explosion avec pleins de mots amers et peu sympathiques aux pouvoirs stérilement maléfiques. » Discuter de ce qui agace est toujours une danse autour du volcan.

Le langage des gestes

C'est pourquoi les techniques de communication indi-recte sont largement privilégiées, tout ce qui permet de dire (un peu) sans dire trop frontalement. En parti-culier, par un usage bien maîtrisé de libérations émo-tionnelles sous forme de petites phrases en forme de parenthèses explosives [Kaufmann, 1992]. Bien que leur contenu puisse être violent, leur portée est adoucie par deux caractéristiques qui déroutent l'adversaire. La pre-mière est que l'interlocuteur reste très souvent indéfini, les petites phrases étant prononcées à la fois pour soi (dans une fonction thérapeutique), en direction du cou-pable, et accessoirement à la face du monde entier (qui pourtant l'ignore). Le partenaire conjugal d'ailleurs peut réagir ou non, entendre ou non, réagir ou entendre à moi-tié. La seconde caractéristique est encore plus marquée : l'expression critique, très brève, est strictement limitée dans le temps. À peine prononcée, la phrase est oubliée, son énonciateur refusant même parfois de s'expliquer davantage quand il y est convié. L'adversaire n'a donc pas le temps de se positionner par rapport à cette micro-agression inattendue. Ce qui d'ailleurs l'arrange très sou-vent. Rien ne change donc et tout revient rapidement à la normale. Il ne reste éventuellement qu'une trace discrète dans la mémoire de l'agaceur s'il a bien voulu entendre un peu.

Ce maniement de l'oral exige une certaine expérience, dans les deux camps. Les mots, malgré tout prononcés, étant susceptibles à chaque instant d'ouvrir une confron-tation plus large. Y compris quand ils sont balbutiés de façon inaudible. Marc bougonne à chaque fois en sortant les poubelles, car le fait d'être astreint à cette corvée l'agace prodigieusement[1]. Mais Marie-Agnès ne peut supporter ces bougonnements, qui l'agacent à son tour (car Marc ne fait pas grand-chose d'autre dans le ménage). L'oreille aux aguets, elle réagit au moindre bredouillage. Nombreux sont ceux qui préfèrent donc dire sans dire encore plus radicalement, évitant même les phrases brèves prononcées du bout des lèvres. S'exprimant par des mimiques, des attitudes, des gestes. Nous verrons plus loin les précieux mystères de la bouderie, qui dans sa forme passive tente d'afficher un refus d'expression momentané. Il s'agit ici d'évoquer les manifestations plus explicites : le langage du corps et des objets. Le paradoxe étant que cette modalité de communication par défaut, qui apparaît aux protagonistes comme moins risquée, est sujette en réalité à tant d'imprécisions et de quiproquos que ses effets peuvent être contraires au but (modérateur) souhaité. Yannis par exemple est très agacé quand sa compagne « jette la serviette en boule sur le rebord de la baignoire ». Il lui a déjà dit mille et mille fois, pas toujours de façon calme. Comment réagit-elle à cette exaspération ? Elle lui tire la langue ! La colère de Yannis montant encore d'un cran, sa compagne a fini par s'exprimer plus ouvertement, en lui disant, « c'est la dernière en date : que je n'en mourrai pas ! » (Yannis). Réponse somme toute très mesurée, représentant pourtant une escalade par rapport au tirage de langue, qui avait donc sans doute une connotation beaucoup moins agressive (tout au plus gentiment moqueuse) que Yannis ne l'imagine. L'interprétation du langage des gestes varie considérablement selon que l'on se place dans le camp de l'agacé ou de l'agaceur. L'agacé croit souvent

---

1. Témoignage recueilli et cité par Johanne Mons [1998, p. 102].

critiquer moins fort en n'ouvrant pas la bouche. Or son geste, très agaçant, peut être perçu comme une provocation encore plus violente. Aurore est très irritée par les cheveux que Sonia laisse dans la douche, obturant l'évacuation[1]. Elle ne dit rien, mais les déplace en petit tas sur le bord, sorte de message non dit qu'elle imagine très clair. Hélas, Sonia ne se sent guère apostrophée par le petit tas. « Je trouve ça débile. J'estime que c'est à la personne d'aller jusqu'au bout de son geste », c'est-à-dire de mettre les cheveux à la poubelle. Quand elle retourne sous la douche, la pauvre Aurore redécouvre alors son petit tas. Agacement puissance mille !

Après le petit déjeuner, qu'il prend seul, Pedro met son bol dans l'évier plutôt que dans le lave-vaisselle comme Fidelia en a défini la règle pour toute la famille. « Je suis sûre qu'à 90 % il en fait exprès. » Elle croit entendre le message. « En gros, le bol non rangé est signe de : "Je ne fais pas mon lot de travail domestique, c'est le rôle de la femme." » Ce qui l'agace au plus haut point. Elle croit même deviner qu'il accentue ce geste justement pour l'agacer encore davantage. « Je suis en colère car je me sens devenir la Fatima du ménage alors que chacun travaille et que souvent je sais que Pedro l'a fait pour m'énerver et que ça marche ! » Le geste vraisemblablement anodin au début s'est peu à peu cristallisé en message fort, à portée très large. Parfois « sujet de plaisanterie quand l'ambiance est sereine », parfois « sujet d'affrontement quand l'ambiance est plus tendue ; même les enfants connaissent le truc ». Le rituel est immuable ; les interprétations sont contradictoires et changeantes. La communication par les gestes et par les objets, simple et évidente

---

1. Témoignage recueilli et cité par Céline Bouchat [2005, p. 82].

pour son auteur, non seulement est généralement difficile à déchiffrer (engendrant plus d'agacements nouveaux qu'elle ne diminue les anciens) mais emprunte dans certains cas des voies véritablement obscures. Caroline est très agacée à la vue du « linge jeté en vrac » par Marc, qui a l'habitude de disperser ses vêtements, propres ou sales, sur son passage. Elle se venge d'une façon qui rétablit son équilibre car elle l'imagine violente. « Je le ramasse même s'il est propre et le mets dans le panier de linge sale. » Marc ne retrouve plus ses affaires propres ; qu'importe, il en prend de nouvelles. Et Caroline se retrouve face à des lessives impressionnantes. L'agacement comme son traitement sont bien loin des chemins de la raison pure.

Les usages du rire

Le langage des gestes, comme la petite phrase, a donc ses limites. Il ne peut être que marginal, et sa fonction plus individuellement thérapeutique que vraiment conjugale ou communicationnelle. Les formes atténuées ou détournées de la parole sont plus efficaces, notamment celles que les spécialistes nomment « à double entente », c'est-à-dire susceptibles de deux interprétations différentes. La petite phrase est déjà proche de cette catégorie. L'énonciateur dit en effet une chose, qu'il occulte aussitôt après, faisant se succéder deux significations. Les méthodes de ce type à la disposition des conjoints sont nombreuses et diversifiées. J'ai déjà dit un mot de la critique détournée, adressée officiellement à la belle-famille, mais visant indirectement l'adversaire conjugal. Si celui-ci se sent visé, l'accusateur peut aussitôt faire machine arrière, et jurer ses grands dieux qu'il ne pensait strictement qu'à la belle-famille. C'est l'avantage tactique décisif que procurent les formulations donnant matière à une double entente. Une forme courante est représentée par les attaques voilées et allusives. Un peu comme le langage des gestes, elles disent sans dire vraiment, et cela à des degrés divers, permettant même de progresser pas à pas vers des contenus plus explicites.

Une technique dépasse de ce point de vue toutes les autres : les usages du rire, de l'humour et de la dérision. « C'est vraiment la seule manière d'arriver à dire des choses sans heurter et sans déclencher la troisième guerre mondiale. Mais il faut y arriver, ce qui n'est pas toujours simple » (Markus). Il est en effet extrêmement difficile d'introduire une distance humoristique au cœur de l'agacement, quand l'un ou l'autre est emporté par l'émotion méchante. Le procédé est beaucoup plus accessible pour de petits agacements (dont le traitement réussi par l'humour permet d'en atténuer d'autres, plus importants), ou, de façon décalée, en saisissant un moment propice. « Quand elle arrive avec ses paquets, là j'arrive pas à rigoler, je suis effondré et prêt à exploser, impossible. Mais à un autre moment, en vacances, à l'apéro, ça sort à l'improviste, je sors une plaisanterie, qui nous met en scène, et ça la fait rire, moi aussi d'ailleurs. Je fais par exemple le coup de la centième robe, qui trouvera même pas de place dans l'armoire, et qui ne sera jamais mise (elle rigole !!). Et c'est même moi, interprété par moi-même, qui dit « ouais, c'est pas trop mal », l'air dépité et effondré (et on rigole !!). C'est surréaliste quand j'y pense ! » (Markus). Surréaliste est le terme très exact. Car la scène se superpose à la réalité, comme dans un autre monde, irréel, avec pourtant les mêmes faits et gestes et les mêmes acteurs. Ici l'humour ne se contente pas de donner matière à une double entente, il dédouble l'existence elle-même, affichant une autre vision de l'état des relations conjugales. De même que certains motifs d'agacement se fixent en cristallisations défoulatoires, cette technique de l'autodérision conjugale s'attache à quelques faits sortis de l'ordinaire et progressivement transformés en rituels. Les enfants sont d'ailleurs souvent mis à contribution pour participer à ce petit théâtre où la famille s'amuse à prendre de la distance avec ses agacements (qui à d'autres moments la crispent). Les enfants ou un public plus large. Martine et son mari jouent régulièrement à se disputer. « Nos amis se marrent, ils sont assez fascinés lorsqu'ils assistent à ça. Si on a un peu bu, c'est plutôt échevelé, ils ont du mal à suivre. »

Une telle méthode a des vertus multiples. Elle entraîne les acteurs à dire sans trop dire à propos des sujets qui fâchent. Elle apprend à s'approcher du gouffre sans jamais y tomber et permet de travailler les techniques de contrôle de soi et de prise de distance avec les sources d'irritation. Markus commence à raconter ses histoires dans le but de critiquer sa femme à travers le rire (puisqu'il ne peut le faire directement et de façon plus sérieuse). Mais au fil du récit, il se laisse aller à tourner l'autodérision contre lui, se moquant un peu du personnage qui dit : « Ouais, c'est pas trop mal. » Dans l'univers quelque peu fictionnel du rire, ils construisent une unité conjugale qui se défie des agacements, et pourra être réutilisée s'ils parviennent à la garder en réserve dans un coin de la mémoire.

Hélas, le rire ne dure qu'un temps, et les protagonistes n'ont guère envie de se souvenir des armes de paix quand, agacés, ils entrent soudainement en guerre. Hélas aussi, le rire n'est pas univoque. Aussi agréable et bienfaisant soit-il en général, il arrive fréquemment qu'il s'inverse et produise des effets contraires, excitant l'agacement au lieu de le calmer. Il est donc à utiliser avec beaucoup de précautions. Voyez Pedro, dont Fidelia est sûre à 90% qu'il en fasse exprès avec son bol. Autre chose agace cette dernière : il s'enferre dans une erreur de grammaire, mélangeant futur et conditionnel, « alors qu'il sait que pour moi cela me fait vraiment mal à la musique de la langue ». Car Pedro en rajoute, volontairement ; là elle en est sûre à 100%. Il trouve en effet ridicule cet agacement, alors qu'il a en plus l'excuse d'une origine étrangère. Il propose donc en fait de le tourner en dérision, en accentuant les fautes sur un mode comique. Mais Fidelia ne peut le suivre ; elle ne rit pas, du tout ; elle est encore plus agacée par ces plaisanteries. L'erreur étant courante dans ce domaine difficile à cerner, Pedro pouvait très logiquement se tromper au début en pensant pouvoir transformer son rire personnel en rire conjugal. En persévérant, il signale toutefois qu'il n'utilise plus le rire au même titre, plus pour la paix mais pour la guerre. Le rire glisse insensiblement de l'un à l'autre. Estelle et Julien ont installé un jeu de rôles complémentaires dans leur couple : elle est l'idéologue de la décontraction, oubliant même régulièrement de fermer ses portes ; lui est le gardien des risques. Elle a pris l'habitude de le tourner gentiment en dérision, ceci faisant d'ailleurs partie de son rôle. Il l'acceptait donc jusqu'à un certain point, riant à moitié cependant qu'elle riait aux éclats. Jusqu'à ce qu'ils soient cambriolés, et qu'Estelle continue à se moquer de ses précautions maniaques. Julien refuse désormais de rire.

Le rire se range résolument du côté de la guerre quand l'agaceur s'en empare pour agacer encore davantage. Dans les cas les moins graves, il se masque derrière l'écran de l'autodérision conjugale, dont il regrette (avec plus ou moins de sincérité) qu'elle ne soit pas partagée par le partenaire. Mais abandonnant ses réserves et ses artifices, il peut aussi avoir pour seul but d'exciter l'agacement. Comme une petite vengeance, d'autant plus difficile à combattre que le rire est habituellement paré de toutes les vertus. Alice aime bien être à l'heure pour prendre son train, et Aziz qui l'accompagne arrive toujours à la dernière seconde. Non seulement il en rajoute volontairement dans la lenteur, mais il se moque de sa peur de rater le train, mimant ses phrases et ses gestes. L'humour peut être très pénible à vivre. Jean quant à lui était très agacé par les chemises non repassées et les boutons mal cousus. Agnès riait à gorge déployée. Plus il s'énervait, plus elle riait ; bien qu'ils aient désormais une repasseuse à domicile, elle en rit encore. Rien n'était plus cruel et agaçant pour Jean que ce rire, indéchiffrable, incompréhensible, gratuit. Le rire cache souvent bien des mystères.

Dans la tête de l'agaceur

Il constitue d'ailleurs une des armes favorites de l'agaceur (surtout masculin) pour désamorcer la riposte, dans un usage médian situé entre le rire consensuel (l'auto-dérision conjugale) et le rire agressif : la plaisanterie qui fait diversion. La technique se rapproche en fait de celle de la petite phrase utilisée par l'agacé, mais dans une ambiance très différente (l'humour remplaçant la nervosité). Car dans les deux cas le principe consiste à introduire une rupture et à faire se succéder des séquences biographiques aux contenus contrastés. La petite phrase énonce une critique et l'oublie aussitôt, revenant à la normalité conjugale. La diversion humoristique vise le même but (refermer la parenthèse) d'une autre manière. La grande différence étant que l'initiateur de la tactique n'est pas ici celui qui vit l'émotion. Il ignore donc si son essai sera couronné de succès. Il tente un coup, à tout hasard, murmurant d'ailleurs souvent sa plaisanterie à demi-voix, hésitant à s'engager, craignant même que son humour ne soit interprété comme une agression. Il teste l'adversaire pour savoir s'il peut tenter de refermer la parenthèse d'une façon plus décisive, par un humour plus marqué.

Qu'il utilise ou non l'humour, l'agaceur passe rapidement maître dans l'art de la diversion et de l'esquive. Par goût quelquefois, mais surtout par effet de position occupée dans le couple. Il agace, il le sent, il le sait (sans toujours néanmoins imaginer à quel point). Il agace mais il peine à en percevoir les raisons et surtout à les comprendre. Secrètement, il reste en désaccord profond avec les motifs de l'agacement. Même quand il tente une réforme de ses comportements, sous la pression, pour faire plaisir ou par volonté de pacification, il n'y parvient que très imparfaitement. Car la mémoire implicite de l'individu est souvent plus forte que ses pensées conscientes pour ce qui a rapport aux faits et gestes ordinaires. Entre les cris de l'adversaire et sa réalité profonde, l'agaceur constate un décalage manifeste. Ayant l'intuition fugace que la crise est en fait sans solution concrète, il considère, non sans une certaine logique, que le plus simple est sans doute de faire comme s'il n'avait rien entendu. Ou, si cela devient impossible, de concéder des promesses (mensongères) ou de tenter une diversion. Pari gagné parfois. « Le plus souvent, il tente la diversion (un compliment, une boutade) qui désamorce mon agacement, sans le résoudre certes, mais réussissant à contrebalancer son effet négatif » (Melody). Pari perdu quand le silence l'esquive, la diversion, l'humour raté ou les fausses promesses mille fois répétées agacent encore plus que le motif originel. « Quand je lui fais des reproches, il ne se défend pas, il me dit, textuellement : "C'est vrai, tu as raison". AAHHRRRRR ! Je n'en peux plus de cette phrase ! J'aimerais bien avoir tort de temps en temps » (Viràg).

L'agaceur est la plupart du temps un agaceur malgré lui, (plus ou moins) sincèrement désolé d'agacer autant. Mais à la longue cet agacement (qu'il juge sans fondement) peut l'agacer lui aussi. Nous l'avons vu à propos des glissements du rire, évoluant parfois insensiblement vers une attitude plus conflictuelle, où l'agaceur finit par imposer ses rythmes et ses manières individuelles. Le jeu de rôles contrastés qui structure le couple peut alors devenir explosif, la complémentarité fonctionnelle se transformant en autant de thèmes de confrontation. Surtout quand l'agaceur avoue qu'il agit délibérément, et qu'il ne cherche nullement à diminuer l'irritation. Retour sur Alice et Aziz prenant le train. « Je déteste être en retard, j'aime même être en avance, lui est plutôt cool, avec lui on a toujours le temps, c'est pas la peine d'être stressés et speed, donc forcément ça colle pas quand on doit prendre le train ensemble. Il sait très bien en plus que je suis stressée quand ça arrive, il en rajoute donc et fait exprès d'être lent, il me dit "je pense qu'on va le rater". Bref, il fait tout pour m'énerver encore plus, il me pousse à bout et il adore ça. Parce qu'il faut dire aussi que je suis une proie plutôt facile et sympa à ce niveau-là, je ne marche pas à ces provocations, je cours. Il en est conscient et moi aussi, mais j'arrive pas à faire autrement que de tomber dans le panneau. Le pire dans l'histoire c'est qu'on ne l'a jamais raté. Bien sûr, j'ai jamais le temps de m'acheter un magazine ou quelque chose à manger, on n'est pas toujours très bien placés, mais on ne le rate pas et pour lui c'est quand même l'essentiel. Mes petites préoccupations et exigences "matérielles" et "superficielles" donc le sont bien moins. Sur le chemin, tant qu'on n'est pas installés dans le train je suis une boule de nerfs et lui est tout le temps en train de rigoler à cause de mon état qu'il trouve injustifié. Une fois installés, là je suis soulagée et je lui dis qu'il est insupportable, que des fois j'ai vraiment envie de le tuer, que c'est un gamin (je précise que pour lui ces remarques sont des compliments !). Mais il est si mignon et il arrive si bien à me charmer (sans faire le moindre effort) que j'oublie très vite tout ce qui s'est passé. À chaque fois, je me dis que la prochaine fois on partira séparément, qu'on se retrouvera dans le train, mais bien sûr je ne le fais jamais. » Aziz propose une autodérision conjugale (évidemment très orientée dans son sens) qu'Alice accepte un peu de partager. Tout en optant pour ses propres options (plutôt que de chercher une solution de compromis), il n'est cependant pas méchant, ne cherchant pas à agresser ou à se venger. La dimension ludique est d'ailleurs très présente ; Aziz adore jouer. « Pour lui il s'agit d'un jeu et je suis la proie rêvée puisque je démarre au quart de tour, que je n'arrive pas à faire la part des choses, à savoir s'il me fait marcher ou pas et qu'en plus de ça je n'ai pas de réactions vraiment désagréables pour lui, je ne me mets pas en colère et je ne suis pas durablement énervée, je ne fais pas de scènes. Donc il en profite, surtout que c'est dans son tempérament d'embêter gentiment les autres, il adore ça. » Un autre événement explique que le rituel ait fini par s'installer : Alice n'est plus certaine d'avoir raison. La dissonance, conjugale à l'origine, a tendance à se métamorphoser en conflit interne, surtout par rapport à ses réactions d'agacement. « Je trouve en fait que les agissements d'Aziz ne valent pas la peine de me mettre sérieusement en colère et j'en arrive même à me demander si finalement je ne suis pas plus agacée par mes propres réactions face aux événements que par les événements eux-mêmes [...]. Je suis en colère contre moi d'être tombée dans le panneau, de ne pas avoir su rester détendue face aux événements et c'est bien sûr ce qui m'agace le plus dans toute cette histoire. » Face à cette hésitation d'Alice et à cet agacement retourné contre elle-même, Aziz voit s'ouvrir devant lui une voie royale pour continuer à s'amuser. Et si d'aventure (ce que bien entendu je ne leur souhaite pas du tout !) leurs relations se dégradaient un peu, il détiendrait entre ses mains une arme d'une puissance considérable pour faire du mal.

Car l'agaceur assumant ses actes ne se contente pas toujours de s'amuser gentiment avec sa proie. Il peut se laisser aller à toutes sortes de dérives méchantes et sadiques, lui permettant de se venger de ses propres agacements et insatisfactions conjugales, voire de tout ce qu'il subit par ailleurs dans la société. La limite est franchie dès qu'il commence à jouir de la souffrance qu'il provoque, même à propos de détails minuscules. Isabelle avait démasqué le malotru et elle savait qu'il savait. « C'était son jeu favori : énerver, pousser l'autre dans ses retranchements. » Elle entrait dans des « rages noires », et ses cris finirent par payer. « Il a avoué son côté un peu sadique : quand il sent une faiblesse, une plaie qui gratte bien, il s'acharne. » Clémentine est aussi sur le point de démasquer Félix. « Comme il est assez mauvais comédien, je remarque tout de suite quand il exagère », c'est-à-dire quand il agace volontairement, pour le simple plaisir méchant d'agacer. À ce niveau de non-communication et d'hostilité, les deux adversaires commencent à mettre au point tout un arsenal de ruses sournoises. Sous la surface du long fleuve tranquille, dans le tréfonds des pensées secrètes, s'agitent bien des petites vengeances.

Les vengeances secrètes

Vivre en couple n'est pas déclarer la guerre. Les conflits ne sont qu'exceptionnels, ou ne se généralisent que dans des situations extrêmes. S'il m'est arrivé d'employer des termes militaires, ou de parler d'adversaire pour désigner le conjoint, ce vocabulaire se rapportait en général à des situations ponctuelles, vite oubliées. Car l'ordinaire de la vie conjugale est dominé par la quête pacifique d'unification, voire par la complicité. Cet accord cependant, bien que sincère et véritable, n'empêche pas les deux partenaires de percevoir plus ou moins nettement quantité d'agacements minuscules et de petites insatisfactions passagères. Rien de plus normal. Certains ne les éprouvent guère ou pas du tout, peut-être parce qu'ils sont dans un élan amoureux tel qu'il les emporte au-delà du réel, plus sûrement parce qu'ils refoulent ce qui pourrait produire des dissonances. L'essentiel en effet est bien ici : le couple se structure sur une infinité de différences, et tend même à les accentuer par la dynamique de son organisation (rôles complémentaires). Les dissonances sont inévitables ; seule la manière de les traiter varie. Nous avons vu les éclats, qui aident rarement à trouver des solutions ; nous avons vu les essais de conversation plus posée et leurs limites ; nous avons vu le langage des gestes et ses ambiguïtés ; nous avons vu le rire, parfois intéressant mais pouvant se transformer en instrument d'agression. Toutes tentatives de communi-

cation généralement indirectes et détournées. Voici maintenant des modalités plus implicites et personnelles. Une
a déjà été étudiée dans un livre précédent [Kaufmann,
1992], à propos de la gestion de l'insatisfaction (qui sur
ce point est très proche de celle des agacements). J'y avais
souligné la technique de la « défection secrète », en référence à la thèse classique d'Albert Hirschman [1972], qui
distingue trois postures face à une contrariété : la critique
ouverte, le maintien de la loyauté, et la défection, fuite
silencieuse. Le conjoint contrarié, agacé ou insatisfait, soit
peut le dire (et risquer l'ouverture d'un conflit), soit refouler et se convaincre de la non-pertinence de sa réaction (et
risquer d'être à nouveau perturbé un peu plus tard), soit
enfin compenser le désagrément en secret, pour rétablir
son équilibre psychologique. C'est la défection secrète, qui
elle-même se divise en deux. À un premier degré, l'agacé
se contente de noter quelques mauvais points chez son
partenaire, et les inscrit dans une mémoire tampon, très
souple et dépendant de la suite des événements (elle
a en effet pour vertu de s'effacer assez vite, surtout si
le conjoint se présente de façon plus plaisante : le positif efface le négatif, et le négatif s'efface de lui-même
s'il n'atteint pas une certaine intensité). Ce n'est qu'en
cas de répétition lassante des motifs d'agacement ou
d'insatisfaction, d'accumulation de chocs désagréables,
d'agressions délibérées de l'adversaire, que la capacité
d'effacement de cette mémoire très particulière n'opère
plus. La défection secrète atteint alors un second degré,
par la mise au point de compensations réelles, élaborées
en secret. L'agressé imagine quelques attitudes égoïstes,
privilégiant ses désirs et intérêts propres au détriment
du couple. Il se paye des petits désagréments ressentis
en monnaie conjugale, par une prise de distance et une

moindre générosité. Car tout s'évalue dans le couple, où se croisent des flux de natures multiples (argent, travail, sentiments, paroles, agressions, caresses, etc.), d'une manière intuitive, à partir d'une sensation instantanée et globale de satisfaction/insatisfaction. Souvent très peu de chose suffit pour restaurer l'équilibre des humeurs, une broutille donnant matière à rétablir le calme intérieur et à ramener l'agacé ou l'insatisfait dans le droit chemin conjugal. La défection secrète, y compris à ce second degré, n'est pas une déclaration de guerre contre le couple.

Le traitement de l'agacement diffère un peu du traitement de l'insatisfaction. Cette dernière, plus profonde et récurrente, élargit insensiblement la distance conjugale, jusqu'à la rupture quand le pire est atteint. L'agacement au contraire ne constitue pas un indice mécanique d'asthénie du lien ; reconnaître que l'on est agacé et s'exprimer à ce propos peut même être une preuve de vivacité de la communication conjugale. Les modalités par contre sont souvent plus brusques et plus vives que celles qui répondent à l'insatisfaction, car l'agacement se manifeste très vite par des décharges émotionnelles. Les petites vengeances déclenchées par une insatisfaction s'accumulent inexorablement et s'inscrivent dans la durée. Celles qui réagissent à un agacement sont tellement impulsives qu'elles ont parfois du mal à rester secrètes, et prennent plutôt la forme d'une manipulation défoulatoire ou du langage des gestes. Quand Zoé par exemple met les chaussettes de Charles-Henri dans son bol. Ou lorsque Rosy bourre la boîte aux lettres de Charly avec les vêtements négligemment laissés derrière lui (espérait-il que Rosy lave et repasse sa chemise ?) lors d'une nuit trop furtive. Il arrive d'ailleurs que l'agacé hésite entre vengeance secrète et langage des gestes, un même comportement pouvant donner matière à ces deux tactiques, opposées du point de vue de l'expression. Pat est très irrité qu'Anaïs ne lave pas à 60 °C. Certains jours où il est particulièrement exaspéré, il parvient néanmoins à contrôler ses émotions en pensant à son plan de vengeance. Il ne dit rien et laisse faire, attendant qu'Anaïs ait séché, repassé et rangé ses vêtements. Il les prend alors discrètement, les chiffonne un peu, et les remet dans la machine à laver. Selon le nombre des vêtements et la méthode employée (véritable chiffonnage et placement dans le fond de la machine, ou placement encore assez bien pliés, ostensiblement sur le dessus), Pat choisit plutôt la petite vengeance ou le langage des gestes. Ce dernier, agressif, lui procure une satisfaction immédiate ; mais il ouvre une dangereuse et pénible séquence de conflit. La vengeance sournoise, bien que moins libératrice dans l'instant, lui permet davantage un rééquilibrage humoral en douceur.

En plongeant dans le secret absolu, la petite vengeance se transforme en instrument étrange. Toutes les techniques que nous avons vues jusqu'à présent mettaient aux prises deux individus jouant à la fois sur des prises de distance individuelles et sur des engagements conjugaux. Même les pires agressions s'inscrivaient dans le cadre d'échanges. Ici au contraire un individu, seul, maîtrise totalement la procédure. Mais sans savoir très bien l'usage exact qu'il en fera. La vengeance secrète est en effet structurellement ambivalente. L'agacé l'utilise pour éviter d'ouvrir une crise, en vue de retrouver un équilibre interne lui permettant de se réinscrire dans la normalité conjugale. En d'autres termes, bien que le procédé n'apparaisse guère sous un jour flatteur, la fin (consensuelle et pacifique) justifie les moyens. Hélas, ces moyens, en procurant des satisfactions mauvaises, peuvent à tout moment se transformer en buts en soi. L'agacé se fait plaisir sans davantage réfléchir aux conséquences de ses actes. Seul avec son secret, sans la contrainte (mais aussi la sécurité) de la régulation conjugale, les dérives sont faciles. Les petites vengeances deviennent des actes gratuits qui ne participent plus au travail d'unification conjugale, bien au contraire. Il peut même exister une véritable jouissance à manipuler le conjoint [Picard, Marc 2006]. Rappelez-vous des ciseaux, pomme de discorde entre Bernard et Géraldine. L'enquête nous apprend qu'en fait il s'agissait d'un geste délibéré, d'une vengeance mauvaise de Bernard, très agacé par les manières brouillonnes de Géraldine concernant le linge. Le couple est aujourd'hui séparé. Rappelez-vous de la curieuse attitude d'Agnès repassant les chemises à la dernière minute malgré l'agacement de Jean. Là aussi l'enquête finit par nous apprendre qu'il s'agit d'une vengeance répondant à une insatisfaction profonde. Par amour, et parce qu'il lui demandait, Agnès avait abandonné ses projets professionnels quand elle avait rencontré Jean; elle était devenue mère au foyer. Avec des joies, mais aussi des manques, surtout cette idée hantant ses rêves : l'autre vie qu'elle aurait pu avoir mais qu'elle n'avait pas eue. Elle n'avait rien prémédité. Les faits s'étaient déroulés une première fois par hasard. Elle avait néanmoins aussitôt remarqué cet agacement ridicule, qui déjà l'avait fait rire. Un rire qui pour des raisons qu'elle ne comprenait qu'imparfaitement lui faisait beaucoup de bien. Plus ou moins consciemment, elle installa les conditions pour que le rituel se reproduise. Elle tenait sa petite vengeance, qui suffisait à rétablir son équilibre. Du côté de Jean cependant, l'énigme du rire, des chemises et des boutons, n'avait pas cette vertu apaisante! Le ton aurait sans doute monté s'ils n'avaient pas trouvé une solution (la repasseuse à domicile).

Un principe fréquent de la vengeance secrète est d'intervenir sur un terrain complètement différent (les ciseaux contre le linge, un rire énigmatique contre une sensation d'enfermement). Le but n'est pas en effet de répondre (œil pour œil, dent pour dent) ou de résoudre le problème, mais de compenser intérieurement. Malvina utilise l'autodérision pour se calmer. Elle ne le fait pas en couple, ou dans le secret de ses pensées : elle s'épanche en public, déroulant le récit de leur intimité sur un mode épico-comique. Les pires agressions de Richard sont recontextualisées et stylistiquement travaillées pour en faire ressortir le ridicule. Les copines éclatent de rire, et elle est poussée à en rajouter chaque fois davantage, grossissant le trait (au détriment bien sûr de Richard) et révélant encore plus de leur vie privée. Elle tend même actuellement à multiplier ses publics. « J'ai tendance à extérioriser beaucoup dès que je suis hors du cadre familial, au grand bonheur de mes collègues. Car arrivée dans la salle des profs fumeurs (là où sont les plus sympas !!), je me lâche et je fais la folle en racontant mes aventures du quotidien de manière pittoresque. Ils savent que j'en rajoute et ça les fait rire, et moi ça m'enlève la pression que représente le fait de me taire pour laisser passer l'orage, car même si j'utilise tous les stratagèmes dont je vous ai déjà parlé, c'est quelquefois dur de se retenir. » Ne parvenant pas à s'exprimer dans le couple, elle le fait à l'extérieur, d'une façon si démonstrative et désobligeante à l'égard de Richard (qui l'avait sans doute bien mérité) qu'elle n'est pas sans éprouver quelques remords ensuite quand l'élan retombe et qu'elle retourne en ses tristes pénates. Ce qui lui permet d'accepter un peu mieux son pénible ordinaire. Dans cet exemple, il reste malgré tout un lien entre l'intimité et les récits publics : il s'agit des mêmes faits. Mais la vengeance secrète peut aussi intervenir sur un terrain encore plus radicalement différent, sans aucun lien avec le motif originel d'agacement. Un schéma très classique est l'« autosabotage sexuel », analysé à partir de nombreux cas par Helen Kaplan [1995]. Le besoin de compenser d'une manière ou d'une autre pousse à composer une figure peu avenante face à la demande du partenaire (prétextes divers, mise en avant de la fatigue, présentation de soi volontairement non séduisante, sécheresse des réactions), surtout quand le désir physique personnel n'est pas particulièrement au rendez-vous. « Je ne peux pas faire l'amour avec quelqu'un qui me reproche comme un crime contre l'humanité d'avoir mal assaisonné la salade et qui oublie une fois sur deux de sortir la poubelle », s'écrie Nathalie[1]. Le décalage de la demande sexuelle entre hommes et femmes – les hommes restant en moyenne plus portés sur la chose dans le couple installé [Bozon, 2002] – donne plus de poids à ce type de vengeance secrète du côté féminin. Les froideurs du lit consolent des désillusions et petits chagrins de toutes sortes.

L'infortuné mari bien souvent en ignore les causes ; il ignore même qu'il y ait là une rétorsion volontaire. Il se contente de noter en secret son insatisfaction, voire d'imaginer lui aussi une petite vengeance compensatrice. Parvenu à ce stade d'attaques et de contre-attaques sournoises, il est souvent préférable pour un couple de parvenir à s'exprimer, au risque des cris et des crises. Car la vengeance secrète, thérapie douce à ses premiers stades, provoque des ravages quand s'enclenche une escalade. Isabelle se souvient de ces situations extrêmes où « on en vient à chercher les occasions d'agacer l'autre ». Et Sarah

---

1. Témoignage recueilli et cité par Pascal Duret [2007].

a « peur de devenir méchante avec Peter, justement parce qu'il m'agace ». Même si s'exprimer n'est pas simple, il est généralement préférable d'y parvenir. Ce qui présuppose de grands efforts de tolérance et d'ouverture à l'univers de l'autre. Yannis par exemple a encore beaucoup de chemin à parcourir pour comprendre qu'il ne détient pas seul la vérité. « Ce qui m'agace le plus chez ma compagne, c'est le fait qu'elle "oublie" d'éteindre la lumière – ou le chauffage – dans les pièces qu'elle quitte. Et donc, je la gratifie d'un "Eh ! C'est pas Versailles !" ou "La prochaine facture d'électricité, ce sera seulement pour ta poche !" Elle me répond alors "Et toi, tu laisses traîner tes chaussettes n'importe où !" Et là, je reste interloqué, car je lui dis que cela n'a aucun lien avec le fait d'éteindre la lumière, et que laisser traîner mes chaussettes n'aura pas d'incidence sur une quelconque facture. »

Au terme de ce chapitre, je conviens que la vision que je donne du couple peut sembler bien noire, car les guerres, même petites, ne sont pas usuelles et la violence encore moins. Il fallait pourtant traiter ce point en détail, pour montrer combien la communication n'est pas simple en matière d'agacements. Il est temps néanmoins de sortir de cette noirceur, pour jouir maintenant du spectacle plus plaisant donné par les attitudes constructives. Elles peuvent provenir de la socialisation banale et répétitive dans laquelle se blottissent volontairement les conjoints, pour diminuer les à-coups émotionnels. Elles peuvent provenir aussi de parenthèses amoureuses plus enchantées. Mais il existe également des techniques plus étonnantes, privilégiant ici aussi (pour le meilleur cependant) les pensées secrètes et très personnelles. Leur analyse sera privilégiée dans les pages qui suivent. L'amour se fabrique parfois d'une manière clandestine.

7

L'amour en secret

Les victoires minuscules

Lorsque la vie conjugale retrouve son calme, situation heureusement la plus courante, les deux partenaires oublient leurs agacements. Ils ne profitent donc pas de ce refroidissement émotionnel plus propice à la réflexion et à l'analyse pour imaginer des tactiques efficaces ou pour évaluer et comparer les diverses méthodes. S'il leur arrive de le faire, ils constatent généralement que les cris et les crises débouchent sur peu de résultats concrets. Ce qui ne les empêchera pas d'ailleurs de se laisser emporter à nouveau par des agacements colériques. « Parce que ça me soulage » (Fidelia). Melody étant de plus en plus irritée quand IL lui « donne l'impression de passer la serpillière » en trempant son pain dans la sauce, elle a même délibérément décidé d'instaurer des prises de parole plus offensives. « Je lui en fais régulièrement la remarque. Pendant longtemps je me suis contenue, juste une remarque discrète : "Cela ne se fait pas." Mais avec le vieillissement (l'esthétique générale s'aggravant), je suis passée à la vitesse supérieure, exigeant par ailleurs un régime amincissant. Donc à présent je m'exclame haut et fort, au moment où il commence son petit manège : "Oh non, pas ça !" Puis je soupire : "Ne pourrais-tu chercher à me séduire encore ?" IL obtempère immédiatement (suite à une longue évolution de notre relation) : "Oh, pardon." Mais je sais qu'il recommencera bientôt, que la gourmandise l'emportera encore ! » Comparés au coût relationnel que représente toujours l'ouverture d'une confrontation ouverte, les gains obtenus peuvent paraître bien dérisoires (et provisoires). Si l'agacé parvient cependant à comprendre que les manières du conjoint sont résistantes et difficiles à changer, il peut considérer que ces gains sont en fait moins négligeables qu'il n'y paraît. Et s'il parvient en plus à valoriser les moindres efforts de son vis-à-vis, les victoires minuscules sont alors susceptibles de diminuer ses agacements. Nombre d'agacés réussissent à se calmer ainsi, par un travail d'auto-persuasion reposant sur de microscopiques acquis de la lutte. L'exploit des fleurs offertes à son anniversaire pour Melody. « J'ai mis des années à signaler mon anniversaire et mon désir de fleurs. IL y pense maintenant, et cela me ravit tout autant, peut-être même davantage en sachant la difficulté que cela a été pour lui d'aboutir à ce comportement. » Autre exploit : le tube de mayonnaise (à défaut du dentifrice) pour Isabelle. « Je suis en train de convertir mon pouitcheur préféré à la joie de voir la mayo s'écouler en jet fluide, agréable, dès la première pression. Personnellement j'm'en fous, je déteste la mayonnaise. Il ne pigeait pas pour le dentifrice, il comprend mieux avec la mayonnaise. Faut s'adapter. »

Gally est en train d'obtenir une victoire minuscule sans même l'avoir cherchée. Elle est agacée qu'Akira ne fasse pas le moindre effort au sujet des tâches ménagères. Or depuis peu, enseignant à de jeunes enfants, il observe avec intérêt Gally quand elle fait des pâtisseries, intéressé en fait par la seule vertu pédagogique de cette activité. Mais pour Gally ce changement d'attitude est plein de promesses. « Ce doit être bon signe. » Dressant le bilan de plusieurs années de combat, elle doit se rendre à l'évidence : ses éclats n'ont produit aucun vrai résultat, et lui donnent l'impression de se battre contre un mur. Elle tend donc à se tourner aujourd'hui vers d'autres tactiques, plus pacifiques et secrètes. « Quant à la gestion de mes agacements, le plus simple est encore de ne pas y accorder trop d'importance. Car j'ai beau tempêter, me fâcher, rien n'y fait. Il est confus, veut réparer les choses, mais n'apporte pas d'explication concernant son comportement. Et ne promet pas qu'il va faire plus attention (au moins il ne ment pas). J'essaye de prendre les choses avec humour et de relativiser (bien sûr c'est normal de ne pas savoir faire une vinaigrette alors que je te donne la recette deux fois par semaine au moins). Et son absence de réactions violentes de sa part nous permet aussi de désamorcer les conflits : crier toute seule, comme contre un mur, ne sert pas à grand-chose, à part évacuer un trop-plein d'énervement. Du coup je cesse rapidement. Parfois je me dis que si j'étais toujours sur son dos en ne laissant rien passer, il changerait. Mais quelle dépense d'énergie et de temps alors qu'il y a tant d'autres choses plus constructives à faire. Et je redoute de passer pour une mégère. Bref, je tâche de ne pas m'aigrir pour si peu. » Elle cherche à se contrôler et à relativiser, développant un regard autocritique sur ses emportements, à utiliser l'humour, à s'appuyer sur le calme d'Akira. Ou à se convaincre qu'il n'agit pas ainsi délibérément. « D'autant plus que sa distraction ne s'exerce pas qu'à mon encontre : il en fait aussi les frais. Ce matin il était particulièrement furieux d'avoir versé du jus d'orange au lieu du lait dans son bol de céréales. Et je dois admettre que dans ces cas-là il ne s'en prend qu'à lui-même : jamais il n'ira me reprocher d'avoir posé la bouteille ailleurs ou autre chose. »

Ces différentes tactiques évoquées par Gally ont un point commun, qui unit ce que nous allons voir maintenant : elles abandonnent le combat contre l'adversaire pour le tourner contre soi, ou au moins contre le soi particulier de l'agacement, emporté par sa colère et enfermé dans le petit monde égoïste de ses propres évidences. Il faut lutter contre soi pour changer d'attitude, et même beaucoup plus que d'attitude : de type d'engagement identitaire. Bien que les tactiques apparaissent assez passives et peu élaborées, il ne s'agit pas d'un petit changement, mais d'une véritable volte-face.

La volte-face

L'agacement emporte dans un univers étroit de certitudes, qui construisent une vision claire de l'univers conjugal : l'autre a tort, irrémédiablement tort. « C'est aussi une récupération de mon autonomie, une mise à distance de l'autre qui me permet de retrouver mon plaisir d'être » (Melody). Passé le choc initial, le caractère rassurant et stabilisateur de ces évidences soudaines peut même procurer une étrange jouissance, d'autant qu'elles prennent la forme de retrouvailles intimes. Car l'individu fait bloc avec lui-même, renouant avec des repères passés quelque peu oubliés. L'identification strictement individuelle est plus compacte et simple à vivre que le jeu complexe et mouvant qui se développe à l'intérieur du couple. La plupart des tactiques que nous allons voir consistent donc à trouver les moyens de sortir de cet enfermement individuel, pourtant si attirant ; l'individu lui-même doit être à l'initiative du retournement (en s'appuyant sur divers prétextes fournis par le partenaire).

Le travail d'identification le plus visible consiste à unifier et à fluidifier la représentation de soi : la vie se déroule comme une histoire, que l'on peut d'ailleurs se raconter. Derrière cette apparence lisse, les identifications ponctuelles (immédiates, contextualisées et opératoires) fonctionnent au contraire par ruptures incessantes et très marquées, faisant alterner des images de soi et des séquences biographiques contrastées [Kaufmann, 2004]. L'individu s'engage successivement dans des régimes d'action multiples [Thévenot, 2006] et présente des facettes identitaires variées. Or c'est justement cette modalité séquentielle qui permet à l'agacé de sortir de l'impasse autistique. Alors qu'il adhérait à ses certitudes retrouvées lui semblant indéboulonnables, il retourne à la normalité conjugale comme si rien ne s'était passé. Le processus suit généralement la même voie du côté de l'agaceur (permettant ainsi que s'enclenche une spirale vertueuse). Entraîné par ses manières d'être, il agace souvent malgré lui, et perçoit intuitivement qu'il a provoqué du trouble dans le camp adverse. Se sentant vaguement coupable après coup, il cherche (un peu) à racheter sa faute, en présentant une meilleure figure. La répétition de cette expérience lui fait d'ailleurs comprendre qu'il s'agit là d'une méthode très efficace pour sortir de la logique de conflit et éviter des représailles. Certains deviennent ainsi maîtres dans l'art de « tendre la perche » (Melody). Charly par exemple. « Quand c'est lui qui me rappelle tout s'efface » (Rosy). Ou Marc. « J'ai une chance folle, j'ai un homme qui a dans les yeux toutes les expressions et qui sait s'excuser lorsqu'il pousse le bouchon un peu loin. Et là, lorsqu'il me dit : "Tu as raison, je vais faire un effort", je fonds » (Caroline). Et même Richard, l'agaceur terrible. « Il sait reconnaître ses torts et en général c'est lui qui fait le premier pas dans la réconciliation (c'est sûrement pour cela que nous sommes encore ensemble). Sur le coup tout ce qui m'énervait disparaît » (Malvina).

Passé le plus fort de la crise, les deux partenaires s'observent à la dérobée, pour trouver le détail pouvant les aider à justifier leur conversion. À défaut d'un revirement spectaculaire de l'agaceur, comme ceux de Charly, Marc ou Richard, l'agacé peut se suffire de quelques broutilles, pour amorcer lui-même un changement de comportement insensible, impulsant à son tour un amollissement adverse, et ainsi de suite. La sortie de crise se gère avantageusement par ce type d'interaction fine, où chacun aide l'autre à abandonner peu à peu son repli individualiste. Hélas, l'autre parfois s'obstine, ou affiche une mine butée impénétrable (ce qui ne vaut guère mieux). L'agacé est alors condamné à agir seul.

Quand l'agacement s'évapore

La tactique la plus simple consiste à laisser passer l'orage (intérieur), en attendant que l'émotion retombe d'elle-même. Il est très difficile de définir dans quelle mesure cette perception d'un mouvement physique à caractère purement naturel correspond à quelque chose de réel. Certes, l'émotion atteint un pic au moment du choc initial, et retombe donc logiquement par la suite. Melody a l'impression de ne produire aucun effort particulier. « Je n'ai pas l'impression de me contenir mais plutôt de laisser se dissiper naturellement, "s'évaporer" l'instant désagréable. » Dans ce deuxième temps néanmoins, l'évolution du contenu émotionnel dépend fortement du cadre d'autoperception. Une vision violemment critique du partenaire entretient l'agacement à un haut degré. Des failles dans les évidences autistiques, ou une vision simplement plus floue ou distanciée, font au contraire baisser l'irritation. Là est d'ailleurs sans doute ce qui explique que l'agacement puisse donner l'impression de s'évaporer de lui-même, car l'agacé agit sans même s'en rendre compte. De façon passive et peu créative, il se contente d'élargir la distance de son regard sur les faits. Il a toujours en tête ce qui l'a agacé, mais il se le représente de plus loin, et cet éloignement diminue ses réactions émotionnelles. Or ce mécanisme n'est aucunement naturel ; l'effet d'éloignement est produit par la représentation. La meilleure preuve en est que cette dernière peut être différente (si l'agacé maintient une vision violemment critique de son partenaire), et l'irritation reste alors très présente. On ne doit pas en conclure, dans une simplification inverse à la conception naturaliste, que la représentation individuelle décide de tout et commande notamment l'émotion. Les deux s'entrecroisent et s'enchaînent intimement. Le point de départ est indubitablement émotionnel. C'est l'agacement en lui-même qui arrache soudainement l'individu à sa vision ordinaire, pacifique et consensuelle. Émotion et vision critique font alors bloc pour souder une identification alternative, individuelle, sinon autistique. Ensuite, passé le gros de l'orage, l'« évaporation » se réalise graduellement, dans un engrenage associant baisse de l'intensité émotionnelle et visions plus distanciées ou adoucies, degré par degré. L'agacé a donc faiblement conscience de produire un effort, et encore moins de développer une tactique : il se contente d'ajuster son retournement identitaire, très progressivement. Ces insensibles petits pas l'amènent pourtant à inverser totalement sa position.

Voyez cette sombre histoire de chaussures sous un radiateur[1]. La cuisine de Daniel et Christine se situe à l'étage, et l'un comme l'autre, pressés de se retrouver dans leur doux chez-soi, montent avec leurs souliers. Qu'ils mettent alors sous le radiateur (où les mettre ailleurs ?) pour se délasser, les pieds dans leurs pantoufles. Les chaussures finissent ainsi par s'amonceler à cet endroit incongru, ce qui a pour effet de les agacer tous les deux. Ils ont donc d'un commun accord défini une théorie officielle : chacun devrait désormais se déchausser dans le garage, au rez-de-chaussée, où un espace de rangement adéquat est prévu. Hélas, ils continuent à monter comme ils l'ont toujours fait, et la vue du tas sous le radiateur les agace de plus en plus, surtout Daniel, qui explose en fin de semaine. « On stocke les souliers en dessous du radiateur de la cuisine. Et tous les samedis je râle parce que c'est pas la place des souliers en dessous du radiateur de la cuisine. Je demande qu'on descende les souliers au garage. » Christine, pourtant aussi agacée que Daniel (et même sans doute davantage quand il demande en s'adressant visiblement à elle qu'« on » descende les souliers), a choisi une tout autre tactique : le refoulement et le silence. C'est le fruit de l'expérience. Elle a en effet

---

1. Témoignage recueilli et cité par Johanne Mons [1998, p. 105].

constaté que les cris n'avaient rien changé (les chaussures revenant pareillement sous le radiateur) ; autant donc les éviter. Elle pousse d'ailleurs beaucoup plus loin l'abnégation, en descendant les chaussures au garage sans rien dire. L'enquêtrice lui demande alors si crier un peu ne lui ferait pas du bien malgré tout. Elle le reconnaît mais ajoute aussitôt : « Je me réserve pour des choses plus importantes. » L'agacement lié aux chaussures n'atteignant pas pour elle un maximum d'intensité, elle préfère le traiter aussi vite que possible par le dévouement et le silence, pour mieux se réserver d'autres confrontations verbales avec Daniel. En procédant de la sorte, elle évapore même l'agacement plus personnel, provenant de ses propres souliers. Le don de soi amoureux, d'une certaine manière, est donc récompensé.

L'agacé développe des tactiques sans le savoir. Notamment pour construire la prise de distance de son regard sur les faits. Par exemple, en se déplaçant physiquement, pour s'éloigner de tout ce qui pourrait lui rappeler le motif originel de l'irritation. « Si je suis énervée, je quitte le plus souvent la pièce, où il voit sur mon faciès que l'énervement monte » (Nicole). Outre qu'il ôte de sa vue ce qui avait provoqué l'agacement, l'écart a un autre avantage. Il permet à l'individu agacé d'effectuer une petite rupture identitaire, en se réfugiant momentanément dans une bulle d'autonomie personnelle. Plusieurs témoins ont parlé de la « respiration » qu'ils éprouvaient alors, leur permettant souvent assez rapidement d'oublier un peu les faits et de calmer l'agacement. « Je me récupère d'abord », comme dit très bien Melody. C'est également la méthode employée par Fidelia, sur des phases plus longues. « Il me faut des moments de pause et de réoxygénation. » Par exemple, un voyage (sans Pedro) avec ses copines, « de

quoi vous refaire une femme ». Ou de Yannis, qui a officiellement institué les respirations personnelles en principe
de fonctionnement conjugal, pour diminuer les agacements. « De manière générale, on se laisse mutuellement
des "espaces-temps" libres : je vais voir un concert ou un
match de foot avec des amis, elle se fait un petit resto ou
les magasins avec ses amies ; elle part deux-trois jours
dans le cadre de son travail, et je reste avec notre fille à la
maison, et vice versa quand je dois m'absenter également
pour mon boulot. Cela fonctionne très bien ainsi, et l'on
est content de se retrouver après ces petites séparations
ponctuelles. Nous pensons tous les deux que ces allers
et retours sont indispensables à notre couple afin qu'il
dure et qu'il évolue positivement. » Que la séquence soit
courte et improvisée ou plus longue et programmée, le
mécanisme est le même ; la rupture individualiste incite
(doublement) au retour à la normalité conjugale. Elle
éloigne d'abord le regard sur les faits et concourt ainsi
à « évaporer » l'agacement. Ensuite, surtout si elle se prolonge (c'est là qu'une petite vengeance discrète et modérée peut avoir un rôle positif), elle peut provoquer des
remords, l'ex-agacé cherchant à retrouver les repères de
son identification conjugale pour y replonger à nouveau.
Ce moment de flottement entre deux identités est également très favorable à un raisonnement plus froid – identification forte et pensée critique n'étant guère compatibles
[Kaufmann, 2004] – généralement favorable à un abandon
de l'attitude guerrière. Trois éléments s'entrelacent alors
pour terrasser l'agacement : prise de distance physique,
baisse de l'intensité émotionnelle, montée de la pensée
analytique. L'agacement ne s'évapore pas tout seul.

La thérapie corporelle

« La façon dont je passe d'un sentiment à l'autre : je crois que, après avoir fait ma remarque plus ou moins discrète selon les circonstances, je détourne le regard et j'entre dans une action personnelle, qui me "soulage" et peut l'inciter à modifier son comportement (dans le cas cité, je débarrasse la table). » Melody combine trois techniques. Une brève expression critique (du bout des lèvres) ; un détour du regard qui signale au contraire la fin de la parenthèse critique ; enfin une concentration de ses pensées sur une manipulation machinale qui la soulage. Cette dernière (une agitation corporelle pour résoudre un trouble émotionnel) n'est pas propre à l'agacement. Sa portée est beaucoup plus large (elle fonctionne également pour l'angoisse, la honte, etc.) et permet aussi de traiter des troubles cognitifs comme la surcharge mentale. Dans mon enquête sur la cuisine par exemple [Kaufmann, 2005], de nombreuses personnes m'ont parlé de cette thérapie par les mains. Que l'activité soit complexe et exige alors une concentration, ou au contraire qu'elle soit bien maîtrisée et routinière, le résultat est le même : elle « vide la tête » (Candy) de toutes les humeurs et pensées mauvaises. « Je pense à rien, je pense à la cuisson, je pense au goût, je pense vraiment à rien, c'est pour ça que ça me détend, je suis concentré (Tony). Ne penser à rien et être concentré (deux modalités pourtant à l'opposé d'un point de vue strictement cognitif) est équivalent dans son esprit. Car l'une et l'autre lui délivrent d'autres pensées existentielles, angoissantes ou fatigantes. « La cuisine c'est mon antistress, c'est la seule que j'ai réussi à trouver qui me déstresse. En rentrant du boulot, ça me permet de souffler » (Tony).

La cuisine est toutefois rarement utilisée pour résoudre un agacement. Car c'est une activité trop régulière, réalisée à heures fixes (alors que l'agacement surprend quand on ne s'y attend pas, il faut y répondre aussitôt), et sa complexité exige une trop grande mobilisation intellectuelle. Pour calmer l'irritation, le geste thérapeutique idéal est au contraire ce qu'il y a de plus simple et d'automatique, utilisant les objets qui tombent sous la main. Il faut agir pour agir, en effectuant une manipulation très physique et rudimentaire. Ce caractère extrêmement dépouillé du geste adéquat donne l'impression (comme pour l'évaporation) que le mécanisme est purement naturel ; le mouvement du corps chassant les mauvaises pensées. Or, ici aussi, c'est l'enchaînement graduel entre la baisse de l'intensité émotionnelle et l'évolution du cadre de représentation qui est décisif. L'agacement s'évapore grâce à une prise de distance du regard sur les faits. La manipulation joue également avec la distance, d'une autre manière. Distance non plus du regard sur les faits mais du regard sur soi. La représentation que chacun se fabrique de lui-même à un moment donné prend des formes et repose sur des éléments très variables. Parfois une pensée de type analytique ; parfois un récit plus narratif ou une visualisation imagée : toutes formes développant un regard sur soi, que l'on tend désormais à nommer réflexivité [Giddens, 1991]. Mais ce regard sur soi peut s'effacer au profit d'une simple sensation d'être, à travers par exemple des émotions fortes [Le Breton, 2002] ou de façon plus diffuse par une dilution dans le rythme des mouvements du corps [Laplantine, 2005 ; Sauvageot, 2003]. La thérapie corporelle combine d'ailleurs les deux prises de distance, car la dilution du regard sur soi efface en même temps le regard sur les faits puisque c'est la superstructure réflexive dans son ensemble qui s'estompe. Ce double mouvement arrache en outre l'individu à la socialisation conjugale, en l'inscrivant dans la stricte frontière de son corps. De nombreuses personnes ont énuméré les techniques coordonnées permettant à la fois de se retirer du contexte d'agacement et de se regrouper sur soi par l'action. Comme Melody témoignant à chaud après une grosse colère. « J'ai donc regardé ailleurs, je me suis levée, pour nettoyer une casserole, fait silence, une façon de me retirer de la conversation en douceur. IL l'a perçu, n'a pas insisté, m'a dit "Je t'attends pour la sieste" (il la fait presque tous les jours). J'ai dit "Je ne sais pas", et puis il est parti dans la chambre. Alors, mon agacement retombé, la casserole propre, je l'ai rejoint (parce que pour la sieste, avec ou sans ébats, il est très fort !). » Retournement radical de la situation, dénouement rapide, et enchaînement vers une thérapie corporelle d'une tout autre sorte.

Le soulagement par un dérivatif manipulatoire n'est cependant pas toujours simple à mettre en œuvre. Car tout mouvement est susceptible d'envoyer un message à l'agaceur, donc de s'inscrire dans la logique exactement contraire du langage des gestes. La manipulation thérapeutique cherche à rompre tous les liens, avec les faits et avec le partenaire, à ériger une barrière étanche avec le monde extérieur, permettant à l'agacé de se regrouper sur lui-même. Le moindre signe donné par le mouvement du corps replonge à l'inverse dans l'échange. Or l'agacé est travaillé aussi par l'envie d'en découdre et il a bien du mal à ne s'agiter que pour lui. Melody par exemple, débarrasse aussitôt la table pour se calmer quand IL trempe son pain dans la sauce. Elle le fait d'une manière très vive, les assiettes s'entrechoquent, le

bruits claquent. Uniquement pour elle-même ? Ou pour
envoyer à IL un message ? Elle navigue sans doute entre
les deux. Avec cette difficulté que les deux logiques
étant contraires, le moindre signal envoyé peut annihiler
l'effet de la manipulation thérapeutique. Heureusement,
l'agaceur ayant pour tactique favorite de jouer à celui
qui n'a rien vu ni rien entendu, les petits dérapages ne
portent pas trop à conséquences. Et Melody peut continuer à faire claquer les assiettes. Tout n'est pas résolu
pour autant. L'idéal est d'avoir un petit geste, souvent
ritualisé, et purement défoulatoire. Utiliser une action
ordinaire chargée de sens, comme les tâches ménagères,
peut en effet soulever des questions, voire provoquer de
nouveaux agacements. Quand Pedro met son bol dans
l'évier plutôt que dans le lave-vaisselle, Fidelia réagit parfois par une colère immédiate. Si tel n'est pas le cas, elle
hésite alors entre toute une panoplie de réactions. Sa
préférée : « Sourire intérieurement », mettre le bol dans
le lave-vaisselle, « et je passe à autre chose ». Elle ne parvient pourtant pas souvent à ce détachement intérieur.
Elle laisse donc ostensiblement le bol dans l'évier, et se
déchaîne ensuite en effectuant un ménage nerveux qui
la soulage. L'agacement retombant, un doute s'instille
en elle sur le bien-fondé de son choix : elle est en train
de faire précisément ce que son agaceur de mari exige
d'elle, et qui l'irrite tant, en rajoutant même dans l'excellence du résultat obtenu par son hyperactivité. Sans
compter que le bol restera dans l'évier à la narguer tant
qu'elle ne l'aura pas rangé. D'autres jours, elle change
donc totalement son fusil d'épaule : elle laisse le bol et
n'effectue aucun rangement, s'engageant dans une sorte
de grève ménagère silencieuse. Mais ruminant son agacement, sans le secours de la gesticulation qui soulage.

La confusion des tactiques contraires débouche sur une prise de tête qui nourrit l'agacement. Nouvelle preuve s'il en faut que la manipulation (comme l'évaporation) n'est pas un mécanisme purement physique et naturel.

Du bon usage de la bouderie

Le détour du regard ou la concentration sur les gestes qui soulagent visent à s'isoler de la scène génératrice d'agacement, à se réfugier dans une identité personnelle étanche au monde conjugal, et surtout à s'interdire toute communication avec l'adversaire. Plusieurs témoins ont parlé de la nécessité d'afficher pour cela une « froideur » momentanée. « Ma froideur est une conséquence de l'agacement (je ne suis plus amoureuse) ; c'est une réaction spontanée qui correspond à mon sentiment du moment. » Melody affiche cette froideur y compris quand la communication n'est pas rompue. « Ce peut être aussi changer la conversation, l'entraîner sur un autre terrain, mais toujours avec froideur. » Comme la plupart des éléments qui touchent à l'agacement, la « froideur » est ambivalente, et peut donner matière à des interprétations opposées. Première version : elle est un message critique lancé à l'adversaire, très logique après le pic émotionnel. « Lui parler tout de suite chaleureusement après mes petites remarques acerbes serait forcer un élan que je n'ai plus ; après l'agacement et mes réflexions à son propos, je n'ai plus envie d'aller vers lui » (Melody). Le message est parfois entendu, il arrive même qu'il soit efficace. « S'il s'en rend compte, IL s'en sert de signal, et s'il est de bonne humeur (ou en tort ?), IL fera un pas vers le réchauffement (boutade, service, geste tendre). » En poursuivant son explication, Melody glisse insensiblement vers la seconde version : la froideur n'est plus un message, mais affiche une neutralité passagère et fait écran à la communication. « Ce serait comme tendre l'autre joue, or ça suffit ! Je ne vais pas risquer d'être à nouveau agacée immédiatement. Je me récupère d'abord. Je ne crois pas que ce soit un signe ou une punition à son encontre, car : 1) IL ne s'en aperçoit pas toujours ! 2) N'oublions pas que j'ai des doutes sur le fondement de cet agacement (est-ce LUI ? est-ce moi ?). » La froideur est une attitude volontairement inexpressive, marquant une pause dans la communication. Ce que Fidelia exprime d'une autre manière : « Je prends mes distances sans argumenter. » Ou Lamia, qui offre ses « silences pincés » en attendant que « cela passe ».

Pour nombre d'agacés, la simple froideur est toutefois insuffisante. Ils sentent le besoin de la faire monter à un degré supérieur : la bouderie. Elle aussi est ambivalente, et évolue différemment selon les modalités employées. Il existe des bouderies agressives et violemment bornées, envoyant des messages peu compréhensibles mais très forts. Ce ne sont pas celles qui nous intéresseront ici. Dans l'optique de résolution de la crise, une bouderie modérée peut en effet être un moyen de rompre avec la séquence biographique génératrice d'agacement. Elle doit pour cela afficher une neutralité émotionnelle. Un tel résultat ne peut être obtenu que si l'agacé abandonne les évidences fortes sur lesquelles il se crispait au plus haut du pic émotionnel. L'affichage d'une figure inexpressive indique alors que l'individu s'est engagé dans un travail intérieur visant à rétablir des équilibres. Un travail invisible et secret, sur lequel il ne veut pas et ne doit pas s'exprimer. « Certains ne disent pas ce qui les énerve mais on le voit

sur leur tête que quelque chose ne va pas. Mais on ne
sait pas quoi, forcément, puisqu'on ne lit que peu dans
les pensées. Alors on questionne celui qui boude, mais
lui ce qu'il veut c'est bouder justement, pas répondre »
(Isabelle). La bouderie est incompréhensible sinon ridicule
pour qui l'observe de l'extérieur. En réalité, le boudeur est
souvent condamné à cette méthode étrange, qui, dans
sa version modérée, cherche paradoxalement à construire
les conditions d'un retour vers le couple, sans pouvoir le
dire, et en affichant une mine renfrognée. Il s'agit d'une
technique très répandue chez les enfants, eux aussi pié-
gés par une impossibilité d'expression de leurs insatisfactions et petites souffrances. (Pour d'autres raisons
l'agacé conjugal ne peut rien dire car il réalimenterait la
source de l'agacement ; l'enfant tout simplement parce
qu'il ne possède pas les mots et occupe un statut infé-
rieur.) Face au monde méchant qui ne le comprend pas
et à qui il ne peut rien dire, l'enfant s'enferme dans son
monde en boudant. C'est par exemple au grenier, nous dit
Gaston Bachelard [1948], qu'a lieu la bouderie absolue, la
bouderie sans témoins. L'agacé conjugal lui aussi s'isole
par la bouderie (comme il le fait en détournant le regard
ou en s'engageant dans une manipulation frénétique).
Il s'interdit d'apparaître sous une face vindicative, tout
comme il s'interdit les signes qui pourraient indiquer qu'il
revient à la normalité conjugale. Il est dans un entre-
deux insaisissable, comme suspendu entre deux identités
possibles. Il neutralise pour cela toutes les expressions
langagières ou corporelles. « Je boude un peu, je ne suis
pas aussi souriante, enjouée, câline, bavarde, intéressée
par lui que d'habitude. Et le pire dans l'histoire c'est que
lui ne s'en rend même pas compte et que ça ne le dérange
donc pas : la seule lésée dans l'histoire c'est donc moi !

(Alice). Aziz ne s'en rend pas compte, ou plutôt ne veut pas s'en rendre compte, l'expérience lui ayant sans doute appris que cette glaciation adverse était sans grandes conséquences, et provisoire. Tout dépend évidemment du type de bouderie, car il y a bouderie et bouderie. Quand il s'amuse à monter dans le train à la dernière minute, il sait que la bouderie d'Alice sera très légère, à la limite du jeu, et qu'il la retournera facilement à son avantage. Concernant ce qu'elle considère comme un manque de considération à son égard (lorsqu'il demande de lui faire penser à diverses choses, et alors qu'elle s'exécute, déclare qu'il les fera plus tard), Alice ne parvient pas à se limiter à une bouderie affichant une pure neutralité. « Là c'est vrai que j'arrive à être en colère à ma façon, c'est-à-dire en faisant la tête. Je me permets de montrer que je ne suis pas contente, je me donne l'autorisation de bouder en fait. J'aimerais qu'il comprenne ce que je peux ressentir à ce moment-là. Mais en même temps je n'aime pas bouder, ce n'est pas dans ma nature profonde je pense, je me sens mal quand je suis en colère et je déteste ce sentiment. J'ai beaucoup de mal à en vouloir durablement à quelqu'un que j'aime, enfin quand il s'agit de choses pas trop graves. » Même quand elle ne peut faire autrement que se laisser entraîner dans une bouderie plus parlante, Alice cherche très vite à en ressortir. Ici ce n'est pas la prise de distance et la neutralité affichée de la bouderie discrète qui lui permettent de faire baisser l'intensité de l'irritation, mais l'économie des émotions et des pensées contraires. Les remords et les doutes font leur travail de sape. Comme pour les vengeances secrètes, le petit dérapage, momentané et raisonnable, rétablit un équilibre.

En quittant la neutralité radicale, la bouderie offensive implique de jouer de la dialectique des émotions contraires pour revenir à la normalité conjugale. Par effet de compensation : plus la bouderie est méchante, plus l'agacé-boudeur se sent coupable et poussé à revenir. D'autres techniques de gestion de l'agacement s'en rapprochent, utilisant aussi la dialectique des émotions contraires, mais de façon simultanée plutôt que successive. Comme l'humour, elles donnent prise à une interprétation à double entente, dans une version beaucoup moins agréable, sinon franchement pénible. Il s'agit des divers bougonnements, marmonnements et grognements en tout genre, qui permettent à l'agacé de simuler une contre-attaque qui en réalité reste imaginaire. « Je suis pourvue d'un homme charmant (sinon j'en aurais changé depuis longtemps) qui m'emmène où je veux, participe aux tâches ménagères, et toutes sortes de qualités diverses. Et puis des fois, il faut qu'il grogne. C'est ainsi qu'entre Marseille et Andorre, il a ronchonné tout du long, qu'il en avait marre de cette route et de ce temps pourri, et qu'il allait faire demi-tour. Une mienne amie qui nous accompagnait et moi-même le suppliions de n'en rien faire, et que c'était plus très loin, et qu'on n'avait pas fait tout ce chemin pour ne pas aller à destination. C'étaient les débuts[1], et habituée à un caractère plus pénible[2], j'étais persuadée qu'il le ferait, le bougre. Non, il ne le ferait pas, il le savait, mais pas moi. Simplement il était agacé, il fallait qu'il le dise. Nous sommes finalement arrivés en Andorre, tout le monde à cran, surtout les deux dames qui avaient passé le trajet à croiser les doigts. Maintenant je le laisse ronchonner dans son coin, je sais que ça lui passera » (Isabelle). Le grognement, qui

---

1. De leur vie de couple.
2. Avec son précédent mari, le pouitcheur intentionnel.

peut soulager dans l'instant, s'avère en effet déplorable du point de vue des gains qu'il permet d'obtenir. Surtout quand l'adversaire, tirant le bilan de l'expérience, sait pertinemment que les grommellements sont lancés dans le vide. Isabelle retourne même le procédé à son avantage. « Une fois arrivée, je lui fais juste remarquer qu'il a été un peu infect, ce qui me vaut une petite compensation du monsieur contrit, une pâtisserie ou un petit détour pour voir un truc qui me plaît. Je suis machiavélique. »

Se raisonner

Quand il détourne le regard, s'engage dans une manipulation furieuse, ou affiche un faciès boudeur impénétrable, l'agacé bénéficie au contraire d'un résultat doublement intéressant : la charge d'émotions mauvaises diminue, et ses pensées se libèrent pour analyser la situation d'une manière plus froide et distanciée. Certes, la capacité de réflexion ne s'impose pas sans efforts. Caroline parle d'un véritable « travail de sape », permettant peu à peu de « désamorcer la bombe ». Certes, l'analyse qui en résulte n'est pas non plus évidente. Les intérêts et les inconvénients des deux identités alternatives (la résistance individualiste ou la capitulation conjugale) sont évalués et comparés. Bien qu'elle finisse toujours par pencher dans le même sens, Alice doute à chaque fois, et rien ne dit qu'un jour sa décision ne sera pas différente. « Concernant le train, c'est vrai que l'agacement que je peux éprouver avant d'y être installée disparaît assez vite une fois que celui-ci a démarré et je pense que cela s'explique en partie par le fait que je suis soulagée qu'on ne l'ait pas raté mais aussi parce que je n'arrive pas à affirmer avec suffisamment de force et de conviction qu'il m'a énervé. Il ne me prend pas assez au sérieux et plaisante gentiment sur mon attitude stressée et il finit par me détendre avec ses idioties (c'est quelqu'un de très amusant et drôle). Je suis trop faible et je n'arrive pas à rester sur mes positions, je pardonne très vite, trop vite sûrement même par rapport à ce que j'aimerais être. J'aimerais avoir suffisamment de force de caractère pour lui faire comprendre que réellement je lui en veux, qu'il m'énerve vraiment dans ce moment-là, mais je n'y arrive pas et finalement je suis bien contente que ça se passe comme ça, même si d'un autre côté je m'en veux. Que c'est compliqué !! Je fuis le conflit parce que je déteste ça, parce que c'est plus facile ainsi et parce que je ne veux pas jouer les filles "chiantes et qui font la tête pour un oui ou pour un non. »

Malgré les hésitations fréquentes, la réflexion à froid est généralement favorable à la capitulation conjugale et ceci pour plusieurs raisons convergentes. La prise de conscience des conséquences matérielles et sociales très problématiques d'une persistance de la révolte individualiste tout d'abord. C'est ce qui fait penser à Nicole qu'elle s'est « énervée plus que de raison ». Passé les rêves nourris par l'émotion violente, la réalité revient de tout son poids. Il faudrait déplacer des montagnes. Or les évidences nécessaires pour cela – pourtant si fortes au plus haut du pic émotionnel – se fissurent rapidement sous l'effet de la réflexion et se réduisent à une simple petite trace (gardée en secret au coin de la mémoire et mise en réserve pour une autre crise éventuelle). Ensuite, le besoin de calme après la tempête, tout simplement, alors que persévérer dans l'opposition impliquerait des efforts stressants. Mais le plus intéressant est sans doute ailleurs, dans le revirement de la vision de soi. La retombée de l'émotion introduit rapidement des doutes ; là où tout était clair un instant avant, tout devient plus confus. En avait-il vraiment fait exprès, pour agacer encore plus ? N'est-il pas plutôt un agaceur malgré lui, à qui il arrive même parfois d'essayer de changer ? L'agacé est moins sûr, et à mesure qu'il hésite, une nouvelle vision de lui-même commence à s'installer, elle aussi travaillée par le doute. Sa propre attitude n'est-elle pas également critiquable ? N'a-t-il pas été très désagréable, voire violent dans ses propos, ou piteusement obtus dans sa bouderie ? À ce moment critique de l'évolution des pensées, les excès commis lors de l'emportement reviennent en mémoire sous un autre jour, et deviennent susceptibles d'alimenter la dialectique des contraires. C'est ici par exemple que la petite vengeance, même sournoise, et justement parce qu'elle a été sournoise (si son auteur a conscience qu'elle a bien été telle), peut se transformer en ressource aidant à la reconstruction de l'entente conjugale. Après avoir crié et claqué les assiettes, obligeant IL à retirer son pain de la sauce, Melody se voit désagréablement sous les traits d'une femme « guindée, acariâtre, major-dome autoritaire ». « Tu as l'impression d'être chiante », dit Élise[1]. Et Rosy, troublée *a posteriori* par le fait que son exaltation ait été disproportionnée, doit se résoudre à ce triste constat : « Je me trouve ridicule. » Rappelons-nous en effet que la cristallisation opère sur des broutilles. Au plus fort de la crise, l'agacé sent bien intuitivement qu'il y a beaucoup d'autres choses en dessous. Mais venu le temps de l'analyse plus posée, il se trouve tout penaud en découvrant que ce qu'il croyait être une grandiose tempête avait en fait été déclenchée dans un verre d'eau.

---

1. Témoignage recueilli et cité par Céline Bouchat [2005, p. 71].

Cette pénible révélation n'est souvent pas pour rien dans l'envie soudaine qu'il a de tourner la page.

Changer le cadrage de la scène

L'émotion une fois retombée, le regard se faisant moins critique sur le partenaire, voire tenté par l'autocritique, il ne reste souvent qu'à attendre que le conjoint fasse un petit geste, ou lance un signe, permettant d'enclencher à deux la spirale positive. Hélas, il arrive que rien ne vienne. L'agaceur persiste et se bute à son tour, insensible à la bouderie ou aux gesticulations, sourd aux cris. L'agacé doit alors faire œuvre de créativité, en développant des astuces qui puisent dans l'imaginaire. Une des plus simples consiste à changer le cadrage de la scène qui est à l'origine de l'agacement. Je rappelle que celui-ci résulte d'une confrontation intime de deux cultures ignorant leurs différences. La définition de rôles complémentaires dans le couple est, entre autres, une manière de le résoudre, puisque la différence devient opératoire et structure l'entité conjugale. Une autre façon consiste à éviter les confrontations en augmentant les distances individuelles, généralement par la multiplication de sphères d'activités personnelles, reconnues comme légitimes par le conjoint et le reste de la famille. Frédéric Hardy [2005] cite le cas d'un père mélomane, très irrité. « Il se fâche, il en a marre de voir ses CD qui traînent partout ; c'est un peu la guerre. » Et qui pour trouver la paix a décidé de se construire un petit auditorium personnel dans le grenier. Quant à Rosy et Charly, le fait qu'ils vivent dans deux logements permet à Rosy de « claquer la porte » dès qu'elle est agacée (et de s'expliquer ensuite par e-mail). « Nous avons beaucoup de sorties de secours pour éviter l'affrontement. » Mais la plupart du temps, le flou règne en maître entre ce qui peut être considéré comme personnel ou conjugal, et sur la reconnaissance de la légitimité des écarts personnels.

Toute situation est au cœur d'un jeu de forces participant au cadrage de sa définition [Goffman, 1991]. Nous ne sommes pas maîtres des expériences dans lesquelles nous nous engageons. Les sphères d'autonomie l'illustrent bien : celui qui croit reconnu son espace personnel ne tarde pas souvent à se le voir contesté. L'agacement conjugal est une expérience qui a cependant ceci de particulier qu'elle se joue tantôt à deux (dans des interactions acharnées), tantôt dans la solitude de l'intériorité. L'agacé qui se replie en son for intérieur travaille essentiellement, sur un mode virtuel, à des essais de cadrage différents des situations qu'il vient de vivre. Il bricole sur les frontières qui pourraient changer sa perception. Notamment en faisant glisser les limites séparant l'individuel du collectif. Bien des scènes vécues ayant agacé ont débouché en effet sur cette triste fin, parce qu'il y a eu confrontation entre des intimités qui auraient pu rester chacune dans son territoire. Revivre *a posteriori* la scène après avoir changé son découpage permet de bouleverser l'économie des sensations. Et la répétition d'un tel travail finit par avoir une vertu pédagogique et changer la perception des faits au cœur de la tempête. Prenez Lamia, excédée depuis des lustres que les petits objets tombent de la poche de chemise de son mari. « Autre agacerie régulière que je n'arrive pas à comprendre : l'utilisation de la poche de sa chemise pour y mettre de l'argent, son téléphone portable ou sa carte de crédit. Il suffit qu'il se penche pour que tout tombe (et il a perdu tout ce que je viens de citer à plusieurs reprises), mais continue à l'utiliser. Je lui ai répété pendant des années en le voyant faire de les mettre ailleurs. Mais rien n'y a fait, il n'a pas changé d'un millimètre ses habitudes. Ce qui agace le plus Lamia est le tonitruan « Merde !!! » qu'il lance à chaque fois, lui démontran qu'elle a bien raison d'essayer de l'éduquer, car il serait le premier satisfait. Après s'être obstinée en pure perte (e s'être encore plus agacée à cause de la dissonance avec cet idéal inaccessible pourtant si évident), Lamia a chang de tactique. « Maintenant, le matin en entendant tombe les trucs de sa poche et son "merde" ponctuer la chute, ça m'agace profondément, mais ça me fait sourire aussi intérieurement. » Bien que le revirement soit encore imparfait elle a réussi à faire baisser l'irritation jusqu'à introduir une distance humoristique. Elle arrive à se convaincr qu'il s'agit après tout de ses affaires, et qu'elle ne doi absolument pas s'en préoccuper, rester sourde et aveugl à ses manières, indifférente. Ou encore mieux : amusé par ce rituel quelque peu ridicule.

Il est frappant de constater que ce qui agace le plu lorsqu'il y a mélange forcé des intimités dissonantes s transforme en source d'amusement quand la scène es renvoyée dans un espace extérieur que l'on observe. L'ex agacé se métamorphose en spectateur, apaisé, sourian attendri. La différence qui créait le trouble est devenue u objet de curiosité et de distraction ; un exotisme plaisan Isabelle a d'abord découvert avec stupeur l'incongruit des mœurs automobilistico-ménagères de son nouvea mari. Elle a appris très vite à se contrôler pour ne pa provoquer d'éclats inutiles. « De mon côté, je sais qu la voiture est sacrée, elle doit rester immaculée : poin dans la voiture ne mange, la propreté de mes chaussure avant d'y monter je vérifie. » Constatant au passage qu

« faire l'effort d'y penser » peut aussi être source de plaisir personnel, inscrit dans une logique amoureuse. Effort
gratifiant donc, et qui surtout évite des éclats sans fin.
« Le jour où je collerai de la terre dans la voiture de mon
doux et que non seulement je n'aurai plus rien à en faire
mais que je le rembarrerai s'il me fait la réflexion, ça sen-
tira le sapin pour notre relation. » Depuis, comble de la
satisfaction, elle a même appris à en rire. « Et puis il est
attendrissant quand il secoue ses tapis de voiture, c'est
tout lui, et en plus ça fait rire ma mère. » Par la magie
du recadrage de la scène, les caractères les plus agaçants
sont repris pour dessiner la figure d'un personnage imma-
ture, maladroit et cocasse ; qui inspire le rire, la tendresse
ou la pitié. Il est fréquent que les femmes imaginent alors
leur mari sous les traits d'un enfant. Quand elle est très
en forme, Fidelia pense que Pedro est « puéril » dans son
refus de mettre le bol dans le lave-vaisselle. « Et cela
m'apporte le sourire. » Cette image d'un homme-enfant
(qui en d'autres circonstances peut, nous l'avons vu,
être très agaçante) permet d'ailleurs à Lamia de prendre
encore plus de distance apaisante. « En ce qui concerne
les sentiments que m'inspire le fait que mon mari fasse
tomber ses affaires de sa poche de chemise, ce qui me
fait sourire c'est que j'ai l'impression d'être devant un
petit garçon qui fait et refait la même bêtise et c'est un
sentiment qui ressemble à la tendresse que je peux avoir
devant les bêtises récurrentes de mes fils. »

Petit cinéma et voix *off*

Les rêveries sont davantage que du rêve ; elles pré-
parent aussi à leur manière la réalité future. Entre la

pure rêverie gratuite et ce qui *in fine* devient un projet
d'action, divers stades peuvent être distingués. Hazel
Markus [Markus, 1977] a notamment souligné le stade
intermédiaire du « soi possible », qui reste une identité
virtuelle, tout en réunissant les critères d'une concré-
tisation réalisable. Il parle également de « schémas de
travail » : l'individu rêvassant malaxe le virtuel avec des
fragments de réel pour faire émerger des scénarios cré-
dibles. Le cadrage et le recadrage des scènes n'est donc
pas une anomalie. Il participe à ce processus beaucoup
plus vaste qui veut que la réalité (passée, présente et à
venir) soit passée au filtre de la subjectivité qui lui donne
tout son sens [Kaufmann, 2004]. L'individu qui rêvasse
librement juste pour se faire plaisir, et celui qui peaufine
les détails d'un « schéma de travail » qu'il va tenter de
concrétiser, apparaissent très éloignés. Pourtant un point
les unit : ils s'investissent dans leurs images, y compris
les plus virtuelles, et dans les scénarios les plus fous. Ce
principe est d'ailleurs à la base de l'identification personnelle, qui part désormais du sens donné par l'individu
lui-même, quelle que soit la réalité des faits. Faits qui
bien sûr vont ensuite intervenir très vite et peser de tout
leur poids, pour briser les imaginations abusives. On ne
peut croire au rêve que le temps du rêve ; mais pendant
le temps du rêve on y croit vraiment.

Ces quelques lignes me semblaient utiles, car le dédoublement imaginaire que nous allons voir maintenant est
une arme de choix dans la panoplie de l'agacé souhaitant
revenir à des sentiments meilleurs. Certaines formes sont
très fictionnelles et ludiques (Caroline se représente Marc
sous les traits d'un extraterrestre), et pourraient laisser
penser qu'il s'agit d'une pure rêverie compensatoire. Or
y compris à ce tout premier stade, le procédé n'est effi-

ace que parce qu'il y a réellement identification. Bien
sûr, Caroline ne croit pas vraiment, rationnellement, durablement, que Marc puisse être un Martien. Mais le temps
du récit, elle s'oublie dans ses personnages, comme on
e fait en lisant un roman. Quand elle est très agacée
de découvrir son homme au matin, « l'œil glauque, les
cheveux en épi, le sourire absent, la politesse aussi », elle
lance son petit cinéma salvateur. « Alors, un peu comme
es enfants qui ont tendance à se dire que leurs parents
ont été échangés dans la nuit lorsqu'ils ont été disputés,
e me dis que Marc, le matin, n'est pas Marc mais un extraterrestre qui a pris sa place. Le vrai va revenir dans la journée. En créant dans ma tête un scénario science-fiction,
e rigole. » L'efficacité de la technique n'est d'ailleurs pas
sans la surprendre. « Et là, devant mon franc sourire, c'est
Marc qui est agacé. » Le principe est toujours le même : il
faut parvenir à croire davantage au petit cinéma intérieur
qu'à la réalité crue qui s'affiche devant soi. Que le petit
cinéma réinterprète la même scène (Marc devient un Martien), ou qu'il emporte dans un tout autre univers. Alice,
pourtant si douce, imagine (deux secondes) qu'elle gifle
Aziz (ou même qu'elle le tue !). Jamais elle ne passera à
l'acte. C'est pourtant parce qu'elle y croit (l'espace d'un
instant) que cette vision la soulage.

Dans ce domaine du dédoublement imaginaire, il
existe de vrais artistes ; Malvina atteint des sommets. Je
rappelle que la masse de ses agacements provoqués par
l'insupportable Richard est considérable. Si elle parvient
malgré tout à les traiter, elle le doit en grande partie à
l'excellence de son travail fictionnel. Très vocale, elle parle
moins d'images que de sa technique de la « voix off ».
« Nous passions un week-end sur trois chez ses parents.
Sur son "territoire" il est un autre : seuls comptent l'avis

de sa mère et ses copains. Ça m'agace car il faut que
je fasse attention à tout ce que je dis et cela n'est pas
dans mon tempérament. Pour tenir le coup je me suis
inventé une voix *off*. Quand il pérore ou quand il croit
leurs âneries, je me fais des commentaires ou je fignole
des réparties que je ne dirai peut-être jamais (parfois
je suis tellement concentrée sur ce petit jeu que je ne
vois pas passer les repas !!!). » Pour l'ordinaire du couple
Malvina s'est organisée d'une façon encore plus impres-
sionnante. Le dédoublement dépasse le seul travail
fictionnel puisque, régulièrement et avec le plus grand
sérieux, elle note par écrit dans son carnet secret. « Enfin
j'utilise deux autres moyens. Le premier je l'ai "breveté"
auprès des copines : cela consiste à noter les choses qui
ont fait mal, les vannes ou les attitudes, dans un carnet
pour pouvoir les balancer à la figure, preuves à l'appui,
dans une dispute où le même genre de situation se repro-
duit. Mais, comme dans le feu de l'action je n'ai pas mon
carnet sur moi je les note plus tard, à tête reposée. Cela
a l'avantage de me permettre de relativiser : au moment
d'écrire mes reproches certains me semblent bien futiles,
parfois même j'oublie de noter mais cela m'a fait du bien
sur le coup d'imaginer que j'allais pouvoir exprimer cela.
C'est dans le feu de l'action, au moment où elle pense à
ce qu'elle écrira dans son carnet, qu'elle y croit le plus. Au
moment de rédiger, elle est déjà une autre, plus partagée.
Ces deux étapes, liées entre elles, jouent un rôle différent.
Imaginer ce qu'elle écrira dans le carnet, et imaginer que
ce qu'elle écrira deviendra réalité (sous forme de puis-
santes vengeances) la soulage. Puis réfléchir plus posé-
ment lui permet de faire le tri et de préparer un retour
à la normalité. Retour toujours douloureux et problématique, qui implique qu'elle garde en réserve d'autres muni-

tions, toujours basées sur des mises en scène imaginaires. « Le dernier moyen est beaucoup moins glorieux : j'imagine que je le quitte. Alors je visualise l'appartement dans lequel je vivrai (il est en désordre car c'est l'un des principaux points d'achoppement entre nous : je suis désordonnée) et la façon dont je m'habillerai alors (il est jaloux et cela m'agace de m'habiller de manière à ménager sa susceptibilité). Par contre, je n'imagine jamais la scène où je le lui dis, car en général les deux étapes précédentes me calment assez. » Y compris quand elle rêve qu'elle le quitte, Malvina travaille paradoxalement à la réunification du couple. Un travail intense et secret. « Tous ces moyens vous le voyez se font en "interne". En "externe" mon visage prend une expression boudeuse et assez renfrognée (ce qui l'agace, car il préfère les face-à-face). »

Trier le bon

Dans la douleur des émotions négatives, le pauvre agacé guette un signe l'invitant au retournement identitaire. Lorsque rien ne vient, il est alors condamné à travailler seul à la réunification, de façon acharnée, avec compétence et créativité. Il doit déployer des trésors en secret, souvent sans le dire, voire en prenant ses distances ou en affichant une mine glaciale. Ces apparences ne doivent cependant pas tromper. Car il travaille réellement au renouveau amoureux, qui commence par un retour à la normalité conjugale, dont il faut construire les conditions. Encore irrité dans un coin de ses pensées, toujours un peu marmonnant ou boudeur, il s'agite déjà en secret pour trouver des pistes, utilisant son corps, les objets, sa pensée critique, ses rêves. Entre pensées et rêves, la dernière technique que nous étudierons est des plus intéressante. Nous avons vu le dédoublement imaginaire, sa puissance étonnante quand il est bien maîtrisé. Mais il nécessite un art pas toujours facile à mettre en œuvre. Même Malvina parfois échoue. « Si les batteries sont vides, ma méthode présente vite des limites car je ne trouve pas d'amorce de rêve pour m'absorber. » Il faut alors se rabattre sur la réalité conjugale telle qu'elle se donne à voir. Sans capituler pour autant. Le réel peut être cadré d'une manière différente, par exemple en découpant une sphère d'autonomie là où la confrontation était crispante. Il peut aussi être travaillé au corps en manipulant les catégories de perception. Le partenaire n'est pas fait d'un seul bloc. C'est particulièrement évident à propos de l'agacement, où seules quelques petites choses exaspèrent. Au plus fort de l'émotion, elles deviennent l'arbre qui cache la forêt ; le conjoint est réduit aux détails qui agacent. Le refroidissement émotionnel et la prise de distance réflexive permettent déjà de rétablir une vision plus équilibrée. Ensuite, il y a beaucoup mieux, quand l'agacé non seulement relativise mais fixe son attention sur la part de lumière qu'il avait occultée. Tout se passe comme s'il redécouvrait son vis-à-vis, de façon fouillée et réconfortante. De discrets bonheurs et des charmes oubliés reviennent à l'esprit et diluent doucement l'amertume. Si la volte-face opère à cet instant, de petits enchantements peuvent soudain faire suite au drame. Parce qu'un excès d'émotion dans un sens entraîne dans le sens contraire. Mais aussi parce que le terrain avait été préparé par cette analyse scrupuleuse isolant le meilleur de l'autre (analyse souvent guère plus objective que ne l'était l'amalgame critique au cœur de l'agacement). Après le pire, le meilleur.

Il s'agit d'un véritable travail de tri qui, à un premier stade, peut garder un caractère froidement technique. « Il faut faire la part des choses. Je me dis qu'il a d'autres qualités, que la perle rare n'existe pas », dit Jade, restant sur une certaine réserve. Melody n'a pas de telles retenues. « J'aime être amoureuse, je reste à la maison pour LUI, pour les enfants. Si je ne suis plus portée par l'amour, quel intérêt ? » Après que IL l'a fait hurler et claquer les assiettes, elle veut très vite sortir de cette séquence pénible, dès que l'émotion mauvaise est un peu retombée. Alors elle trie le meilleur, visionne ses attitudes les plus attachantes et affectueuses. Elle cherche à le mettre en position pour qu'il les réactive, et se remette en scène sous un autre jour. Le tri ne se cantonne donc pas au domaine de la perception, individuelle et secrète : il aide à enclencher une nouvelle interaction, à partir du meilleur des deux. « Instinctivement je crois que je cherche à neutraliser le fait, puis à créer une situation plus valorisante, où IL va me plaire et m'apporter ce que j'aime en lui. Je lui donne sa chance en quelque sorte. » Melody trie aussi de façon plus précise, parmi les aspects les plus immédiats et physiques qui se présentent dans son champ de vision, essayant d'accrocher les éléments (surtout son regard) dont elle sait qu'ils vont déclencher en elle une alchimie électrisante, comme au premier jour. « Ensuite, quand je repose le regard sur lui, ce sont ses yeux que je cherche, pour y retrouver l'étincelle. Comme si ça remettait le compteur à zéro. Et "j'oublie", jusqu'à la fois suivante. »

Certains lecteurs pourront me reprocher de ne pas avoir tenu les promesses contenues dans le titre de cette troisième partie ; et penser qu'ils ont été trompés, qu'il n'y a guère été question d'amour. Plutôt de tactiques et de subterfuges en tout genre, alors que l'Amour est censé être radicalement autre chose, un phénomène pur, limpide, divin, venant d'un ailleurs indéfinissable, loin des mesquineries ordinaires du monde des humains. Il a parfois ces caractères sublimes, quand une bulle d'enchantement fait (provisoirement) décoller du réel. Mais pour l'essentiel de la vie hélas, c'est bien avec ce réel tel qu'il se présente à eux que les conjoints doivent se battre. Ils partent donc du concret le plus cru, et le travaillent, avec ardeur et intelligence, jour après jour. L'amour est un sentiment vivant, qui évolue continuellement, à chaque seconde ; il est absolument nécessaire de le travailler en toutes circonstances. Souvent de façon secrète et obscure, voire franchement pénible quand il faut se faire violence pour renoncer aux certitudes égoïstes. La médiocrité apparente de ces techniques cache qu'elles s'inscrivent en fait dans le grand œuvre du retournement identitaire ; elles fabriquent les bases d'un soi différent, renouant avec l'échange conjugal. La voie est dès lors ouverte pour toutes sortes de manifestations amoureuses plus démonstratives et conformes aux canons usuels. Elles n'auraient pu voir le jour sans ces bricolages secrets préalables. C'est pourquoi nous pouvons considérer qu'après tant et tant de rancœurs et de rages, de manigances et d'hypocrisies observées dans ce livre, notre histoire se termine par un véritable *happy end*.

Conclusion

Tout nouveau thème d'enquête s'inscrit dans une ambiance particulière. À la surprise du chercheur qui s'en imprègne, pour son bonheur ou à ses dépens. L'agacement se révéla aussitôt très électrique, provoquant des réactions à peine était-il évoqué. Manifestement, cette petite émotion touchait une corde sensible, elle révélait quelque chose de l'époque. Fallait-il en conclure que les générations précédentes étaient moins agacées ? Il serait logique d'en douter. Pourquoi Héloïse et Abélard n'auraient-ils pas connu, eux aussi, de discrètes mais horripilantes irritations domestiques ? Impossible de vérifier, les archives étant muettes sur le sujet, impossible de mesurer et de comparer. Nous en sommes réduits aux hypothèses.

J'oserai avancer la suivante : si les agacements ont vraisemblablement été de tout temps, le mécanisme qui les produit en revanche est en profonde mutation historique, marquée par une double augmentation : des causes d'agacement et, parallèlement, de la capacité à les gérer. Ce second aspect explique que la vie n'en devienne pas plus infernale pour autant. Il n'empêche cependant que le potentiel irritatif est en croissance continue.

Plusieurs facteurs interviennent. Le principal est le bouleversement du rapport de l'homme à son environnement social. Dans la société traditionnelle, l'individu était porté et cadré par des structures qui définissaient les rôles à tenir et le sens de l'existence. Le chemin de la vie était tracé et les différents degrés du social s'emboîtaient, renvoyant en écho un unique message, qui produisait une intégration globale. Y compris souvent sur les détails les plus fins de l'existence. Kate Gavron [1996] signale ainsi à quel point la cuisine est encore codifiée chez les Bengalis de Londres, et transmise dans le respect des codes : un poisson ne se prépare pas n'importe comment. Elle donne la parole à une jeune fille qui souhaiterait innover dans ses pratiques culinaires mais craint que sa belle-mère ne la critique : « Ton zat (caste) n'a donc jamais préparé de repas ? Tu ne sais pas faire la cuisine ? » L'agacement ne trouvait pas ses espaces, parce que la vie était collectivement réglée. Certes, les grains de sable ne manquaient pas, des dysfonctionnements et désaccords de toutes sortes donnant quotidiennement du mou. Mais ils débouchaient sur des ajustements aux cadres de référence, qui eux n'étaient pas remis en question. Or l'agacement monte avec l'ouverture des possibles, qui met en flottement tous les repères. Il est, avec la fatigue mentale, l'un des prix à payer de la liberté individuelle, prix dont nous découvrons l'ampleur aujourd'hui.

Le caractère massif de l'incertitude contemporaine est un produit de l'histoire, un produit récent. Car la première modernité n'avait pas fondamentalement changé le mode d'inscription sociale des individus dans leur vie quotidienne. La tradition fut en effet remplacée par de grands programmes républicains (à l'image de l'école) qui continuèrent à fixer les individus dans des rôles obligés et des vérités collectives [Dubet, 2002]. Il fallut attendre la rupture de la seconde modernité, tout près de nous, autour des années 1960, pour que ce bel édifice holistique se fissure de toutes parts. Sous les coups de boutoir de l'individu découvrant sa nouvelle autonomie et la griserie du libre choix dans tous les domaines.

À commencer par ce qui touche au couple. Fini le prêt-à-porter conjugal dans lequel il suffisait de se glisser, découpant avec rigueur les fonctions complémentaires de l'homme et de la femme. Le nouveau règne du sur-mesure permet désormais d'improviser et d'expérimenter, d'imaginer sa vérité particulière. Pas un secteur de la vie privée n'échappe à cette quête autonomiste-libertaire. Éducation, vacances, alimentation, santé : tout est questionné et chacun affûte ses réponses, le compromis conjugal, nouveau travail forcé, s'avérant complexe et délicat à établir. Sans compter que les conflits sur ce qui est à considérer comme conjugalement vrai ou juste ne sont pas la seule ligne de faille ouverte par la sortie des rôles obligés. Nous en avons vu plusieurs dans ce livre, notamment le partage des tâches, ou l'accord sur les sphères d'autonomie. Il faudrait ajouter bien d'autres démultiplications des possibles, concernant par exemple les divers régimes d'action. Dans ma dernière recherche sur la préparation des repas [Kaufmann, 2005], j'ai ainsi montré que, alors que l'ancienne cuisinière était inscrite dans un temps et un système de gestes qui se déroulaient assez régulièrement, la femme d'aujourd'hui (ou bien l'homme se mettant aux fourneaux : autre motif d'incertitude) ne cesse d'hésiter entre cuisine rapide et cuisine passion. Hésitation qui est source d'agacements latents, amplifiés encore par les éventuelles réactions du partenaire, se plaignant par exemple de la pizza récurrente, ou, pire encore, du petit plat (pourtant longuement mijoté par amour) pas à son goût.

Le fond des choses peut se résumer à ceci : le développement de l'autonomisation individuelle ouvre toujours plus d'espaces d'improvisation et de libre interprétation qui impliquent à l'inverse que les couples s'engagent dans un immense travail d'harmonisation et d'unification. Il ne s'agit nullement d'un travail abstrait, reposant sur la seule bonne volonté des partenaires. Mais au contraire d'une œuvre de précision, exigeant de la compétence et menée point par point, à chaque instant. Prenons le simple exemple des produits de consommation courante. Les familles s'acharnent à routiniser leurs choix, pour éviter les risques de fatigue mentale ou de déstabilisation. Elles ne restent cependant pas insensibles aux charmes de la publicité et de stimulations diverses. L'innovation industrielle multipliant par ailleurs les produits, la moindre boîte de lingettes peut soudain se transformer en source d'agacement, personnel et conjugal. Écoutons Isabelle : « À empiler des nouveautés, des zigouigouis inutiles, à changer sans arrêt le packaging, inventer cent vingt-trois marques de café, les industriels ne sont pas pour la paix des ménages. Je me souviens d'une bataille sur les lingettes à bois qui valaient rien *dixit* mon jules. Déjà que j'étais allée faire les courses toute seule pour je ne sais plus quelle obscure raison, que je lui ai acheté ses lingettes de merde qui ne valent pas le bon vieux chiffon et de temps en temps la bonne vieille encaustique des familles qui en plus sent bon alors que les lingettes ça mouille et ça encrasse, mais bon si c'est la condition pour qu'il enlève la poussière... Bref, j'étais persuadée d'avoir acheté les bonnes lingettes. Nous nous penchons sur le paquet qui était effectivement un peu différent marron foncé au lieu d'être marron clair et les lingettes blanches au lieu d'être orange. Mais là au coin en petit y avait écrit "nouvelle formule au je sais plus quoi", et du coup les bazars peluchaient à mort, d'où la rogne de mon namour qui déjà se tape la corvée de poussière alors nom de Zeus faut lui fournir le matos pasqu'il a pas que ça à faire non plus ! il va pas y passer la journée ! »

L'agacement augmente ici d'un cran parce que la déception d'achat s'inscrit dans deux visions différentes de qui doit faire quoi et comment. Nous touchons là un paradoxe, et sans doute un petit drame de notre société d'aujourd'hui. Le projet, magnifique, était celui de l'émancipation individuelle, dans l'ouverture attentive à l'autre. *Libres ensemble* [de Singly, 2000]. Pour cela, rien ne semblait plus sacrilège que les comportements imposés, surtout s'ils renvoyaient hommes et femmes chacun sur sa planète. Les couples modernes s'évertuent donc à ne pas trop formaliser certaines pratiques et à tenter l'expérience des activités partagées. Or rien n'est pire au regard des agacements, qui y trouvent mille occasions pour sournoisement s'y blottir. Les couples ne disposent que de deux méthodes pour éviter que les activités communes ne dégénèrent en irritations détestables. La plus sublime est l'engagement amoureux, l'élan collectif qui rompt avec le quotidien et efface les frontières individuelles. Hélas, il ne se manipule pas à la demande. Et le nouveau monde de la maîtrise individuelle entrave parfois son déclenchement. Prenez l'exemple du symbole même de la fusion conjugale : la sexualité. La montée en puissance des attentes provoque des écarts entre modèles de référence et réalité, source d'incompréhensions et de conflits [Bozon, 2004]. Vouloir trop bien faire ouvre la voie aux agacements, même là où on les attendrait le moins. Pour les activités moins enclines à la communion émotionnelle, notamment les tâches ménagères, une autre méthode, d'une certaine façon opposée, est cependant possible : éviter les zones de frottement et de flou, définir clairement les places et fonctions de chacun. Dans la cuisine par exemple, il y a généralement soit un chef seul aux commandes, soit un chef et un second couteau, quitte à inverser les rôles pour une autre recette.

Les rôles, telle est bien la question. Nous pensions en avoir fini ou presque avec eux, surtout ceux opposant hommes et femmes depuis des lustres. Rien ne semblait plus haïssable et désuet. Il n'en restait pensions-nous qu'un reliquat, mémoire profonde de l'histoire résistant aux idées nouvelles. Or la présente enquête sur les agacements infirme hélas cette vision optimiste. Que dit ce livre ? *Primo* : que les dissonances, produits de la modernité, génèrent des agacements de plus en plus massifs. *Secundo* : que les individus développent à mesure une capacité à les traiter. L'histoire serait donc belle si elle se terminait ainsi. Malheureusement il y un a un *tertio* : une des techniques majeures pour éviter les agacements consiste à creuser la spécialisation de chacun et à établir des rôles complémentaires. Nous avons même vu à quel point il s'agissait d'une donnée centrale dans la structuration des couples d'aujourd'hui. C'est ce mécanisme puissant qui réactive la mémoire historique sexuellement différenciée, et lui donne toute sa force de résistance. Il ne suffit donc plus d'analyser l'opposition entre hommes et femmes dans le couple comme un simple héritage du passé (et encore moins bien sûr comme une donnée purement biologique) : il faut prendre en compte le mécanisme conjugal en lui-même, dans ses développements les plus récents.

Je parlais de « petit drame », car bien que les agacements (surtout ceux des autres) tendent souvent à nous faire rire, il y a peut-être aussi matière à pleurer. Nous nous trouvons pris au piège d'une injonction contradictoire, opposant besoin de tranquillité et modernité libératrice. La première injonction est celle qui nous pousse à rechercher le bien-être personnel et la paix conjugale. Qui pourrait, qui voudrait y renoncer ? Dans notre société, déjà si agressive et éprouvante, assurément personne. C'est donc l'injonction contraire qui risque discrètement d'en faire les frais, celle qui était pourtant au centre du double programme émancipateur du dernier demi-siècle : l'égalité parfaite entre les hommes et les femmes, et la créativité individuelle, loin des inacceptables rôles imposés.

Gageons que les frictions entre rêve et réalité de ce beau programme provoqueront encore, je le crains pour longtemps, bien des agacements.

Annexe méthodologique

Une nouvelle technique d'enquête

Pour la première fois, j'ai mené l'enquête sans l'aide de mon petit magnétophone, en interrogeant mes informateurs par courrier électronique. Dans un premier temps, des appels à témoignage furent lancés, par la distribution de papillons, lors de mes rencontres avec divers publics, et dans la presse (quotidiens et magazines) en France, Belgique et Suisse. Je remercie chaleureusement les journalistes qui m'ont permis ainsi d'entrer en contact avec mes interlocuteurs, notamment Ariane Bois, Danièle Laufer, Natalie Levisalles, Isabelle Maury, Sylviane Pittet et Elisabeth Weissman.

J'aurais pu imaginer un autre support électronique, plus ouvert et interactif (de type blog ou forum de discussion). Mais j'avais peur d'être débordé et je tenais à maîtriser la procédure ; les échanges par e-mails m'apparaissaient plus sûrs. Même si d'autres pistes technologiques passionnantes restent sans doute à explorer, je ne regrette pas mon choix : l'enquête par e-mails s'avère être extrêmement efficace, souple et propice au travail du matériau. Après que les personnes intéressées m'ont contacté, je leur proposais de témoigner de façon très libre. Voici le texte standard, qui fut plus ou moins adapté pour leur répondre.

Merci beaucoup de cette réponse, et de vous porter volontaire. Le principe est simple : nous échangeons par e-mails au rythme qui convient à chacun, et vous restez bien sûr libre d'arrêter quand vous le souhaitez, ou de ne pas répondre à certaines de mes questions trop difficiles ou précises.
Les agacements sont multiples mais souvent minuscules, vite oubliés et même souvent à peine conscients. Il n'est donc pas toujours facile de s'en souvenir et d'en parler. C'est pourquoi j'ai choisi cette forme assez « intime » de l'e-mail pour mener cette enquête, en prenant le temps qu'il faudra. Après un premier témoignage de votre part, je vous réponds et nous essayons d'engager un échange pour creuser. Ce témoignage peut être très bref et sur des agacements minuscules. C'est un point de départ. Vous pouvez prendre un ou deux exemples d'agacements, essayer de décrire vos sentiments dans cette situation, les manières avec lesquelles vous rétablissez votre équilibre psychologique, etc. Mais c'est vraiment à vous de décider ce que vous avez envie de dire pour votre premier témoignage.
Nos échanges peuvent aussi fonctionner comme une méthode pour « vider votre sac » le jour où il y a un agacement un peu plus fort, « à chaud ». Cela dépend de vous et de ce que vous préférez. Nous allons essayer ensemble, et nous verrons ce que cela donne.
Les motifs d'agacements peuvent être de toutes sortes. Des gestes par exemple, une manière différente de ranger ou pas les affaires, de manger, de regarder la télé, d'avoir des activités solitaires, des rythmes différents, etc. Ou de petites insatisfactions que l'on ose à peine s'avouer. Il y en

a mille dans tous les couples, et c'est normal. Le couple qui marche bien n'est pas celui qui n'a pas d'agacements mais celui qui sait les gérer.

Chaque témoignage suscita chez moi des questions, à la fois sur les faits et d'ordre conceptuel. Je transmis alors mes interrogations (ou fis part de certaines de mes interprétations, demandant à ce qu'elles soient validées), et le dialogue s'engagea. Si riche qu'il me fut impossible de suivre le rythme avec l'ensemble de mes informateurs. Je fus contraint d'en privilégier certains, et je dois m'excuser auprès des autres, qui auraient sans doute souhaité davantage. Mais la densité des témoignages, croisée à la nécessité de les traiter de façon continue (et non de seulement les accumuler dans un premier temps), imposait une certaine sélectivité. En contrepartie, les intérêts scientifiques d'une telle technique d'enquête sont considérables. Le principal est justement la conceptualisation permanente, à chaud. Alors que l'enquête classique sépare la phase de recueil du matériau et celle de son traitement, ici les deux sont simultanées et s'alimentent mutuellement. J'ai rarement éprouvé à ce point la satisfaction de pouvoir tester des hypothèses sur le vif, en formulant mes questions de façon telle qu'elle permette de les soumettre à mes interlocuteurs. Le second intérêt de l'enquête par e-mails est l'étonnante densité des témoignages. Certes on perd les balbutiements suggestifs et la spontanéité impulsive des entretiens en face à face, on perd aussi de la poésie des formulations orales. Mais on y gagne en concentration de l'information, tellement resserrée qu'il est souvent difficile de couper dans les témoignages.

La question qui se pose est celle de la plus ou moins grande sincérité de ces derniers en comparaison des entretiens en face à face. Il est à mon avis impossible de trancher d'une manière générale. La sincérité dans l'entretien en face à face est déjà en elle-même très variable ; elle dépend de l'implication de l'enquêté et de l'attitude de l'enquêteur [Kaufmann, 2006]. Il en va de même dans une enquête par e-mails. J'ai simplement remarqué que cette méthode permettait à certaines personnes de s'engager très fortement, avec l'aide de l'enquêteur, dans une position proche d'une auto-analyse. Elles cherchent vraiment à mieux se comprendre, ainsi que leur conjoint et leur couple. Or il n'y a plus de place pour le mensonge (ni même pour les omissions) dans une telle démarche. S'il est difficile de dire que l'effet de vérité soit globalement plus important que dans un entretien en face à face, l'effort d'analyse et d'argumentation pour atteindre cette vérité est lui manifestement plus grand.

On peut être trompé sur le haut degré de sincérité de la plupart des témoignages par leur forme : l'écrit fait moins vrai que l'oral. Le type d'écriture est en fait très différent d'une personne à l'autre, certaines adoptant le style rapide et direct, proche de l'oral, qui sied à Internet, d'autres un grand classicisme scripturaire ; certaines l'émotion, d'autres la froideur analytique ; certaines l'humour, d'autres le sérieux, etc. Le style en lui-même ne dit généralement rien sur le degré d'engagement et de sincérité. Seule exception peut-être, la savoureuse Isabelle, à la plume si colorée et facile, qui, entraînée par son élan, hésite parfois entre jeu d'écriture et auto-analyse authentique (j'ai donc été obligé de trier, et de me priver, hélas, de la majeure part de son témoignage). Très souvent, une lourdeur de style (loin donc de la forme orale, plus « spontanée ») ne signifie aucunement que le témoignage soit moins sincère. Elle peut même indiquer qu'il y a eu effort d'auto-analyse. Une enquête menée par e-mails ne dit pas exactement la même chose qu'une enquête menée par entretiens. L'enquêteur est plus lointain, la personne interrogée parle d'abord à elle-même.

Mes correspondants directs

La plupart de mes informateurs ont commencé par se présenter, retraçant leurs trajectoires, privée et professionnelle, avec beaucoup de détails. J'ai pourtant choisi de ne pas publier toutes ces informations. Car le sujet étant aussi intime, la non-garantie de l'anonymat aurait pu avoir des effets difficiles à contrôler sur la vie des couples. Je me suis donc limité à quelques éléments pour chacun, le plus souvent sous forme d'un fragment de récit, raconté par eux-mêmes.

Alors qu'approchait le moment de rendre mon manuscrit, je me suis dit qu'il serait intéressant d'ajouter quelques éléments sur les derniers déroulements de l'histoire de chacun. Entre trois et six mois étaient passés depuis nos échanges sans que j'aie de nouvelles. J'étais je dois dire assez curieux de savoir, même si j'avais conscience que je ne pourrais reprendre ce matériau pour le traiter (il faut savoir conclure un travail de recherche). La souplesse de l'enquête par e-mails me permettait de m'offrir cette petite cerise sur le gâteau. Une partie des réponses a été sélectionnée, et reproduite ci-dessous à l'état brut. Tous n'ont pas répondu (un peu plus des deux tiers). D'abord pour des raisons techniques, plusieurs adresses e-mail n'étant plus valables (la vie change vite sur Internet).

Ensuite aussi pour d'autres raisons, quelques-uns ayant sans doute préféré abandonner l'expérience.

Ces « Dernières nouvelles » sont passionnantes à lire (qu'il est difficile de seulement les reproduire en me refusant à les analyser !). Preuve que du temps s'était écoulé, les changements dans la structure des ménages sont nombreux (grossesse, naissance, achat d'une maison, ainsi hélas que des séparations, entre Maya et Igor, entre Zoé et Charles-Henri, peut-être bientôt pour Jade) et surtout ont provoqué des effets très contrastés : parfois la crise s'est aggravée, souvent par bonheur les choses se sont au contraire améliorées. Il se peut que l'enquête ait alors joué un léger rôle thérapeutique. Melody le souligne : « D'observer les agacements à la loupe les fait changer de catégorie, l'entomologiste furtif que je deviens désamorce l'irritation de l'épouse. Par ailleurs, IL ne lit pas ces mails mais est au courant de leur contenu, de l'exemple choisi, et la présence d'un tiers le rend prévenant à ce qui peut m'indisposer ! » Dans d'autres cas rien ne semble avoir changé, et il est frappant de constater que les mêmes petits détails crispants sont toujours au centre des agacements et au centre de la vie conjugale. Les cristallisations minuscules ont à peine varié et remplissent l'existence : il y a dans ce seul fait un trésor d'information.

Voici le texte de ce dernier appel à témoignage lancé à mes informateurs.

Après plusieurs mois de silence, voici quelques nouvelles. Mon enquête sur les agacements a bien avancé, elle est passionnante, et elle paraîtra sous forme de livre en février prochain. Je travaille actuellement sur la dernière version du manuscrit, qui doit être terminée en septembre. Et je me suis dit qu'il pourrait être amusant d'ajouter pour chacun un petit paragraphe de « dernières nouvelles ». Pourriez-vous me dire en quelques lignes (cela peut faire deux lignes s'il n'y a rien à dire, ou 5-10 lignes, ou davantage si vous avez envie, mais pas plus de 30 ou 40) ce qui s'est passé de nouveau sur le front des petits agacements conjugaux depuis nos derniers échanges ? Écrivez en toute liberté sur ce qui vous vient à l'esprit, que ce soit à propos de l'évolution de l'ambiance générale ou d'un détail qui aurait marqué ces derniers mois.

Les prénoms reproduits dans le texte et ci-dessous sont bien entendu fictifs. D'habitude je les choisis moi-même. Ici ce sont les informateurs qui ont décidé de leurs pseudonymes. Je leur avais juste demandé, là encore, de se sentir très libres. Voici donc la liste de mes personnages, que je ne remercierais jamais assez de leur complicité étroite (c'est bien connu, la distance qu'offre Internet favorise les rapprochements).

Alice et Aziz

Alice : « Je suis très facile à vivre mais j'ai des principes et des valeurs qui sont très importants pour moi comme la franchise, la fidélité, le respect, la confiance, la droiture, avec lesquels il ne faut pas plaisanter et qu'il faut respecter sinon je peux me mettre dans des états pas possibles. Je suis en fait une "victime" consentante et consciente de l'être. » Une victime d'Aziz, qui s'amuse beaucoup à la mettre dans des états pas possibles.

Aphrodite et Francis

Aphrodite : « À notre rencontre (il y a 10 ans) il devait y avoir de la pudeur entre nous et aucun de nous deux ne se lâchait devant l'autre. J'y ai réfléchi et je pense qu'il a fallu à peu près cinq ans pour que ces habitudes s'installent, en même temps que la routine. »

Dernières nouvelles :
« L'été est là mais rien n'a changé côté agacement, je pense que ça ne changera plus jamais. Monsieur a l'habitude de se farfouiller le nez et grignoter les ongles et ça lui plaît !!!! Pourquoi s'arrêter en ma présence ? Non ça ne le dérange pas du tout ! Quant à moi, ça m'énerve toujours autant, j'essaie de ne plus faire attention mais au bout d'un moment je craque, je crie ou je tape (sur les mains !!). Je me suis promis de le prendre en photo avec la dernière phalange coincée dans le nez, histoire de lui montrer la tête qu'il a ! »

Carla et « J-P »

Carla : « Heureusement, cette tendance à ramener certaines choses à sa mère ou à demander l'avis de ses parents a tendance à disparaître avec le temps. Il faut dire que cela ne fait que six mois que nous vivons ensemble et qu'auparavant il n'avait jamais vécu avec quelqu'un. Il a donc besoin des fois d'être rassuré je pense, par celle qui a été présente à ses côtés toute sa vie : sa maman. »

Caroline et Marc

Caroline : « En fait, un homme, même de 36 ans, est un ado. Par contre, lorsque je suis fatiguée, que je rentre d'une mauvaise journée de travail, que notre fille est épuisante (comme peut l'être un enfant de 2 ans 1/2) ou que mes hormones me titillent, là je pars "en live" et c'est le drame. Je cherche la dispute pour me défouler en fait. Mais j'ai une chance folle, j'ai un homme qui a dans les yeux toutes les expressions et qui sait s'excuser lorsqu'il pousse le bouchon un peu loin. Et là, lorsqu'il me dit : "Tu as raison, je vais faire un effort", je fonds. »

Dernières nouvelles :

« Quoi de neuf dans les agacements ? Pas grand-chose en fait puisque notre vie a été pas mal chahutée par l'arrivée de notre deuxième enfant, 2 mois 1/2 maintenant. Et nous sommes comblés par notre jolie famille... Mais cela me fait penser à l'AGACEMENT suprême, celui qui surgit au moment de l'accouchement où nous les femmes, pliées en deux par les contractions (j'ai eu un accouchement assez "intense" et très très rapide avec une péridurale qui a marché quand tout était fini !...) entendons de la part de nos hommes : "Mais non, ça ne fait pas mal, c'est dans ta tête !..." Je crois bien avoir broyé la main de Marc et un peu plus je lui arrachais même un doigt avec les dents... Sa décontraction m'horripi-lait !! Cependant, cet agacement "d'accouchement" s'efface vite devant le regard du futur papa qui exprime tant de choses et tant d'amour. Quelle aventure qu'une naissance. Pour tout le monde ! Et depuis, aucun agacement. Peut-être aussi parce que je suis trop fatiguée par les nuits blanches... même plus la force de chercher des noises... »

Cassiopée

« Je travaille beaucoup et j'ai des obligations profession-nelles le soir. Mon compagnon ne le comprend pas et si je dépasse 1 h 30 en heure de retour c'est la crise de jalousie comme si j'avais 14 ans – j'en ai 44. » Son mari a 63 ans.

Dernières nouvelles :

« Suite à mes témoignages, je fais des progrès et lui auss
je trouve :

– J'apprends à ne pas accorder d'importance à ce qui n'es
pas nécessaire (petites manies). Et mes enfants (11 et 4 ans
ne se privent pas également de réflexions, ce qui fait parfoi
avancer les choses : leur pouvoir est plus grand que le mien

– J'ose davantage le laisser ranger la cuisine et faire quel
que chose avec les enfants plutôt que tout faire dès que j
suis là ;

– Je pense davantage à le valoriser sur ce qu'il fait : répa
rations en tout genre dans la maison, bijoux fantaisie
réparer ;

– J'essaie de ne pas imposer mon rythme speed à tous – j'a
beaucoup de mal ;

– En étant dans cet état d'esprit, les petites tracasserie
quotidiennes me paraissent ridicules et j'essaie de ne pa
me focaliser dessus ;

– Je suis totalement consciente qu'il ne changera pas ma
son principal défaut étant de toujours voir le verre à moiti
vide – et moi l'inverse – je veux qu'il apprenne à réalise
qu'il a beaucoup de chance et qu'il doit en profiter et arrê
ter de s'arrêter à tant de détails qui pourrissent la vie. »

Clémentine et Félix

Clémentine : « Mon mari est gentil, charmant... Il a u
défaut : il n'écoute jamais ce qu'on lui dit !! Oh, il n'e
pas sourd, son acuité auditive est excellente, il entend c
qu'on lui dit mais n'écoute pas !! C'est agaçant !!! Parfois,
aime m'agacer, et comme il est assez mauvais comédien,
remarque tout de suite quand il exagère !! »

Dernières nouvelles :

« Depuis notre dernier échange, il y a eu du nouveau : l'arrivée d'un bébé !! Donc me voilà avec deux enfants, euh non trois enfants : 2 mois, 3 ans et 33 ans !!! Mon mari m'agace car il se comporte comme un enfant et cela m'agace profondément !! Dernièrement, il s'est acheté un nouveau téléphone, high-tech avec de supers sonneries, grand écran... Plus rien n'existe, seul son portable !! Les rares moments de détente familiale, il les passe avec son portable ou en lisant le mode d'emploi !! Avant de l'acquérir, il a passé des soirées entières sur le Net à comparer les... portables bien sûr !! Il agit comme un enfant devant ses cadeaux de Noël sauf qu'il a 33 ans !!! Cela fut pareil avec le tracteur acheté pour l'exploitation, le nouveau camion... Il agit de même quand on part en week-end, il faut que je fasse la valise de tout le monde, j'aimerais bien qu'il se prenne en main comme un grand garçon de 33 ans !! »

Éline et Jack

Éline : « Je suis aujourd'hui dans la communication, et mon conjoint et futur époux (nous nous marions au mois de mai) est ingénieur. Nous nous connaissons et vivons ensemble depuis deux ans. Nous avons respectivement 32 et 35 ans. Nous avons tous deux connu d'autres histoires avant notre rencontre, nous avons vécu avec d'autres personnes, avec qui nous avons vécu différemment, nous avons vécu seuls, sommes restés célibataires... Donc, lors de notre rencontre, nous avions aussi notre propre façon de vivre bien établie, avec nos exigences et nos *desiderata*. Question caractère, nous sommes plutôt complémentaires. Jack est d'une nature plutôt calme, réservé, sociable, introverti, rassurant, matérialiste, facilement adaptable et suiveur sur les projets. Je suis

plutôt dynamique, extravertie, spontanée, speed, angoissée
sociable, organisatrice et moteur de projets divers, rêveuse
et pas du tout au fait des réalités matérielles. »

Éliza et Robert

Éliza : « J'ai connu mon ami il y a maintenant dix ans (nou
avons 26 ans). C'était au lycée, en première, nous étion
dans la même classe. Nous avons "grandi" ensemble
après le lycée, la faculté, puis les premiers stages, pui
le premier emploi, le premier appartement, les première
vacances... enfin tout. Nous avons fini nos études il y
de ça trois ans et nous nous sommes vraiment installé
ensemble à ce moment-là. L'histoire commençait don
à être vraiment sérieuse, nous avions franchi le pas. J
pense que c'est le fait d'avoir un travail, donc un salair
(et donc une indépendance vis-à-vis des parents) qui fa
que l'on s'est aperçu que l'on changeait vraiment de vi
Par ailleurs, on s'en aperçoit surtout au quotidien : faire le
comptes, les courses, le ménage, le repassage : c'est là qu
ça se complique !!! »

Dernières nouvelles :
« De mon côté, beaucoup de chamboulements puisqu
après un arrêt maladie assez long, j'ai repris le travail e
changé d'appartement. Vous allez me dire que cela n'a rie
à voir. Mais en fait si. Puisque le changement d'apparte
ment, la fin de mon problème de santé... nous a redonr
un nouveau souffle et de nouvelles habitudes (et donc ur
nouvelle organisation au sein de mon couple), aidé, je
pense, par l'absence d'Internet et la volonté d'un renouvea
(mais surtout d'Internet). Le renouveau se traduit en ur
répartition plus équitable des tâches ménagères, une pris

en charge par mon ami du repassage notamment. On fait plus de choses ensemble et on voit notre avenir différemment. Par ailleurs, on essaye de profiter des moments présents, comme de partir en vacances ou en week-end. Il est donc beaucoup moins pantouflard. Et enfin, on commence à faire des projets, notamment de déménagement, de construction d'une maison... Je crains la remise en route d'Internet, qui pourrait faire échouer tous ces changements, mais je m'attacherai à garder ce nouveau souffle dans notre couple. »

Fidelia et Pedro

Fidelia : « Mon deuxième fils a eu un problème avec son amie et semblait très ébranlé ; gros souci car ce fils est très fragile malgré ses 24 ans. Par la suite j'ai rencontré Pedro et c'est lui qui m'a aidée à l'élever ainsi que son frère aîné. Nous avons eu ensuite un autre fils – 18 ans – Pedro et moi. Nous nous sommes toujours épaulés pour les enfants et c'est ce qui est toujours pour moi passé en premier. *Now* nous nous retrouvons depuis un an "en couple seul" puisque les enfants ne sont là que par moments. C'est surprenant et moins dur que je ne le pensais. »

Dernières nouvelles :
« Qu'en est-il sur le front des petits agacements conjugaux ?... C'est un peu comme la météo, fluctuant car relativement inattendu. Je crois que les "petits" agacements sont finalement la révélation des "gros", du non-dit et des attentes qui tuent, des différences de nos modes d'éducation et de culture, de la routine de la vie. Du style : "Il aurait pu deviner que je désirais qu'il me souhaite ma fête, je le

lui avais rappelé mais il est dans ses travaux et moi je ne
compte pas" – dernier agacement en date ! »

Francky

« Nous sommes mariés depuis vingt et un ans, j'ai 45 ans
et mon épouse deux de moins. Nous avons deux garçons de
18 et 15 ans. Jusque-là, rien d'extraordinaire. La particula-
rité de notre couple est venue il y a quatre ans, quand j'a
vendu mon entreprise. Un jour une opportunité de vente de
l'entreprise est passée par là ; elle était si belle que je ne
pouvais la laisser partir. Les conditions financières étaient
tout à fait exceptionnelles et me permettaient de devenir..
"rentier".
Le gros problème dans cette histoire est venu du fait de ma
présence beaucoup plus importante dans le foyer. »

Dernières nouvelles :
« Les agaceries sont toujours là mais elles n'ont pas aug-
menté, je dirais même qu'elles auraient peut-être tendance
à diminuer. En effet, nous avons passé, mon épouse et moi
deux semaines sans les enfants. De ce fait, il me semble
que les sujets susceptibles d'engendrer des agaceries
étaient moins nombreux. Dans ma configuration "foyer-
entreprise", la réduction du "personnel" limite les conflits
avec mon sous-directeur (mon épouse) et de ce fait la gestion au quotidien s'en trouve plus aisée. En conclusion
enlevez les deux garçons ados grognons d'un foyer et vous
verrez revenir un certain calme propice à la réduction des
agaceries. »

Gally et Akira

Gally : « Nous avons 30 ans tous les deux, sommes mariés depuis six ans et nous connaissons depuis neuf ans. Mon mari est extrêmement distrait et cela m'énerve énormément. Le plus gros problème dans notre histoire est que nous n'avons pas d'enfants : pendant longtemps nous n'étions pas pressés (études, premiers postes...). Maintenant l'envie se fait sentir (surtout de mon côté) et je sais que je pourrais le convaincre assez facilement (il n'est pas contre). Seulement je redoute de devoir assumer cet enfant plus ou moins seule. Non pas qu'Akira mettrait fin à notre couple mais je crains qu'il ne continue à se comporter de la même manière. J'imagine les dégâts ! Du coup je suis moins tentée d'assumer un enfant en plus de celui qui partage déjà ma vie. »

Dernières nouvelles :
« Pour ce qui est des dernières nouvelles, je peux toujours vous livrer la dernière "distraction" de mon mari (qui ne change décidément pas). La semaine dernière nous sommes allés boire un verre avec des amis dans un bar. Une jeune femme que nous ne connaissions pas s'était jointe à notre groupe habituel. Elle était assise sur un haut tabouret et portait une robe assez moulante. Bref, impossible de ne pas remarquer, au premier coup d'œil, qu'elle est enceinte d'au moins six mois. Rapidement elle s'adresse à mon mari car on lui a dit qu'il est directeur d'école. Elle veut savoir s'il ne connaît pas un moyen d'obtenir une place en crèche. C'est urgent, lui précise-t-elle. Mon mari la détrompe, lui explique que les crèches et les écoles primaires n'ont rien à voir, et qu'il ne peut rien pour elle. Plus tard, la jeune fille prend congé, en se levant péniblement et en soutenant ostensiblement son ventre à deux mains. L'un de nos amis fait remar-

quer qu'il doit être pénible d'attendre un enfant par cett
chaleur. Et tout à coup mon mari s'exclame : "Pourquoi, ell
est enceinte ?" Évidemment tout le monde s'est esclaffé
Mais lui était très sérieux, il n'avait pas du tout remarqu
(on se demande bien pourquoi elle lui parlait de crèche
ça non plus ça ne l'a pas interpellé). Nos amis l'ont trouv
(comme d'habitude) extraordinaire et finalement très amu
sant dans sa distraction. Pas moi. Cela m'a exaspéré qu'
nouveau j'aie la preuve qu'il ne fait attention à rien. Certe
(comme me l'a fait remarquer une copine) il ne regarde pa
les autres femmes, c'est plutôt rassurant pour moi. Sauf qu'
ne regarde pas plus sa propre femme. Combien de temps lu
faudrait-il pour se rendre compte, si jamais je prenais un
telle décision, que je suis moi-même enceinte ??? »

Gautier

« Je suis plutôt ordonné, mais pas non plus maniaque, et ell
n'est pas non plus complètement désordonnée. Je pense que l
où ça m'énerve, c'est que ce sont justement des petites chose
qui pourraient facilement être résolues : cela ne demandera
pas un effort surhumain de ranger toujours les journaux
leur place, ou de jeter un papier une fois qu'on n'en a plu
besoin. Dès lors, pourquoi ne pas le faire ? Sinon, je tiens à di
que ces petits agacements ne prennent pas des proportior
graves. Notre couple va très bien, et s'il devait être mis e
péril, je ne pense pas que ce serait à cause de ça. »

Isabelle

« Si certains jours mon cher et tendre appuie au milieu d
tube, s'il abandonne son téléphone portable sur mon jo

meuble laqué si sensible aux rayures (mais nom de Zeus combien de fois faudra-t-il te dire de ne pas le larguer là !) je le lui pardonne bien volontiers car il a toujours su trouver le chemin du panier à linge sale et qu'il change le rouleau de papier toilette, béni soit-il. D'autres non, j'ai donné, et franchement c'était mille fois pire, sans compter les mégots abandonnés dans les fonds de café – essayez, c'est super pour énerver l'idiote qui va laver la tasse. »

Dernières nouvelles :
Depuis quelques mois Isabelle et son ami visitent des maisons, en vue d'une (première) acquisition. De nouvelles divergences, inconnues jusque-là, se révèlent à cette occasion. « Entre une amoureuse des vieilles pierres qui se pâme sur tout ce qui est poussiéreux, bancal avec "un superbe potentiel", et un maniaque qui ne supporte pas la poussière, les machins mal foutus et les placards qui ne ferment pas, ça promet des heures sportives. Elles le furent. Le *débriefing* vespéral (c'est-y pas joliment dit) est le moment où chacun envoie à la face de l'autre toutes sortes de noms d'oiseaux. L'un déteste les cuisines américaines et l'autre dit que "mais ma chérie quand on a des invités c'est plus sympa de pouvoir participer", "ah ouais, c'est toi qui fais la bouffe, première nouvelle, et comme ça je suis obligée de me taper la vaisselle illico ?". Pareil pour les toilettes dans ou hors la salle de bains, gros point noir. L'un tape sur tous les tuyaux pour une raison inconnue, l'autre examine scrupuleusement chacun des carreaux du plan de travail de la cuisine des fois que l'un ose ne pas être parfaitement rectiligne. On fronce le nez sur les papiers peints, mais pas les mêmes. Lui se moque des rideaux à froufrous, mais on s'en fout ils vont pas les laisser ! Ouais mais c'est moche quand même et ça vous pourrit un salon qui semble d'un coup très kitsch. Et

on n'y reviendra pas. L'une voit le superbe bar qui trône
là et lui voit surtout qu'il va falloir casser et remettre d
plâtre là et virer le carrelage, il commence déjà à transpire
tandis que sa moitié volette de pièce en pièce toute à se
rêves. Lui il a des courbatures rien que d'y penser. »

Jade

« Je suis toujours en guerre, dans le combat dans de nom
breux domaines. Mes expériences sentimentales prennen
toujours la même allure. Plus j'avance en âge, plus je sui
sélective. J'ai bientôt 47 ans, divorcée, une petite fille d
11 ans, je suis très indépendante. Lorsque j'essaie de fair
l'impasse sur les agacements, c'est que je m'oblige à êtr
moins rigide, essayant chaque fois ou le plus souvent pos
sible (suivant mon humeur) de me remettre en question. L
perfection n'existe pas, je me rassure comme ça. »

Dernières nouvelles :
« Ma relation avec mon ami, si je puis dire mon ami, s'es
détériorée de jour en jour car chassez le naturel, il revier
au galop. Il continue d'avoir des paroles, des attitudes qu
frisent l'incorrection. J'ai tout essayé, la gentillesse, la diplo
matie, il a fait des efforts sur certains points mais je ser
que ça lui coûte. Sérieusement agacée par son comporte
ment ces derniers mois je ne prends plus de gants pour l
dire qu'il est quelque part irrespectueux. Il ne semble avo
aucun amour-propre, aucune fierté. Du coup, je deviens trè
dure avec lui et ne mâche pas mes mots. Malgré ça, il pe
siste et s'accroche à moi, il devient suspicieux, jaloux, un pe
possessif, curieux et très indiscret. Un exemple parmi tar
d'autres au sujet de chrysanthèmes qu'il m'avait offerts. J
lui ai dit que je détestais ces fleurs, il a recommencé derniè

rement il m'a acheté deux bouquets d'un coup (le deuxième était gratuit, et il a eu le culot de me le dire !). Je lui ai dit qui est-ce qu'on enterre ? (En moi-même, j'ai pensé on enterre notre relation...) Je suis sûre qu'il ne le fait pas exprès, mais je ne l'excuse plus, après trois ans de fréquentation. Je n'ai plus de relations charnelles avec lui depuis huit mois, je suis bloquée, il m'a déçue, il ne me fait plus rêver, il me fait honte lorsqu'on est en public, il est "lourd". Je ne fais pas de projets, je laisse la situation se dégrader. »

Kasiu

Après une longue liste de plaintes, Kasiu conclut ainsi : « OUF !!!! À part ça, tout va bien, il a plein de qualités, et je l'adore. Nous nous sommes rencontrés à 19 ans, nous en avons maintenant 33. J'ai aussi mes défauts et il faut savoir mettre de l'eau dans son vin pour construire une vie de couple. »

Dernières nouvelles :

« L'énorme souci, ce n'est plus un agacement, c'est un PRO-BLÈME : ma mère. Ce n'est pas nouveau mais j'y pense car j'ai failli la tuer hier. Elle voudrait ses enfants pour elle toute seule et ne supporte aucun conjoint. Le pire moteur existant pour créer des tensions au sein d'un couple !!!!
Et puis un mari fou des enfants qui me demande d'en faire un second, ce qui m'agace énormément car j'ai à la fois très envie et pas du tout envie à cause de cette vie de dingues que l'on vit au quotidien entre le bus ou le métro, le stress au boulot et les fins de mois difficiles à cause des prix hallu-cinants de l'immobilier et des impôts qui nous matraquent. Pour les petites choses pas de changement : de son côté le coude sur la table quand on déjeune et du mien l'éternel

dilemme de la coupe de chevoux (je les laisse pousser o
je coupe tout?) et les histoires de régime qui à force m
tapent tellement sur le système que la balance a fait u
bond de 20 kg !!!! »

Lamia

« En ce qui concerne les sentiments que m'inspire le fa
que mon mari fasse tomber ses affaires de sa poche de che
mise, ce qui me fait sourire c'est que j'ai l'impression d'êt
devant un petit garçon qui fait et refait la même bêtise «
c'est un sentiment qui ressemble à la tendresse que je peu
avoir devant les bêtises récurrentes de mes fils. »

Dernières nouvelles :

« Des agaceries, c'est à la pelle que je peux vous en donn«
et vous tombez très bien d'ailleurs car elles culminent e
ce moment... Agaceries dues au fait que les enfants so«
en vacances (et que nous parents ne le sommes pas encor
et que nous avons des professions très prenantes. Monsie«
rentre le soir fatigué et énervé, ne voyant pas plus loin qu
le bout de son nez, et ne sachant pas que madame, ent
ses trois téléphones du bureau (plus son gsm), les quin:
personnes de l'équipe qu'elle dirige qui entrent et sorte«
de son bureau en permanence, et les dossiers qui sont s
son bureau en attente, doit aussi organiser :
– le dîner ;
– la tenue de la maison et les tâches à faire en été (lava«
des tapis et autres...) ;
– le planning des enfants (qui ils vont recevoir pour jou«
ce qu'ils vont manger, le journal de Mickey à acheter) ;
– appeler les enfants régulièrement pour s'assurer qu'
ont bien mis leurs casquettes et leur crème écran total ;

– commander les livres scolaires (oui ici au Maroc il faut s'y prendre à l'avance car les livres étant importés il y a toujours rupture de stock) ;

– préparer la liste de ce qu'il y a à prendre pour les vacances, toujours trop selon monsieur, qui est bien content de trouver une crème anti-brûlures (pour ne pas avoir mis un tee-shirt apporté par mes soins), ou un antiseptique (pour n'avoir pas mis les chaussures de plage que je lui ai achetées et avoir marché sur les oursins).

Que fait donc monsieur ?? Il arrive à la table du petit déjeuner, habillé, rasé de près, et c'est là qu'il vous dit (tous les matins) : "Oh ça me culpabilise que les enfants restent à s'abrutir devant la télé tous les jours, envoie-les chez ma sœur." Alors qu'il **sait** que madame déteste sa sœur, et qu'il ne **sait pas** que sa chère sœur l'appelle *lui* pour lui dire d'envoyer les enfants et qu'elle appelle **madame**, pour lui demander d'envoyer le repas qui va avec. Et quand j'ai le malheur de dire : "Ils ont pris assez de soleil ces derniers jours chez ta sœur, ils peuvent rester à la maison se reposer un peu", j'ai droit au scandale du siècle. Ça, ça M'AGACE !! »

Lorenzo

« Quand elle conduit elle m'agace. Elle conduit trop lentement, prend trop de précautions, ne prend pas les priorités, etc. Pour les enfants, elle s'inquiète pour un rien (selon moi). Trouve que je les habille n'importe comment lorsque c'est moi qui les habille. »

Dernières nouvelles :
« Rien de bien neuf non, à part... tiens oui, deux petites anecdotes. 1/ Nos deux filles (jumelles de 5 ans) partent pour deux semaines avec leurs grands-parents en vacances,

et ma femme dit : "Ah, je dois faire leurs valises puisqu'on
ne peut pas compter sur toi pour ça et que c'est toujour
moi qui dois les faire !" Ce à quoi je réponds : "Si tu veux je
peux les faire." "Non, non, surtout pas, tu oublierais la moi
tié." Assez typique non ? ça cherche à se faire plaindre e
pas à se faire remplacer. 2/ L'autre jour, je lui fais remarque
que l'ordre et la discipline qu'elle veut que tout le mond
ait dans la maison elle ne le respecte absolument pas en c
qui la concerne pour tous ses papiers. Elle a grogné mai
rien répondu. »

Malvina et Richard

Malvina : « Je suis restée célibataire trente ans. Cett
année-là je suis partie en Inde avec *La Femme seule et l*
Prince charmant sous le bras... j'ai compris beaucoup d
choses. Longtemps, lorsque j'étais célibattante, il y a de
choses que je ne supportais pas chez les couples autou
de moi, à commencer par mes parents. Par exemple la divi
sion sexuelle des rôles (façon l'homme chasse et la femm
fait le reste) autrement dit le non-partage des tâches. Bre
j'étais dans un discours façon chienne de garde puis avec l
trentaine les hormones ont repris le dessus et j'ai voulu m
caser. Ça tombait bien lui aussi. Homogamie oblige nou
nous sommes rencontrés par une de ses collègues de travai
nous avons le même niveau de diplôme, ses parents étaien
artisans d'origine paysanne, les miens étaient ouvriers d'ori
gine paysanne. À ses yeux j'incarnais la femme idéale pou
élever des enfants. Il m'a plu parce qu'il ne s'est pas enfu
lorsque j'ai parlé d'engagement – je voulais un enfant rapi
dement – et il tenait un discours en adéquation avec me
principes du genre "je ne veux pas que tu repasses mes che

mises, tu n'es pas ma bonne". Quatre ans et demi plus tard, notre fille a 3 ans et demi et... il m'AGACE ! »

Dernières nouvelles :
« Sur le coup quand j'ai reçu votre message j'ai été surprise : "Tiens c'est vrai qu'il ne t'a pas énervée depuis un bon moment !!" Mais si on y réfléchit il y a eu pas mal de sources d'agacement. En fait je pense que c'est comme une désensibilisation, on s'habitue progressivement. Depuis mon dernier courrier nous avons acquis un terrain et commencé la construction d'une maison en bois. Il y a eu l'architecte qui m'a imposé ses vues et mon chéri qui m'a (devant l'archi) dit que si je n'étais pas contente je n'avais qu'à faire ma maison seule ! Puis il y a eu les démarches à la banque : après avoir perdu des heures en rendez-vous avec les différentes banques, il m'a court-circuitée et imposé la sienne !! De manière générale, ce qui m'énerve c'est qu'il passe systématiquement avant moi ou corrige juste après. Exemple : le matin à 8 heures nous convenons que je dois appeler un fournisseur et à 9 heures il m'appelle pour me dire qu'il l'a fait... et à la première dispute il me balancera à la figure que je n'ai rien fait pour cette maison. Enfin il y a les soucis d'argent : nous avons une belle situation mais il veut tout tout de suite, donc nous dépensons. Comme je n'ai pas d'économies il m'avance certaines sommes en me disant qu'on s'arrangera plus tard ; puis, dès que je m'achète une babiole il me dit que je dois la rembourser immédiatement. Vous voyez les sources d'agacements n'ont pas disparu mais il est vrai qu'elles ne me touchent que sur le moment car je sais qu'il est d'un tempérament très impulsif et me présente toujours spontanément ses excuses.
Enfin aujourd'hui est l'un des plus beaux jours de ma vie car nous venons d'apprendre que nous allons avoir un bébé et

sa joie efface tous les agacements !!! Cependant je sais que d'autres viendront car il espère un garçon (il serait "maudit" si nous avions encore une fille) car "il ne veut pas que son patrimoine aille à une racaille" (comme si les crapules n'étaient que des garçons et les filles trop bêtes pour les évincer !!). C'est sans fin !! »

Markus

« Ma première femme m'agaçait parce qu'elle était très molle, en toutes choses. La seconde, c'est le contraire, elle me fatigue, c'est une tornade permanente. C'est peut-être pour ça que de peur de déclencher encore plus la tornade, je ne dis rien quand elle m'agace, par exemple quand elle revient de courses avec des gadgets inutiles qu'elle a achetés hors de prix. »

Dernières nouvelles :
« Votre enquête a eu un drôle d'effet. En écrivant ce que je vous ai écrit, ça a ouvert la plaie et fait péter l'agacement plus que d'habitude. Il y a eu deux ou trois petits éclats alors que d'habitude je dégage en touche. Et puis ensuite ça a provoqué le contraire. Je me suis dit que c'était ridicule et que ça ne menait à rien. Il y a cet été un grand calme dans la maison. Ouf ! Je dégage encore plus en touche, je suis devenu un grand spécialiste. »

Max

« Petits agacements autres : la fenêtre de la chambre à coucher ouverte la nuit : par là passent le bruit, parfois la pluie en pleine nuit, mais surtout le froid... Surtout lorsqu'on s'agite et se retourne sans cesse. La couverture, la couette s'arrachent alors au cœur de la "bataille". Par là passent aussi les bêtes... araignées, moustiques... C'est là certainement le pire. Le lit pas fait dès le matin... les draps en désordre, la couverture en travers, la couette en boule quand l'autre aime l'ordre, et se glisser le soir dans un lit fait au carré ! »

Maya et Igor

Maya : « Au début je faisais pas spécialement attention au fait qu'il ne sache jamais où sont les choses, et avant que notre "cohabitation" devienne une vie commune, je me disais qu'il n'osait peut-être pas fouiller et n'avait peut-être pas encore ses repères. Mais au fur et à mesure, cette habitude est devenue de plus en plus agaçante, au point que maintenant je ne réponds plus ! »

Dernières nouvelles :
« Je suis bien désolée de ne pas avoir pu vous apporter un échange très dense : en effet, comme je me sépare de mon ami, il n'est pas évident d'être très objective vis-à-vis de ce qui m'agaçait chez lui. »

Melody et « IL »

Melody : « J'apprécie la grâce, l'élégance. Mon mari est beau, il peut avoir de la prestance, mais s'en moque personnellement. Par ce simple geste, en trente secondes, IL me ramène au prolétariat et à la négligence physique (style la bière, le saucisson, la bedaine et le rot après la bière). Séduction – 40 ! Le fait que mes propres enfants ne m'agacent pas dans ce genre de cas semble me le confirmer, ils ne sont pas encore autonomes, "finis" ; je peux, je me dois encore de les guider ; et ils n'ont pas à me séduire sexuellement. Alors que je ne veux surtout pas être la mère de mon mari. »

Dernières nouvelles :
« Justement, de retour de vacances, de quoi confirmer mes impressions : "Tout est question de sex-appeal !" Mon mari beau comme un dieu dans son costume de cérémonie (lors d'un mariage), peut marcher dans LA crotte de la Croisette sous les yeux goguenards des touristes sur le banc, je souris et revendique : "C'est mon homme, et je l'aime depuis vingt-cinq ans." Par contre, en roue libre, en vacances, difficile à arracher de sa chaise longue, j'étais plus qu'agacée, voire franchement horripilée. Ce d'autant que nous étions dans un endroit peuplé de papys-mamies, et que le miroir offert par ces plages grouillantes de bobonnes rondelettes et leurs maris mous, avachis, mais si dociles et gentils, me renvoyait un futur guère réjouissant pour mes vieux jours ! Mêmes réactions de ma part : regard qui se détourne, puis irritation, remarques acerbes, quand "trop c'est trop". Ou plutôt pas assez. Bien sûr mauvaise foi du héros qui assure : "S'il n'y avait pas toi et les enfants, je ferais un raid en 4 × 4." Haussement des épaules devant cet aventurier du dimanche, je re-re-re-explique que tout est question de séduction, re-mauvaise foi : "La séduction je ne maîtrise pas !", re-haussement des épaules. Comment a-t-il fait pour que je reste à ses côtés si longtemps alors. J'ai pris mes distances, n'accordant que des réponses minimum, j'ai parfois tourné les talons, envisageant de vivre seule, plutôt qu'avec ce poids mort à mes côtés qui pompe ma vitalité.
Il a (on se demande comment) remis en route son sex-appeal, aussi facilement qu'il passe les vitesses dans une voi

ture ; aussitôt de mégère je suis redevenue tendre, conquise, joueuse, et c'est reparti pour un tour... »

Mimie et Mickaël

Mimie : « Je me présente : Mimie, 22 ans, étudiante. Je vis depuis dix mois avec mon conjoint Mickaël, que je connais depuis plus de trois ans. Je vous conte rapidement les prémices ; nous nous sommes rencontrés à l'école, en 2e année, rencontre très particulière puisque Mickaël, âgé de cinq ans de plus que moi, éprouvait des difficultés à assumer notre relation suite à un passé douloureux. Le plus important problème est que nous avons de plus en plus de difficultés à nous parler, ça part rapidement dans l'excessivité que je tiens de ma mère, ou en agression de sa part parce qu'il ne supporte plus ce qu'il appelle de la gaminerie ou des caprices... ça le fait sortir de ses gonds. »

Dernières nouvelles :
« Actuellement, nous sommes dans une période plus calme, puisque face à tous les débordements, nous avons essayé de réagir de la manière la plus intelligente possible, c'est-à-dire évoluer chacun "en se laissant tranquilles", ce qui a permis, face à la peur de chacun, de reprendre des conversations plus calmes et de faire évoluer la situation. Bizarrement, j'ai l'impression que la difficulté de vivre en couple vient dans notre cas de quelque chose comme une difficulté à se détacher du contexte familial qui est bien plus profondément marqué que ce que je ne pouvais m'imaginer. Je me suis rendu compte que je répétais inconsciemment des gestes de ma mère, comme s'ils étaient évidents, comme si c'était les seuls possibles. Et ces "violences" que nous avons eues (je parle au passé comme s'il n'y en aurait jamais plus...) ont

bien eu lieu pour comprendre qu'il fallait envisager chacu
autre chose. Mickaël s'imaginait que sa compagne sera
plutôt comme sa mère, et horreur, c'était sa belle-mère
Tandis que moi, j'imaginais en lui le père idéal, alors qu'il n
cesse de reproduire les gestes de son père à lui. »

Mireille

« Il m'a tellement agacée que je l'ai mis à la porte, aprè
six ans de vie commune… Il était, est, et restera RADIN !
Dur, dur, lorsqu'il s'agit de l'homme que l'on aime, en l'oc
currence, mon second mari. »

Nicole

« Il y a les agacements et les choses insupportables plu
difficiles à gérer. Il y en a tant que, parfois, on se dit incom
patible. Pour m'échauffer, je vais vous parler d'un minus
cule détail. Il fait trop de bruit en mangeant. […] On m
traite de speed et mon mari de lent, voire de flemmar
Le fait que mon mari réclame plus de sommeil m'est pe
tolérable surtout s'il se lève tard suite à un coucher plu
que tardif. »

Rosy et Charly

Rosy : « Mariée dix ans avec un Allemand maniaque, véc
seule quinze ans, maintenant avec un amant italien borde
lique », en l'occurrence Charly, amateur de mayonnaise e
vivant sous son propre toit.

Dernières nouvelles :

« Des nouvelles?... C'est fou comme certaines choses changent vite en un an... Mes "crises" me semblent bien loin. Mon Italien et moi vivons toujours chacun chez soi... mais je ne m'agace plus... Est-ce que c'est dû au médicament contre la tension que nous prenons tous les deux?... Ou parce que ma mère est tellement contente que j'aie retrouvé quelqu'un que je ne veux pas l'attrister? Peut-être que je suis aussi en système "économie d'énergie". Et puis je crois surtout que comme il est tellement gentil au fond de lui, qu'il ne mérite pas d'avoir une pénible sur le dos... alors je fais des efforts ! Et lui sent très bien venir le vent et remet les choses dans le bon sens avec un "ça va pas toi en ce moment" qui me désagace. Nous fêtons ce mois-ci nos trois ans de rencontre : les agacements sont-ils les compagnons du début? Je le crois car ou bien ils deviennent des obstacles ou bien ils disparaissent. »

Sarah et Peter

Sarah : « Je vais avoir 51 ans, je vis depuis trois ans avec un homme rencontré il y a trois ans et demi. C'est un homme d'une rare gentillesse à mon égard, toujours aux petits soins, attentif... TROP ! J'ai été mariée vingt-cinq ans avec un homme très froid, pas affectueux, voire méchant à la fin de notre union. Et me voilà maintenant avec le contraire. »

Dernières nouvelles :

« Depuis nos derniers échanges, la situation n'a pas changé, je ne m'habitue pas encore au rire de mon compagnon, mais j'essaie de ne plus rien lui dire, car je pense qu'il ne changera pas. Lorsque nous sommes seuls, je passe outre, mais cela me gêne toujours en présence d'autres personnes, famille ou amis. J'ai eu beau lui redemander pourquoi il continuait à rire ainsi à la fin de chaque phrase, je sens que je n'y changerai rien. "Je suis ainsi, accepte-moi tel que je suis." Voilà, que faire de plus ? Moi aussi, je dois avoir mes petits défauts... »

Viràg

« La chose qui m'agace le plus chez lui, c'est son immaturité et je crois qu'il s'agit vraiment de la source du problème [...]. Nous avons trois enfants et j'ai vraiment l'impression d'en avoir un quatrième pour moi toute seule. En discutant avec des amies, je culpabilise, parce qu'il y a des choses beaucoup plus graves que ça, mais en même temps je ne peux pas m'empêcher de me sentir agacée au quotidien. »

Dernières nouvelles :
« Sur le plan des agacements, mon homme a pris conscience que ce qui lui semblait être un trait de caractère "cool" pouvait fortement irriter au quotidien. Je pense qu'il l'a toujours su, mais pensait que ce n'était rien. Il est vrai que quand quelqu'un a un gros défaut bien identifié c'est plus facile de faire face que quand il s'agit de petits agacements insidieux. Ce n'est pas ses défauts que je lui reprochais mais l'absence de prise en charge et de volonté à les accommoder à la vie de famille. Quoi qu'il en soit, on en est arrivés à un point il y a quelques mois où je lui ai clairement dit que je ne l'aimais pas assez fort pour le supporter. Ça l'a secoué. Il a fait des efforts et je suis heureuse de dire que ça va beaucoup mieux, mais je sais qu'un rappel à l'ordre, un genre de mise à jour régulière est nécessaire. J'essaie d'être

plus patiente aussi, je relativise beaucoup, mais c'est des fois très difficile de me raisonner contre mes sentiments. »

Yannis

« Ma compagne a 31 ans et moi-même 34. Nous sommes en couple depuis sept ans et avons une petite fille de 3 ans 1/2. On a rarement de très grosses (et méchantes) engueulades. Notamment pour deux raisons essentielles : on se parle beaucoup, on se comprend suffisamment tous les deux, et on se donne – dans la mesure du possible – une certaine marge de liberté. L'autre raison est que nous avons constaté que souvent les causes de disputes étaient externes à notre petite famille : une situation de stress provenant de son travail ou du mien, un membre de sa famille ou de la mienne, un ami/amie, collègue... qui a agacé l'un de nous. »

Dernières nouvelles :
« Eh bien, en quelques mois, il s'est passé quelques "petites choses". Dans le courant du mois d'octobre naîtra notre seconde fille, ce qui engendre une réorganisation des espaces et ce qui (ne) va (pas) avec celle-ci : tapisser (ou pas), mettre (ou pas) de nouveaux rideaux, etc. Sans oublier les comportements caractéristiques de la femme enceinte : "Je suis grosse, non ? Ces vêtements-là, tu crois qu'ils m'iront encore ? Tu crois que je vais être une "aussi bonne mère" que pour la première ?" Etc., etc. + énervements, crises de larmes, fatigue ("j'suis crevée, je monte"). Solutions ? Il n'y en a pas. Dans mon cas, relativiser (surtout ne jamais émettre un avis tranché ou prendre une position radicale et définitive, que ce soit "noir ou blanc", vous avez tort

et elle vous le reprochera !). Donc je tergiverse, j'acquiesce, et je me dis que cette situation n'est que temporaire. »

Zoé et Charles-Henri

Zoé : « J'ai 39 ans et deux enfants de 9 ans et 7 ans. Le père de mes enfants est décédé. Mon compagnon vit avec nous depuis quatre ans [...]. Nos tensions viennent essentiellement du fait qu'il a un comportement contradictoire avec ce que j'inculque à mes enfants (bonnes manières à table, rangement, langage). »

Dernières nouvelles :
« L'heure est au changement de cap : nous avons décidé de rompre. Il va partir, pour me laisser de l'oxygène et vivre pleinement avec mes enfants. En effet, les petits agacements ont pris parfois des proportions démesurées. Je ne vois plus que ce qui ne va pas. Je n'ai pas su gérer notre couple à temps. Nous connaissons les causes de notre échec mais nous ne pouvons plus revenir en arrière. Enfin, il le voudrait, mais je ne peux plus. Je n'en ai plus ni la force ni l'énergie. J'ai besoin d'être seule, au petit déjeuner, sur mon canapé, dans mon lit, dans ma salle de bains, dans ma tête, avec mes enfants. Je me rends compte que l'amour passionnel que nous avons connu au début de notre relation a dissimulé beaucoup de détails que je croyais sans importance et qui pourtant constituaient le "ton" de notre vie de couple. Je me suis laissé porter par la nonchalance et l'insouciance dont j'avais besoin pour survivre.
Certains détails du quotidien sont devenus insupportables. En fait, dans les grandes lignes, un fossé s'est révélé entre nous parce que nous étions beaucoup trop différents dans

notre manière d'être et de vivre. J'ai eu comme un sursaut : je suis redescendue sur terre. Je suis consciente que je n'ai pas encore retrouvé mon équilibre émotionnel et que ce passage de ma vie a altéré ma santé physique et psychique. C'est le moment pour moi de reconstruire les fondations qui se sont ébranlées, afin de transmettre à mes enfants la force dont ils auront besoin. Je ne peux pas partager cette reconstruction. »

Une enquête ne se vide pas comme un sac

Une image fausse domine les techniques d'analyse de contenu : celle du sac qu'il suffirait de vider pour connaître le résultat d'une enquête. Rien n'est plus contraire à la vérité de la démarche scientifique, car c'est le travail sur le matériau et lui seul qui produit de la connaissance nouvelle (Kaufmann, 2006). Ce travail pourrait se dérouler sans fin, sur une même enquête. Aucun sac ne sera jamais vide.

Sans verser dans l'extrême du retour permanent sur une même enquête, j'essaie désormais de plus en plus de revoir sous un nouvel angle du matériau ancien (mes bandes sont stockées en sécurité comme un trésor inestimable), installant avec lui un dialogue plus long, et je l'espère fructueux. Je pense sincèrement que l'on ne devrait jamais en avoir fini avec qui l'on a interrogé un jour. Les lecteurs de mes anciens livres, *La Trame conjugale*, *Le Cœur à l'ouvrage*, *Premier matin* et *Casseroles, amour et crises*, seront peut-être surpris (et je l'espère contents) de retrouver ici Agnès, Léon, Colombine ou Ninette, dans de nouvelles aventures. Pour qui souhaite avoir plus d'éléments sur leur biographie, il suffit de se

reporter aux annexes de l'ouvrage cité à chaque fois e
référence.

J'essaie aussi de plus en plus de consulter les enquête
d'autres chercheurs sur des sujets voisins, et de cite
leurs informateurs. Cela introduit il me semble un peti
mais sympathique clin d'œil d'esprit collectif. Quelque
éléments sur les personnes ainsi que les références de
travaux sont donnés dans la liste qui suit. Dans laquell
on trouvera également un troisième groupe de témoi
gnages, récupérés sur des forums de discussion, a
hasard de mes navigations sur le Net, inépuisable océa
d'introspections et de confessions en tout genre.

Mes autres informateurs

Agnès et **Jean**, *La Trame conjugale*
Alex, témoignage récupéré sur un forum de discussion
Alphonsine, témoignage par lettre
Anita et **Luc**, boulangère et boulanger, 38 ans tous les
deux, quinze ans de mariage (Bartiaux, 2002)
Anne et **Louis**. Anne est journaliste et Louis décorateu
ils vivent en couple depuis six mois (Alhinc-Lorenzi,
1997)
Annette et **Alex** (Maschino, 1995)
Anaïs et **Pat**, *La Trame conjugale* (où Anaïs s'appelait
Anne. Son prénom a été changé pour éviter un doublo
Artemiss, 17 ans, témoignage récupéré sur un forum
de discussion
Béatrice, 28 ans, cadre à mi-temps, mariée avec **Alain**,
32 ans, technicien (Eleb, 2002)
Cali, 20 ans, en couple depuis deux ans, témoignage
récupéré sur un forum de discussion

Aurélie, 24 ans, intérimaire (Garabuau-Moussaoui, 2002)

Candy, *Casseroles, amour et crises*

Christine, 53 ans, infirmière, mariée avec **Daniel**,
56 ans, ouvrier (Mons, 1998)

Cindy, témoignage par lettre, mariée depuis trente ans

Claudie, 37 ans, institutrice, et **Pierre**, 36 ans,
journaliste, mariés depuis onze ans, trois enfants
(Gacem, 1996)

Dorothée, 41 ans, au foyer, mariée avec **Roberto**,
39 ans, un enfant (Kaufmann, 1988)

Estelle, 29 ans, ingénieure, mariée avec **Julien**, 31 ans,
pharmacien (Kaufmann, 1988)

Ève, 54 ans, aide-soignante, famille recomposée
(Martuccelli, 2006).

Colombine et **Franck**, *Premier matin*

Géraldine et **Bernard**, *La Trame conjugale*

Jennifer, témoignage récupéré sur un forum
de discussion

Juliette, *Premier matin*

Léon, *Le Cœur à l'ouvrage*

Lola, *Le Cœur à l'ouvrage*

Madame Blanc, 56 ans, au foyer, mari 60 ans, cadre
supérieur à la retraite (Caradec, 1996)

Madame Louis, 53 ans, au foyer, mari 65 ans, cadre
supérieur à la retraite (Caradec, 1996)

Madame Tinsart, 51 ans, mariée depuis vingt et un ans
(Lemarchant, 1999)

Madame Vannier, 50 ans, au foyer, mari instituteur
(Caradec, 1996)

Madeleine, *Casseroles, amour et crises*

Marie-Agnès, 36 ans, employée, mariée avec **Marc**,
39 ans, enseignant (Mons, 1998)

Marie-Anne, 55 ans, au foyer, mari représentant de commerce, trente ans de mariage (thèse en cours de Sofian Beldjerd)
Marie-Lyse (Duret, 2007)
Martine (Flahault, 1987)
Monsieur Berg, 59 ans, cadre moyen, en instance de divorce après trente-sept ans de mariage (Caradec, 1996)
Nathalie (Duret, 2007)
Olivia, témoignage récupéré sur un forum de discussion.
Pascal et **Ninette,** *La Trame conjugale*
Pénélope, 34 ans, son ami a 31 ans, témoignage récupéré sur un forum de discussion
Raf et **Dolorès,** témoignage récupéré sur un forum de discussion
Sabine et **Romain,** *La Trame conjugale*
Suzette, *Casseroles, amour et crises*
Tony, *Casseroles, amour et crises*
Thomas, étudiant (Bouchat, 2005)
Vincent, *Premier matin*

Bibliographie

ALBERONI F. (1993), première édition française 1981, *Le Choc amoureux*, Paris, Pocket.

ALHINC-LORENZI M.-P. (1997), *Étude de cas d'une cohabitation juvénile. Le rôle des objets comme marqueurs de l'intégration conjugale*, DEA de sciences sociales, sous la direction de P. Gaboriau, université René-Descartes.

ANDRÉ C. (2006), *Imparfaits, libres et heureux. Pratiques de l'estime de soi*, Paris, Odile Jacob.

BACHELARD G. (1948), *La Terre et les rêveries du repos. Essai sur les images de l'intimité*, Paris, José Corti.

BARTIAUX F. (2002), « Relégation et identité : les déchets domestiques et la sphère privée », dans PIERRE M., *Les Déchets ménagers, entre privé et public. Approches sociologiques*, Paris, L'Harmattan.

BERGER P., KELLNER H. (1988), « Le mariage et la construction de la réalité », *Dialogue*, n° 102.

BECK U., BECK-GERNSHEIM E. (1995), *The Normal Chaos of Love*, Cambridge, Polity Press.

BOUCHAT C. (2005), *« Ici c'est chez moi, chez eux, chez nous... et chez personne à la fois. » Une approche ethnologique du cohabiter en « kot »*, mémoire de licence de sociologie et anthropologie, sous la direction d'Olivier Gosselain, Université Libre de Bruxelles.

Bozon M. (2002), *Sociologie de la sexualité*, Paris, Nathan ; Armand Colin, 2005.

Bozon M. (2004), « La nouvelle normativité des conduites sexuelles, ou la difficulté de mettre en cohérence les expériences intimes », dans Marquet J., *Normes et conduites sexuelles. Approches sociologiques et ouvertures pluridisciplinaires*, Louvain-la-Neuve, Academia-Bruylant.

Brenot P. (2001), *Inventer le couple*, Paris, Odile Jacob.

Bromberger C. (1998) (éd.), *Passions ordinaires : du match de football au concours de dictée*, Paris, Bayard.

Brown E., Jaspard M. (2004), « La place de l'enfant dans les conflits et les violences conjugales », *Recherches et Prévisions*, n° 78.

Buser P. (2005), *L'Inconscient aux mille visages*, Paris, Odile Jacob.

Caradec V. (1996), *Le Couple à l'heure de la retraite*, Rennes, Presses universitaires de Rennes.

Castelain-Meunier C. (2005), *Les Métamorphoses du masculin*, Paris, PUF.

Cosson M.-E. (1990), *Représentation et évaluation du mariage des enfants par les mères*, mémoire de maîtrise de sociologie, sous la direction de François de Singly, université Rennes-2.

Damasio A. (1995), *L'Erreur de Descartes. La raison des émotions*, Paris, Odile Jacob.

Desjeux D., Monjaret A., Taponier S. (1998), *Quand les Français déménagent*, Paris, PUF.

Douglas M. (1992), *De la souillure. Essai sur les notions de pollution et de tabou*, Paris, La Découverte.

Dubet F. (1994), *Sociologie de l'expérience*, Paris, Seuil.

Dubet F. (2002), *Le Déclin de l'institution*, Paris, Seuil.

Duret P. (2007), *Le Couple face au temps*, Armand Colin.

Eleb M. (2002), *À deux chez soi. Des couples s'installent et racontent leur maison*, Paris, La Martinière.

Festinger L. (1957), *A Theory of Cognitive Dissonance*, Evanston, Row, Peterson & Co.

Flahault F. (1987), *La Scène de ménage*, Paris, Denoël.

Francescato D. (1992), *Quando l'amore finisce*, Bologne, Il Mulino.

Gacem K. (1996), *Les Propriétés individuelles dans la chambre conjugale*, mémoire de maîtrise de sociologie, sous la direction de François de Singly, université Paris-5.

Garabuau-Moussaoui I. (2002), *Cuisine et indépendances. Jeunesse et alimentation*, Paris, L'Harmattan.

Gavron K. (1996), « Du mariage arrangé au mariage d'amour », *Terrain*, nº 27.

Geberowicz B., Barroux C. (2005), *Le Baby-Clash. Le couple à l'épreuve de l'enfant*, Paris, Albin Michel.

Giddens A. (1991), *Modernity and Self-Identity. Self and Society in the Late Modern Age*, Cambridge, Polity Press.

Glaude M., Singly F. de (1986), « L'organisation domestique : pouvoir et négociation », *Économie et statistique*, nº 187.

Goffman E. (1975), *Stigmates. Les usages sociaux des handicaps*, Paris, Minuit.

Goffman E. (1991), *Les Cadres de l'expérience*, Paris, Minuit.

Hardy F. (2005), *Portes qui claquent, mots qui blessent. Analyse compréhensive des habitudes liées à la territorialité familiale*, mémoire de licence en sociologie, sous la direction de Jean-Pierre Pourtois, université de Mons-Hainaut.

Hefez S., Laufer D. (2002), *La Danse du couple*, Paris, Hachette Littératures.

HIRSCHMAN A. (1972, première édition 1970), *Face au déclin des entreprises et des institutions*, Paris, Les éditions ouvrières – Économie et Humanisme.

HOYAU P.-A., LE PAPE M.-C. (2006), « Femmes au volant : une analyse sexuée de la conduite automobile », 2ᵉ Congrès de l'Association française de sociologie, Bordeaux, 5-8 septembre.

JONAS N. (2006), « Beaux-frères, belles-sœurs. Les relations entre germains affins », *Terrains et travaux*, n° 10, numéro *Dynamiques du genre*, coordonné par Anne REVILLARD et Laure de VERDALLE.

KAPLAN H. (1995), *The Sexual Desire Disorders. Dysfunctional Regulation of Sexual Motivation*, Levittown, Brunner/Mazel.

KAUFMANN J.-C. (1988), *La Peur et la porte*, rapport de recherche pour le Plan-Construction, ministère de l'Équipement et du Logement.

KAUFMANN J.-C. (1992), *La Trame conjugale. Analyse du couple par son linge*, Paris, Nathan.

KAUFMANN J.-C. (1997), *Le Cœur à l'ouvrage. Théorie de l'action ménagère*, Paris, Nathan.

KAUFMANN J.-C. (1999), *La Femme seule et le Prince charmant. Enquête sur la vie en solo*, Paris, Nathan ; 2ᵉ édition, Armand Colin, 2006.

KAUFMANN J.-C. (2001), *Ego. Pour une sociologie de l'individu*, Paris, Nathan.

KAUFMANN J.-C. (2002), *Premier matin. Comment naît une histoire d'amour*, Paris, Armand Colin.

KAUFMANN J.-C. (2004), *L'Invention de soi. Une théorie de l'identité*, Paris, Armand Colin.

KAUFMANN J.-C. (2005), *Casseroles, amour et crises. Ce que cuisiner veut dire*, Paris, Armand Colin.

KAUFMANN J.-C. (2005), *L'Enquête et ses méthodes. L'entretien compréhensif*, Paris, Armand Colin.

ᴵLEY D. (1996, première édition 1983), *Le Syndrome de Peter Pan. Ces hommes qui ont refusé de grandir*, Paris, Odile Jacob, coll. « Opus ».

ᴺIBIELHER Y., Fouquet C. (1982), *Histoire des mères, du Moyen Âge à nos jours*, Paris, Hachette-Pluriel.

ᴬPLANTINE F. (2005), *Le Social et le sensible : introduction à une anthropologie modale*, Paris, Téraèdre.

ᴱ Bart C., avec la collaboration de Ambroise J.-C. (2000), *Les Fans des Beatles. Sociologie d'une passion*, Rennes, Presses universitaires de Rennes.

ᴱ Breton D. (2002), *Conduites à risque. Des jeux de mort au jeu de vivre*, Paris, PUF.

ᴱ Douarin L. (2005), « L'ordinateur et les relations père-fils », dans Le Gall D., *Genres de vie et intimités. Chroniques d'une autre France*, Paris, L'Harmattan.

ᴱMARCHANT C. (1999), *Belles-filles. Avec les beaux-parents, trouver la bonne distance*, Rennes, Presses universitaires de Rennes.

ᴹARKUS H. (1977), « Self-schemata and processing information about self », *Journal of Personality and Social Psychology*, vol. 35, n° 2.

ᴹARTUCCELLI D. (2006), *Forgé par l'épreuve. L'individu dans la France contemporaine*, Paris, Armand Colin.

ᴶASCHINO M. (1995), *Mensonges à deux*, Paris, Calmann-Lévy.

ᴹONS J. (1998), *Séparer ses poubelles : une scène de ménage ? Analyse du couple par sa gestion des déchets*, mémoire de licence en sciences de la famille, sous la direction de Françoise Bartiaux, Université catholique de Louvain.

ᴱRROT M. (2000), *Présenter son conjoint : l'épreuve du repas de famille*, DEA de sociologie, IEP de Paris, sous la direction de Jean-Hugues Déchaux.

Picard D., Marc E. (2006), *Petit traité des conflits ordnaires*, Paris, Seuil.

Poitou J.-P. (1974), *La Dissonance cognitive*, Paris, Arman
Colin.

Ricœur P. (1990), *Soi-même comme un autre*, Paris, Seui
coll. « Points ».

Sauvageot A. (2003), *L'Épreuve des sens. De l'action socia
à la réalité virtuelle*, Paris, PUF.

Schwartz O. (1990), *Le Monde privé des ouvriers. Homme
et femmes du Nord*, Paris, PUF.

Séverac N. (2005), « La violence conjugale, une relatio
qui ne peut se comprendre que de l'intérieur », dar
Le Gall D., *Genres de vie et intimités. Chroniques d'ur
autre France*, Paris, L'Harmattan.

Singly F. de (1987), *Fortune et infortune de la femm
mariée*, Paris, PUF.

Singly F. de (2000), *Libres ensemble. L'individualisme dar
la vie commune*, Paris, Nathan.

Singly F. de (2005), *L'individualisme est un humanism
La Tour-d'Aigues*, Éditions de l'Aube.

Stevens H. (1996), *Les Couples et la politique. Double
ou double jeu ?*, mémoire de licence de sociologi
sous la dir. d'A. Quémin, université de Versailles-Sain
Quentin-en-Yvelines.

Thévenot L. (1994), « Le régime de familiarité. Des chos
en personne », *Genèses*, n° 17.

Thévenot L. (2006), *L'Action au pluriel. Sociologie d
régimes d'engagement*, Paris, La Découverte.

Welzer-Lang D. (2004), *Les hommes aussi changent*, Par
Payot.

Table

Du même auteur

La Vie HLM, usages et conflits, Les Éditions Ouvrières
  1983.
La Chaleur du foyer, Méridiens-Klincksieck, 1988.
La Vie ordinaire, Greco, 1989.
La Trame conjugale. Analyse du couple par son linge
  Nathan, 1992, Pocket 1997.
Sociologie du couple, Presses universitaires de France
  1993.
Corps de femme, regards d'hommes. Sociologie des sein
  nus, Nathan, 1993, Pocket 1998.
Faire ou faire-faire ? Familles et services (éd.), Presse
  universitaires de Rennes, 1996.
L'Entretien compréhensif, Nathan, 1996, Armand Colir
  2005.
Le Cœur à l'ouvrage. Théorie de l'action ménagère, Nathar
  1997.
La Femme seule et le Prince charmant, Nathan, 1992
  Armand Colin, 2006.
Ego. Pour une sociologie de l'individu, Nathan, 2001.
Premier matin, Armand Colin, 2002, Pocket, 2004.
L'Invention de soi, Armand Colin, 2004.
Casseroles, amours et crises, Armand Colin, 2005.
Quand Je est un autre, Armand Colin, 2008.

www.livredepoche.com

- le **catalogue** en ligne et les dernières parutions
- des **suggestions de lecture** par des libraires
- une **actualité éditoriale permanente** : interviews d'auteurs, extraits audio et vidéo, dépêches…
- **votre carnet de lecture** personnalisable
- des **espaces professionnels** dédiés aux journalistes, aux enseignants et aux documentalistes

Composition réalisée par Asiatype

Achevé d'imprimer en février 2009 en Espagne par
LITOGRAFIA ROSÉS S.A.
Gava (08850)
Dépôt légal 1ère publication : septembre 2008
Edition 02: février 2009
LIBRAIRIE GÉNÉRALE FRANÇAISE – 31, rue de Fleurus – 75278 Paris Cedex

30/8436